FINANCE

金融学优秀著作译丛

微观银行计量经济学
——方法、应用与结论

Microeconometrics of Banking: Methods,Applications, and Results

【荷】汉　斯·底格里斯　(Hans Degryse)
【以】摩 西·金 姆　(Moshe Kim)
【荷】史蒂文·翁杰纳　(Steven Ongena)

任　力◎译

厦门大学出版社 XIAMEN UNIVERSITY PRESS | 国家一级出版社 全国百佳图书出版单位

图书在版编目(CIP)数据

微观银行计量经济学:方法、应用与结论/(荷)汉斯·底格里斯(Hans Degryse),(以)摩西·金姆(Moshe Kim),(荷)史蒂文·翁杰纳(Steven Ongena)著;任力译.—厦门:厦门大学出版社,2018.7
(金融学优秀著作译丛)
ISBN 978-7-5615-6331-1

Ⅰ.①微… Ⅱ.①汉…②摩…③史…④任… Ⅲ.①货币银行学②微观经济学-计量经济学 Ⅳ.①F820②F224.0

中国版本图书馆CIP数据核字(2016)第305447号

出 版 人 郑文礼
责任编辑 吴兴友
美术编辑 夏 林
封面设计 王 琳
电脑制作 张 秋
技术编辑 朱 楷

出版发行 厦门大学出版社
社 址 厦门市软件园二期望海路39号
邮政编码 361008
总 编 办 0592-2182177 0592-2181406(传真)
营销中心 0592-2184458 0592-2181365
网 址 http://www.xmupress.com
邮 箱 xmupress@126.com
印 刷 厦门集大印刷厂

开本 787 mm×1 092 mm 1/16
印张 13.25
插页 2
字数 312千字
印数 1~3 000册
版次 2018年7月第1版
印次 2018年7月第1次印刷
定价 45.00元

本书如有印装质量问题请直接寄承印厂调换

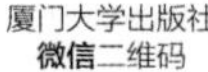
厦门大学出版社
微信二维码

厦门大学出版社
微博二维码

献给

汤姆　希尔德·底格里斯

莎莉　雪莉　罗尼·金姆

和芭芭拉·拜尔

目　录

1.引 言

1.1 写作动机

有些书十分特别,哈维尔·弗雷塔斯和吉恩·查尔斯·罗切特(Xavier Freixas, and Rochet,J.C.)合著的于1997年面世的《微观银行经济学》(第一版)就是其中之一。文字优美,思想深邃,它所阐述的银行理论,给有志于从事银行业实证研究的学者们持续不断的激励和启发,因为没有一种假设检验可以摆脱已有的深刻理论结构的支撑。弗雷塔斯和罗切特对所有关键性的理论见解提供了毋庸置疑的全面解答。[①]

本书讲述的是“自行车的后轮”,即构成银行研究的第二个实证车轮。学术研究往往被比作一辆两轮自行车(一只理论前轮和一只实证后轮共同保证自行车稳步前行)——因此这里所说的也就是“后轮使用的辐条和材料”。实际上,从弗雷塔斯和罗切特的教材诞生之日起,学界对银行业的实证研究就进入了更为蓬勃的发展阶段,这不仅体现在研究著作的数目上,也体现在被解开难题的数量、数据组的可获性和方法论的开发上。

其中一些进展大体上讲与金融领域的研究无异。从学生数量和奖学金数目可以看出,如今金融在现代经济体中担任着越来越重要的角色。同时,银行领域的实证研究也在学术、制度和技术的带动下取得了进步。不断提高的要求督促着研究者们推进知识进步,解答现代金融市场上的许多关键课题。银行市场尤其迫切地需要研究者们统一现有知识,最终解决重要难题。在银行业发挥重要作用的国家里,包括欧元体系和其他地区在内的国家中央银行发挥的新功能,数据存取、处理技术,计量经济学技能和软件的快速发展,为银行实证研究提供了额外动力。

在比利时(底格里斯和范·凯希尔,Degryse,H. and Van Cayseele,P.,2000;底格里斯、马斯切雷恩和米切尔,Degryse,Masschelein,N., and Mitchell,2006)、玻利维亚(亚尼多和翁杰纳,Ioannidou,V.P. and Ongena,S.,2007)、德国(阿尔萨斯和凯能,Elsas,R. and Krahnen,J.P., 1998;马乔尔和韦伯,Machauer,A. and Weber,M., 1998;翁杰纳、蒂默—阿尔坎和冯·威斯特哈根,Ongena,S., Tümer-Alkan and Von Westernhagen, 2007b)、意大利(萨皮恩扎,Sapienza,P.,2002;佛卡利和帕内塔,Focarelli,D. and Panet-

① 确定某个领域的研究始于何时往往困难且徒劳。现代银行理论和其后的实证工作源于格利和肖(Gurley and Shaw,1960),托宾(Tobin,1963),霍奇曼(Hodgman,1960),凯恩和马凯尔(Kane and Malkie,1965),克莱因(Klein,1971)和蒙蒂(Monti,1972)等人的工作。

ta,F.,2003)、挪威(金姆、克里斯蒂安森和韦尔,Kim,M., Kristiansen and Vale,B.,2007)、葡萄牙(法里尼亚和桑托斯,Farinha,L.A. and Santos,J.A.C.,2002),西班牙(希门尼斯、萨拉斯和绍里纳,Jiménez, Salas and Saurina,J.,2006)和美国(巴拉斯、达西亚、桑德斯和斯里尼瓦桑,Bharath,S., Dahiya,S., Saunders,A. and Srinivasan,A.,2007)"展开的"信用登记和其他数据组与其余地区的金融和经济学者大体上习惯使用的数据组在数量和质量上(例如频率和信度)几乎相同。所提的问题与所采纳的方法论,可以用一句玩笑话来总结:"有了数据,开始写论文吧。"

1.2 本书结构

对所有此类活动进行概述都是过时的。我们紧密结合弗雷塔斯和罗切特的教材,依据它的原本章节编排了相应的方法、应用和结论,以此使可利用的理论和支撑它的经验达成一致。

在本书中,每一章包含一篇简洁的引言(在合理和适合的地方)和一个方法论的板块——简要介绍一个或数个相关方法,以及一些例证性的应用。在讨论部分计量经济学方法时,我们无意对所有相关计量经济学技巧进行回顾(若有兴趣,读者可参考出色的计量经济学教材,如:卡梅伦和特里维迪著的《微观计量经济学》,Cameron,A.C. and Trivedi,P.K.,2005;格林, Greene,2003)。每章均以"干货"的结论作收尾,总结了文献中主要的且有启发性的观点,并以图表方式提供其他研究的细节内容。表 1.1 展现了本书的结构,同时强调了在某些情况下,任何对多维现象的线性处理注定要"失败"。

表 1.1　本书结构

章节	主题	方法	主要发现	其他发现
2	存在	事件研究法	贷款公告	表 2.1
		自举法	银行危机/合并公告	表 2.2
			银行危机和企业绩效	表 2.3
3	产业组织	传统产业组织	市场结构和行为	
		结构—行为—绩效	贷款/存款市场及其相互影响	
		银行效率	市场结构及战略	表 3.2 和 3.3
		规模经济与范围经济		
		新实证产业组织		
		潘扎尔和洛斯(Panzar,J.C. and Rosse,J.N.,1987)		
		布恩(Boone,J.,2008)		
4	关系	推测变量模型		
		结构需求模型		

续表

章节	主题	方法	主要发现	其他发现
4	关系	其他结构模型		
		持续时间分析	银行关系的特征	表 4.1～4.8
		Tobit 模型与计数模型	持续时间、范围、数量、强度	
		嵌套多维 Logit 模型	银行关系的影响	表 4.9～4.13
		异方差回归法	银行定位和专业化	图 4.3,表 4.14
5	配给		行为	表 5.1
			空间配给与定价,市场分割	
		—	战略	
			分立、进入以及并购和重组	
6	宏观	增长回归法	银行与增长	
		工具变量估计法	因果关系?	
		交互作用变量法	银行、金融市场和增长	
7	银行挤兑		决定因素	
			启示	
			规制	
			传染	表 7.1
8	风险管理	在险价值法和信用风险度量	违约或信贷风险	
			流动性风险	
			市场风险	
9	规制	倍差法	市场结构	
			银行行为	
			银行战略	
10	结论		金融稳定和发展	
		—	主要发现总结	
			后续研究话题	
11	后记	—	流动性与 2007—2008 年银行危机	

注:本书中,每一章都包含一个方法论小节,简要讨论了一个或多个相关方法以及一些例证性的应用。我们在文中归纳了文献的主要发现,也通过图形和表格提供了许多其他研究的细节内容。

第 2 章讨论了金融中介为什么存在。这个话题的实证文献开始于研究银行贷款公告对企业的股市表现影响的事件分析。因此该章介绍了事件研究法,同时提供一个自举法的应用。结论部分则主要讲了贷款和银行危机/合并公告,讨论了银行危机对企业绩效的长期影响。

第 3 章概括了产业组织理论在银行业的应用。尽管实证产业组织理论文献介绍了众多跨行业应用或首先应用于其他行业的概念和方法论，但我们只关注首先将理论应用于金融中介的文献。本章的方法论部分，内容详实，介绍了组织行为绩效、银行效率研究、规模经济与范围经济研究、潘扎尔和洛斯(Panzar,J.C. and Rosse,J.N.,1987)的研究方法、布恩(Boone,J.,2008)竞争指数法、推测变量模型、结构需求模型和其他结构模型。结论部分列举了市场结构，贷款市场、存款市场和市场间的行为关联，市场结构和战略关联，比如产品差异和网络效应。

第 4 章对借贷关系给出了定义和描述，并介绍了持续时间模型、Tobit 模型、计数模型、嵌套多维 Logit 模型和异方差回归法等方法。接着列举了银行关系特点的决定因素(持续时间、范围、数量和强度)，例如银行关系对信贷成本和信贷可获量以及企业绩效的影响。结论部分也介绍了银行战略，包括定位和专业化。

第 5 章介绍了信贷市场的均衡与配给，并以举例的形式回顾了定位在信贷可获量与银行行为及战略中的重要意义。

第 6 章通过在金融—增长文献中使用的一系列实证模型，讨论了金融市场不完全导致的宏观经济后果，进而讨论了在度量银行业和增长的因果关系方向及渠道中的工具变量技术。证据部分介绍且总结了有关银行业和增长、因果关系方向和金融市场扮演的额外角色的论文。

第 7 章介绍了个体银行挤兑与系统风险，以银行危机的决定因素为例：市场和经济形势、银行危机的启示和后果、规章制度与银行危机，以及银行间市场风险暴露与危机传染。

第 8 章讨论了银行所面临风险的经验管理。本章的方法包括假定法、估算法、风险值模型和信贷危机度量模型。举例部分介绍了违约或信贷危机、流动性风险和市场风险。

第 9 章探究了银行规制。在方法上，我们介绍了倍差法。我们将例子分为多个小部分，包括规章制度与市场结构、银行行为、银行战略和金融稳定与发展。

第 10 章对本书进行了总结，也提供了供有兴趣的读者进行深入研究的话题清单。

最后，第 11 章的后记记录了 2007—2008 年的银行业危机，该危机将成为此后数年的一项研究来源。

2.为什么存在金融中介

2.1 引言

现代金融中介理论认为银行减少借款者和存款者之间的信息不对称性的能力是银行区别于其他金融机构的独特之处[利兰和派尔(Leland and Pyle,1977);戴蒙德(Diamond,D.W.,1984);罗摩克希纳和塔科尔(Ramakrishnan and Thakor,A.V.,1984);法马(Fama,E.F.,1985);博伊德和普莱斯考特(Boyd,J. and Prescott,1986)]。[①] 银行在最初筛选借款人的贷款请求时会得到大量的信息,还能够在贷款过程中(持续期间)进一步监控借款者的偿债能力并持续观察公司的其他管理行为,银行也可以获得借款公司的存款和其他服务的专有信息(范围),甚至能够影响公司的管理决定(控制力)。银行可以大量获取借款者私人信息的事实使法马(Fama,E.F.,1985)称之为"内部债务持有人"。银行内部相对于银行外部的信息优势暗示公司想要获得银行外部或者其他金融提供者借款时面临着信息转换的成本。

受到法马(Fama,E.F.,1985)的关于银行贷款独创性理论的启发,詹姆斯(James,C.,1987)研究了银行同意或续借贷款的公告对公司平均股价的影响。他的论文结论是我们现在考虑银行在借贷市场中所扮演的角色问题的关键。在得出詹姆斯(James,C.,1987)的结论以前,许多文章也相继发表,在此我们首先探讨事件研究方法,这种方法与詹姆斯(James,C.,1987)的设置十分类似。事件研究法是金融研究的标准工具之一,它被大量用于评估银行—企业关系的附加值。接下来我们对事件研究法进行介绍。

---

① 我们的讨论部分基于翁杰纳和史密斯(Ongena,S. and Smith,D.C.,2000a),其他的关于金融中介的文献资源包括伯杰和尤戴尔(Berger,A.N. and Udell,G.F.,1998),伯杰(Berger,A.N.,2003),伯南克(Bernanke,B.S.,1993),巴恰塔亚和塔科尔(Bhattacharya and Thakor,A.V.,1993),戴维斯(Davis,1996),底格里斯和翁杰纳(Degryse,H. and Ongena,S.,2004),弗雷塔斯和罗切特(Freixas,X. and Rochet,J.C.,1997),格特勒(Gertler,1988),戈达德、莫里纽兹、威尔逊和塔瓦科利(Goddard,Molyneux,P.,Wilson and Tavakoli,2007),戈顿和温顿(Gorton and Winton,2003),戈林鲍姆(Greenbaum,1996),赫尔威(Hellwig,1991),梅尔(Mayer,C.,1996),中村(Nakamura,L.I.,1993a),纽伯格(Neuberge,D.,1998),谢尔特斯(Scholtens,1993),斯旺克(Swank,1996),塔科尔(Thakor,A.V.,1995,1996),and 范·达美(Van Damme,1994)。

2.2 方法论

2.2.1 事件研究法

实证银行中的事件研究通常用于分析相关企业或者银行由于利率变动、银行贷款公告或者银行危机公告所造成的股价波动[例如，汤普森(Thompson，1985)的概述]。把股价波动同投资者估值变化相联系，要求市场是有效的，相应的短期窗口事件是实际发生的、未被预期的，且不受其他事件的干扰[麦克威廉斯和西格尔(McWilliams and Siegel，1997)]。股票价格反应是基于定价模型来度量股票收益是否异常，就这点而言，需要作出许多可操作性的选择，比如估计期和事件窗口期的长度和位置。

假设我们想要研究公告(在金融出版物上)的影响，公司 j 获得一笔银行贷款，股票价格为 P_j，$j=1,2,\cdots,J$，在实际中，J 在 50 到1 000 以内的范围内波动，对分发股利和拆分股票进行调整，我们计算日股票收益率，r_{jt}：

$$r_{jt}=\frac{P_{jt}-P_{jt-1}}{P_{jt-1}} \tag{2.1}$$

我们使用市场回归模型来估计每日异常收益率，将公司 j 的日收益率 r_{jt} 回归到市场收益率 r_{mt} 和一组每日事件虚拟变量 δ_{jkt}，当时间 t 包含在事件窗口中时赋值为 1，反之则为 0。事件窗口中的日期被编码为 k，回归方程写为：

$$r_{jt}=\alpha_j+\beta_j r_{mt}+\sum_{k=-7}^{7}\gamma_{jk}\delta_{jkt}+\varepsilon_{jt} \tag{2.2}$$

图 2.1 展示了在日历期和事件期中的事件(用星形表示)的例子，也展示了估计窗和事件窗的例子。

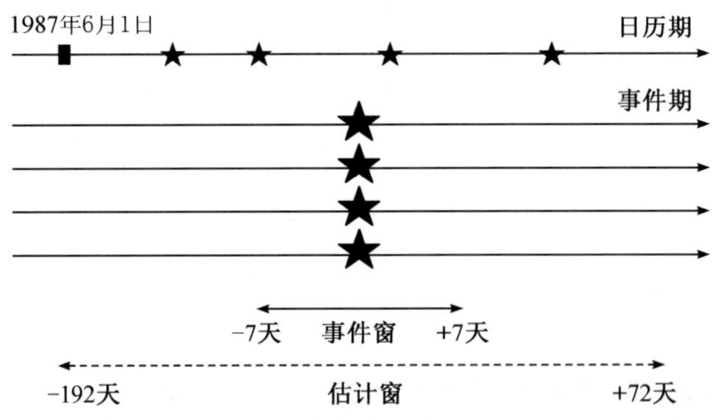

图 2.1　日历期和事件期中的事件窗和估计窗(星形代表事件)

估计窗能够横跨一整年(股票市场活动中)，比如可能在事件窗的 185 天以前，持续到事件窗最后一天的 65 天以后。事件窗包含了 15 个交易日(由于事件会有更多的信息泄漏，比如说银行并购公告等，因此设置更长期的事前窗口是更合适的，例如 60 天)，这个市场模型估计持续了 265 天 —— 从事件前的 192 天开始，到事件后的 72 天结束(t 用来表示事件期，而不是日历期，持续为 -192 天到 $+72$ 天)。使用一个大小相近的估计窗口(进行推迟 20 天或者提前开始的设置）构成了一个可靠的鲁棒性检验。系数 γ_{ik} 度量事件期间的日异常收益率，β_j 被假定为不随时间改变（一种好的鲁棒性检验是改变估计窗）。

标准设置可能包括将所有国内股票的价值加权指数作为市场收益的代理指标。可以增加该指标的三个提前或滞后的形式来修正交易不活跃市场的非同步交易[斯科尔斯和威廉姆斯(Scholes and Williams,1977)]。另外，可以删除在估计期和事件期的过少交易的股票（例如，在 265 天的估计期内少于 100 天，或者在 15 天的事件期内少于 7 天），用一个国内股票的固定权重指数和一个世界指数（例如，摩根士丹利对世界上所有国家的固定加权指数）来代替原来的指数对于检验的鲁棒性来说是十分重要的，更复杂的市场模型可能包含多个指标（例如国内和世界指标）以及其他因素，如国内市场利率和通货膨胀率。

对于每个公司 j，我们通过把每日异常收益率的估计值 $\hat{\gamma}_{jk}$ 加总来计算累计异常收益率(CAR)。

例如，三天的 CAR 等于

$$CAR(-1,+1)=\sum_{k=-1}^{1}\hat{\gamma}_{jk} \tag{2.3}$$

估计量 CAR 的统计显著性可以用总和的标准 F 检验来评估。异常收益用百分比表示，并且在模型是线性的前提下，评估估计值的经济相关性不需要进一步的计算。估计度量出来的影响是十分重要的。一般来说，评估经济相关性依赖于系数的大小和给定独立收益波动范围情况下的估计影响的大小。一到两个围绕均值的标准差或者自变量的最大、最小值，可以被用来评估经济的相关性。在其他情况下，程式化的事实或者经济原理可以被用来确定度量对因变量产生影响的自变量波动的合理范围。

典型情况下，CAR 被用来计算多个事件窗口，事件窗最好尽可能短，从而与潜在的市场有效性假说相一致，并且最小化其他干扰事件的影响：

$$CAR(-x,+y)=\sum_{k=-x}^{1}\hat{\gamma}_{jk} \tag{2.4}$$

贷款公告的合理的事件窗口的选择（即 x 和 y），是像(－3，－1)，(0，1)和(－3，＋3)的期间，事前准备谈判信息的泄漏、并购交易公告的重要细节的进一步披露需要使用较长时间的事件窗口，计算并购公告之前和之后几个月的 CAR 有时是合理的。

2.2.2 自举法

假设现在我们想要分析贷款对银行股票而不是对公司股票的影响，贷款被银行集团聚集起来，并且由集团中的多个银行发放出去。从集团层次进行抽象，为总结一系列给定银行的 CAR，我们需要将银行股票分组成不同的贷款投资组合，计算一个给定投资组合下的银行样本的 CAR 均值。样本均值的标准差使用自举法来计算，用以说明在一个事件组合中银行股票的同期相关性和可能在时间上重叠的事件。我们接下来描述一个自举法的过程。

为了获得所有事件的 CAR 均值分布，来说明银行误差项的横截面（交叉事件）相关性，我们首先对每个银行 i 的股票已实现日收益 r_{it} 做回归，自变量为时期 t 内的市场指数的已实现日收益 r_{mt} 和 15 个事件虚拟变量 δ_{jkt}：

$$r_{it} = \alpha + \beta_i r_{mt} + \sum_{k=-7}^{7} \gamma_{ik} \delta_{jkt} + \varepsilon_{it} \tag{2.5}$$

$t = -192, -191, \cdots, 72, i = 1, 2 \cdots, I$，$\varepsilon_{it}$ 是误差项，用 I_j 来表示参与到集团贷款事件 j 的银行数量，那么有 $I = \sum_{j=1}^{j} I_j$（简便起见，假设贷款份额是相等的）。定义估计参数为 $\hat{\alpha}$，$\hat{\beta}$，$\hat{\gamma}_{ik}$，CAR 为事件窗口日异常收益的总和。

这里自举法例子的目的是消除结构相关性并且获得反映相关性的系数的标准差，我们首先用 265 个整数指数值（用来选择残差）替换定义在 $-192, -191, \cdots, 72$ 区间的均匀分布，以此提取数据。

对于每一次提取，我们在向量中储存结果，这些独立结果决定了原始误差数据，形成 265 个日观测值的新的时间序列数据。根据这个向量，我们使用普通最小二乘法（OLS）残差对应到卷入事件的每个银行 I_j 的指数值。具体来说，我们为整个样本期间确定指数，从第一个估计期的第一天开始，到最后一个估计期的最后一天结束。然后，我们将指数数字定位到每一个估计期。通过用这种方法来定义自举数据，我们保留了事件内和事件间的误差相关性。在这里，我们假设数据是在时间范围内独立分布的。

数据提取一旦完成，我们开始计算每个银行的标准日收益率 $\hat{\gamma}_{ik}{}^{1}$：

$$\hat{\gamma}_{ik}{}^{1} = \hat{\alpha}_i + \hat{\beta}_{in} r_{mt} + \sum_{k=-7}^{7} \hat{\gamma}_{ik} \delta_{jkt} + \hat{\varepsilon}_{i\tau}^{1} \tag{2.6}$$

这里，$t = -192, -191, \cdots, 72$；$\tau = \tau_{-192}^{j}, \tau_{-191}^{j}, \cdots, \tau_{72}^{j}$；$i = 1, 2, \cdots, I$。

$\hat{\varepsilon}_{it}^{1}$ 是以上指数设定后的普通最小二乘法 t 级残差。角标 1 代表第一次数据替换。

一旦创建出新的收益系列，我们能够做类似于 2.5 式的回归，来估计每日银行异常收益率，银行水平的 CAR 和各银行的平均 CAR。我们将这个过程重复 100 到 1 000 次，产生一个估计分布。从这个分布中我们可以计算实证的 p 值。类似的过程也可以用于横截面回归的系数估计。

2.3 实证

2.3.1 贷款公告

以下工作由迈克尔森和帕奇（Mikkelson，W.H. and Partch，M.M.，1986），詹姆斯（James，C.，1987）完成。他们使用早期的事件研究方法论来研究银行同意或续借的贷款公告发布对公司股价的平均影响。表 2.1 的第二行总结了他的发现［第一行列示出迈克尔森和帕奇（Mikkelson，W.H. and Partch，M.M.，1986）研究的原始结果］。①

① 我们的研究部分基于底格里斯和翁杰纳（Degryse，H. and Ongena，S.，2008）。

表 2.1　贷款公告研究

论文	国家，时间	平均(中位)公司规模	公告(事件数量)	两天的异常收益均值(%)(是否显著)
迈克尔森和帕奇(Mikkelson, W. H. and Partch, M.M., 1986)	美国 1972—1982	NA	贷款协定(155)	0.89***
詹姆斯(James, C., 1987)	美国 1974—1983	负债:675(212)	银行贷款协议(80)	1.93***
斯罗文、苏什卡和哈德森(Slovin, M. B., Sushka, M. E. and Hudson, 1988)	美国 1982—1985	市场证券：[b] 7 303	商业票据发行(35) 通过票据发行融通(18) 信用贷款(17)	1.39**
卢默和麦康奈尔(Lummer and Mc Connell, 1989)	美国 1976—1986	NA	银行信贷协议(728)： 续订(357)/新的(371)	0.61*** 1.24***/−0.01(NA)
斯罗文等人(Slovin, M. B. et al., 1992)	美国 1980—1986	市场证券：281(68 个首次)	贷款协议(273) 续订(124)/首次(149) 小公司(156)/大公司(117)	1.30*** 1.55***/1.09***(NA)1.92***/0.48(NA)
贝斯特和张航(Best and Zhang, 1993)	美国 1977—1989	NA	银行信贷协议(491) 续订(304)/新的(187)	0.32** 1.97**/0.26(no)
			续订的和扰动的[a](156)/ 新的和准确的[a](187)	0.60**/−0.05(*)
比利特等人(Billett, M. T. et al., 1995)	美国 1980—1989	市场证券：316(79)	贷款(626) 续订(187)/新的银行(51) 银行等级：AAA(78)/<BAA(29)	0.68*** 1.09***/0.64*(no) 0.63***/−0.57(no)
约翰逊(Johnson, 1997)	美国 1980—1986	市场证券：290(100)	银行贷款协议(222) 小银行(53)/大银行(54) 资本匮乏的银行(55)/ 资本充足的银行(56)	1.18*** 0.90*/1.78***(no) 0.59/2.17**(no)

续表

论文	国家，时间	平均(中位)公司规模	公告(事件数量)	两天的异常收益均值(%)(是否显著)
普利斯和穆林奥(Preece and Mullineaux,1996)	美国 1980—1987	资产：1 087(188)	信贷协议(446) 非辛迪加(121)/辛迪加(325)	1.00*** 1.78***/0.78***(**) 1.43***/0.15(NA)
哈德洛克和詹姆斯(Hadlock and James, C.,1997)	美国 1980—1990	资产：2 181(238) 3 252(485)/315(143)	银行贷款(120) 公债：有(64)/没有(56)	0.91*** 1.50*/0.19(*)
肖克利和塔科尔(Shockley and Thakor, A.V.,1998)	美国 1989—1990	NA	贷款承诺和购买(189) 使用费：有(137)/没有(52)	1.95*** 2.47***/0.54(***)
克拉考和曾纳(Kracaw and Zenner,1998)	美国 1980—1989	市场证券：296(65)	银行贷款(378) 明确和潜在的强大连锁(32) /无(346)	NA −0.89/0.96(*)
哈德洛克和詹姆斯(Hadlock and James, C.,2002)	美国 1980—1993	市场证券：773(93)	银行贷款，清晰(144)	1.45***
菲尔兹等人(Fields et al.,2006)	美国 1980—2000	市场证券：4 615(113) 资产：1 111(176)	银行贷款续订(454) 1980—1990(179)/1991—2000(275)	0.80*** 1.31***/0.48(NA)
罗斯(Ross,2007)	美国 2000—2003	NA	银行贷款(1064) 新的(74)/良好的修订(274) /混合修订(44)	1.03*** 0.72/0.74***/4.39***
埃塔布里亚和罗伯茨(Aintablian and Roberts,G.S.,2000)	加拿大 1988—1995	NA	公司贷款公告(137) 续订(35)/新的(69)/重建(18)	1.22*** 1.26***/0.62***/3.45***
安德烈等人(Andre et al.,2001)	加拿大 1982—1995	NA	银行贷款协定(122) 1988年前的信用额度(13)/之后(33) 1988年前的贷款条款(22)/之后(54)	2.27*** 4.82/0.32 1.14/3.30***

续表

论文	国家，时间	平均(中位)公司规模	公告(事件数量)	两天的异常收益均值(%)(是否显著)
马斯库、罗伯和张(Mathicu, Robb and Zhang,2002)	加拿大 1980—1999	NA	银行贷款协议(456) 1990年前的信用额度(107)/ 1990年后的信用额度(172) 1990年前贷款条款(69)/之后(52)	1.73*** 2.50***/0.08 1.12**/2.70***
费里等人(Fery et al., 2003)	澳大利亚 1983—1999	NA	签订信贷协议(196) 发布：独立银行关系(h18)/ 多个银行关系(22) 未发布：独立银行关系(56)/ 多个银行关系(89)	0.38* 1.62**/0.89 0.02/0.25
黄和赵(Huang and Zhao,2006)	中国 2001—2006	资产：316(154)	银行贷款公告	−0.38*

注：本表列举了事件研究的主要发现，按照发布日期的顺序追踪银行贷款公告对于公告公司股价的影响。第二列展示出公司公告银行贷款的国家和公告发布的时间。第三列为规模度量和以百万美元计量的公司平均规模。第四列为公告类型，括号内表示事件数量，每个单元格的第二、三段提供了论文关键类别中的细分公告。最后一列是一个两天的平均异常收益率百分比，大多数情况是在[−1,0]的区间内，括号内表明公告组的平均异常收益是否显著不为0。NA表示不显著。*** 表示在1%的水平上显著，** 表示在5%的水平上显著，* 表示在10%的水平上显著。

[a] 预测

[b] 表格中1b不指定公司规模测度的使用方法(在文中可能会使用市场证券的测度方法)

资料来源：更新来自翁杰纳和史密斯(Ongena,S. and Smith,D.C.,2000a)

詹姆斯(James,C.)发现银行贷款公告与公司股票价格在统计上显著正相关，在两天的窗口①中有193***个基点(bp)的反应，而私募和公募债券公告对公司股价不产生影响或者产生负的影响。这个研究结果是与贷款类型、拖欠风险、借款者规模等因素相独立的。这种正向的股票价格反应支持了法马(Fama,E.F.,1985)的结论，也就是银行贷款是对公司未来产生现金流量能力的认可。

詹姆斯(James,C. ,1987)的研究结果催生了大量的其他事件研究。表2.1展示了许

① 正如表格中显示的，系数后的星号表示显著性水平：

*** 是在1%水平上显著；

** 是在5%水平上显著；

* 是在10%水平上显著。

多研究。举个例子来说，卢默和麦康奈尔(Lummer and McConnell,1989)将银行贷款划分为首次发放贷款和后续的贷款续订。因为贷款是首次发放给新的借款者，而续订是贷款发放给已建立关系的借款者，二者的股价反应的差异可以度量借贷关系的价值。延续这个讨论，卢默和麦康奈尔(Lummer and McConnell,1989)发现对银行贷款公告的股价反应主要反映在续订方面。事件期间受首次发放贷款公告影响的异常收益率并不是统计上显著异于零，而贷款续订则是正向的并且统计上显著的。但埃塔布里亚和罗伯茨(Aintablian and Roberts,G.S.,2000)除外，他们使用加拿大银行贷款公告和统计报告，发现新发放贷款和续订贷款产生的平均异常收益率的差异性在10%水平上显著，结果与卢默和麦康奈尔(Lummer and McConnell,1989)的研究结论不同。

斯罗文、约翰逊和格拉斯科克(Slovin,M.B.,Johnson and Glascock,1992)，贝斯特和张(Best and Zhang,1993)，比利特、弗兰纳里和加芬克尔(Billett,M.T.,Flannery and Garfinkel,1995)，证明了首次发放贷款和续订贷款对于股价都有正向的和显著的影响，并且发现二者间的价格反应并没有显著不同。贝斯特和张(Best and Zhang,1993)发现在贷款客户的不确定性高时，续订公告的股价影响比首次发放贷款的股价影响更为显著。在他们的研究中，比利特等人(Billett,M.T. et al.,1995)认为卢默和麦康奈尔(Lummer and McConnell,1989)的研究结果可能是由他们对于首次发放和续订类别的界定所引起的。总之，贷款公告对于财富的正向影响似乎是被支持的，但首次发放与续订间的不同影响尚未确定。

另外，当贷款公告遭遇一些明确但很难解决的问题时，应该制定其他的限定条件。首先，文献可能存在潜在的报告问题[詹姆斯和史密斯(James,C. and Smith,D.C.,2000)]，因为公司和新闻媒体都倾向于发布正面新闻；费里、盖斯博罗、伍德利夫和朱姆沃尔特(Fery,Gasborro,Woodliff and Zumwalt,2003)关于澳大利亚的论证揭示了这方面的问题。甚至更多具体的挑选问题也出现在金融公司[坎蒂罗和赖特(Cantillo and Wright,2000)]、公司贷款应用、银行提供和公司验收中[哈德洛克和詹姆斯(Hadlock and James,C.,2002)]。其次，菲尔兹、弗雷泽、贝里和拜尔斯(Fields, Fraser, Berry and Byers,2006)明确提出，在美国的20世纪90年代，首次发放和续订贷款是否仍然导致超额回报是不明确的，这也体现在安德烈、马蒂厄和张(Andre, Mathieu and Zhang,2001)以及翁杰纳、罗斯考翁和维尔纳(Ongena,S., Roscovan and Werker,2007a)的研究中，他们质疑先前研究发现的鲁棒性。最后，也许不同国家的贷款公告收益存在实质性的不同[贝斯卡尔金和霍(Bescaljon and Ho,2005)]，尽管为什么会出现这种情况仍然是不明确的。

尽管如此，贷款公告研究持续激励着研究者的探索并且引发学术上的讨论。研究朝着多个方向进一步推动。例如，瓦希德和马瑟(Waheed and Mathur,1993)，丹吉纳罗、伊莱茵和万思莱(DeGennaro, Elayan and Wansley,1999)研究银行贷款公告对于银行股票的影响。翁杰纳等人(Ongena,S. et al.,2007a)分析贷款公告对于公司债券(和股权)收益的影响，他们发现尽管银行认证减少了信息不对称，但由于债权稀释，债权人的福利会转移给股东。他们的分析首次提供了银行贷款公告对公司股价净影响的估计。

2.3.2 银行危机/并购公告

对于银行关系价值的证据探讨是另一个重要的事件研究实践的内容，探讨转换成本的存在是斯罗文、苏什卡和坡伦恰克(Slovin，M. B.， Sushka，M. E. and Polonchek，J. A.，1993)的论文中具有创新性的尝试，他们调查了1984年伊利诺伊大陆银行在与银行保持借贷关系并且濒临破产情况下股价的变动。斯罗文等人(Slovin，M. B. et al.，1993)公布了破产公告时期基准点为－420***的两日异常收益均值和接受FDIC救援公告后基准点为200**的异常收益的提升。他们认为这样大的价格变动是直接与公司—银行间的特殊关系相捆绑的潜在价值估计。这种准租金的存在暗示借款者是银行的利益相关者。

有许多事件研究涉及银行危机/并购公告，并且重复甚至扩展斯罗文等人(Slovin，M. B. et al.，1993)最初的研究结论[①]。我们将这些研究结果总结在表2.2中。所有研究都聚焦在各个国家中而不单是美国，许多研究追踪银行事件对借款者股价的影响，并不单单局限在银行危机方面，这些危机包括丑闻、转让和银行并购等造成借款人和银行间关系出现不稳定的其他事件。[达西亚、桑德斯和斯里尼瓦桑(Dahiya，S.，Saunders，A. and Srinivasan，A.，2003)通过研究受公司危机影响的银行股价波动补充了斯罗文等人的结论。]

大多数研究发现了比斯罗文等人(Slovin，M. B. et al.)在1993年研究的－420bp***更微弱、更暂时的影响。另外，有三个研究发现受银行影响的公司和其他公司的收益率并没有显著区别[翁杰纳、史密斯和麦克尔森(Ongena，S.， Smith，D.C. and Michalsen，2003)；布鲁尔、格纳伊、亨特和考夫曼(Brewer，E.， Genay，H.， Hunter and Kaufman，2003)；宫岛英昭和雅菲(Miyajima，H. and Yafeh，Y.，2007)]。当然，多项研究的不同结论也许来源于特定银行关系价值的异质性，或者因为倒闭的银行过多、过大。确实，如果一家大银行(或者许多银行)在外生冲击下倒闭，它的多数借款者也许发现可以很容易找到一家新的银行(甚至是像破产银行的老客户一样对风险不可识别的时候)，这是因为借款人资金池的改进可以改善逆向选择，允许其他银行放松借贷标准[德特拉吉亚彻、加雷拉和圭索(Detragiache，E.， Garella，P.G. and Guiso，L.，2000)；海因茨(Hainz，2005)]；关于新借款者相关的讨论也在戴尔·阿里西亚和马奎兹(Dell'Ariccia，G. and Marquez，R.，2006)的论文中被提及。

表2.2　银行危机和银行并购公告

论文	国家，时间	平均(中位)公司规模	公告(事件)，受影响借款者	平均两天的异常收益率(%)“哪种公司所受影响最小”(差异性)
斯罗文等人(Slovin，M. B. et al.，1993)	美国，1984	E：1 085(692)	伊利诺伊大陆公司(1)29个公司(直接借出者/领导管理者)	－4.16*** 低杠杆率的公司和其他银行

① 参见比彻(Becher，2000)所总结的银行并购对于并购银行及其竞争对手的股价影响。

续表

论文	国家，时间	平均(中位)公司规模	公告(事件)，受影响借款者	平均两天的异常收益率(%)"哪种公司所受影响最小"(差异性)
申槿焕、弗雷泽和科拉里(Hwan Shin, Fraser and Korali, J.W., 2003)	日本，1999.8.19	S：790(716)[a]	三方联盟(1)570	−0.31*** 主要银行，高负债，高利润
邱(Chiou, 1999)	日本，1997—1998	A：3 913 (1 110)	大和银行丑闻(1) 32家主要银行公司	−0.98*** 大公司以及无主要银行
布鲁尔等人(Brewer, E. et al., 2003)	日本，1997—1998	A：1 450	三家银行倒闭(3) 327	0.17；−1.32***；−0.49** 存在替代性融资的公司(no)
宫岛英昭和雅菲(Miyajima, H. and Yafeh, Y., 2007)	日本，1995—2001	A：2 293[a]	行动(11)，降级(5)，并购(3) 9 250+4 016+2 606	NA；−3.1[NA]；0 大的、盈利的、高科技、低负债、证券(no[1])
裴，康和林(Bae, K.H., Kang, J.K. and Lim, C.W., 2002)	韩国，1997—1998	BA：404	负面银行新闻(113)486	−1.26*** 健康的、非受限的公司
孙(Sohn, 2002)	韩国，1998	A：324[a]	倒闭/五家银行的转让(1) 118	−4.85*** 事先没有关系的公司
博宁和今井(Bonin and Imai, 2007)	韩国，1997	NA	两家银行/国外销售活动，106	−2** 盈利的、流动性强的、对银行依赖小的公司
卡瑟斯基、翁杰纳和史密斯(Karceski, J., Ongena, S. and Smith, D. C., 2005)	挪威，1983—2000	S：±500	完全银行并购(22) 342个需方，78个对象，1 515个竞争对手	0.29，−0.76**，0.06 与获取银行存在关系的公司
翁杰纳等人(Ongena, S. et al., 2003)	挪威，1988—1991	S：400	银行危机(6) 217家主要银行公司	−1.7** 存在拉伸信用的股票发行公司(no)
贾科夫、因德拉和克拉珀(Djankov, Jindra and Klapper, L., 2005)	印度尼西亚、泰国、韩国，1997—1999	NA	倒闭(52) 国外销售(209) 国内并购(92) 国有化(94)	−3.94＊＊＊ −1.05＊ −1.27 3.14＊＊＊ 大公司(no)

注：本表列举了事件研究方法的主要结论，这些研究回顾了银行危机或并购公告对借款公司股价的影响。这些文章根据国家规模、样本期间(最近期的样本排在最前面)进行分类。第二列显示受影响公

司的国家关系和公告发布的时期。第三列是规模度量和以百万美元计量的平均公司规模。A 为资产；BA 为账面资产；E 为股票；S 为销售额。第四列代表公告类型，第一行为事件数量，第二行为受影响的借款者的数量。最后一列，第一行为一个两天的平均异常收益率，大多数情况在[−1,0]或者[0,1]之间。如果两天的 CAR 不超过这个区间，那么应使用包含着两天期间的最短的报告区间。第二行代表论文中关键类别报告的细分公告（括号中代表在两个不同公告组别中，平均异常收益差异是否显著不为零）或者关于“哪种公司受到的影响最小”这个问题的关键结果。括号中表示受影响公司和不受影响公司（如未在公告期间从受影响银行中借款的公司）的异常收益是否显著不同。NA 表示无数据。

[a]我们的计算

*** 在 1%的水平上显著，** 在 5%的水平上显著，* 在 10%的水平上显著

资料来源：翁杰纳和史密斯（Ongena，S. and Smith，D.C.，2000a）。

2.3.3 银行危机对公司业绩的长期影响

与事件研究法（观察股价的瞬时反应）互补的是调查银行危机或违约对公司业绩的长期影响的方法（表 2.3）。康和史图斯（Kang，J.K. and Stulz，2000）表明自 1989 年起（这一年大多数日本银行受到负面影响），在 1990—1993 年间，相对于其他公司，那些从银行获得更多贷款的日本公司负债累累，经营绩效更差，同时投资更少。相似地，姚和欧阳（Yao and Ouyang，2007）发现由主银行持有更大比例股权的日本公司比其他公司表现更差（但令人惊讶的是，借款和投资却更多）。甘（Gan，J.，2007）提出了更直接的证据，他研究发现与大量接触房地产的日本银行保持借贷关系的公司在日本房地产价格巨幅滑落时会对他们的投资产生更为负面的影响（与不受影响的公司相比）。乔威尔（Joeveer，2007）也发现银行违约会提高相关联的爱沙尼亚公司违约的可能性。然而，哈比亚利马纳（Habyarimana，2006）发现，银行关闭阻碍了小的乌干达公司的成长。

另外，堀（Hori，2005）发现北海道拓殖银行的倒闭对于受影响和不受影响公司的影响差别并不大。然而翁杰纳等人（Ongena，S. et al.，2003）发现转换银行不良资产的挪威公司的长期业绩不如那些按兵不动的公司（由于几乎所有的挪威银行都倒闭了，所以他们无法与无影响公司相比较）。

因此，从长期来看，有证据表明与处在危机中的银行建立关系后公司表现更差。然而，这些结论仍然是复杂的和（某种程度来说）初步的。更多的解析这些公司和机构特点的研究对于更好地解释银行危机对公司业绩的长期负面影响来说是十分必要的。

表 2.3　对银行倒闭和危机对借款公司业绩影响的研究

论文	国家、时间	平均公司规模	危机类型，银行数量受影响的借款者数量	业绩影响(%)、“哪种公司所受影响最小”、受影响与不受影响公司的差异性
堀（Hori，2005）	日本，1995—2000	销售额：16(5) 雇员：39(16)	北海道拓殖银行的倒闭 1 2 247 主要银行/3 662 2nd银行	利润/资产：−1.0% 级别高；转移去其他银行 无差别

续表

论文	国家、时间	平均公司规模	危机类型，银行数量受影响的借款者数量	业绩影响（%）、“哪种公司所受影响最小”、受影响与不受影响公司的差异性
甘（Gan，J.，2007）	日本，1994—1998	所有公开上市公司	银行房地产暴露（价格下降） ? 7 452	投资/资本：−0.5%* /银行暴露房地产资产占比 流动性、增长型企业，不持有房地产 显著
姚和欧阳（Yao and Ouyang，2007）	日本，1990—1992	销售额：2	1990—1992 年的冲击 “所有” 449（主银行所有权＞中值）	公司三年累积收益：−8% 银行贷款/债券较少 显著
翁杰纳等人（Ongena，S. et al.，2003）	挪威，1988—1991	销售额：400	银行倒闭 6 217 家主要银行企业	公司离开：−5.8%利润率，−8.7% 托宾 q 公司保留 NA
乔威尔（Joeveer，2007）	爱沙尼亚，1998	销售额：2（0.5）	银行倒闭 1 119（114 在控制组别中）	存货的利润率：−13% NA 显著
哈比亚利马纳（Habyarimana，2006）	乌干达，1998—1999	雇员：134	银行倒闭（不谨慎的操作） 4 70	年均增长：−2.3%*** 内部人士不持有公司股份，低负债 显著

注：本表列举了银行倒闭对借款公司业绩影响的主要研究发现。根据国家规模、样本期间（最新的样本排在最前面）进行分类。第二列显示受影响公司的所在国和银行危机的发生时间。第三列是规模度量和以百万美元计量的平均公司规模。第四列是危机类型（第一行），银行数量（第二行），受影响的借款者的数量（第三行）。最后一列是绩效度量百分比（第一行），关于“哪种公司所受影响最小”问题的关键结果（第二行），受影响与不受影响公司（如未在公告期间从受影响银行中借款的公司）间的差异是否显著（第三行）。

*** 在 1%的水平上显著，** 在 5%的水平上显著，* 在 10%的水平上显著。

3.银行业的产业组织方法

3.1 引言

在这一章中我们回顾了研究一般竞争特别是银行业竞争的不同方法。我们探讨在产业组织(IO)中的“传统的”和“新兴的”实证研究方法,尤其是在银行业中的应用,并且在每部分提供详细的说明[①]。另外,我们不探讨在产业组织领域内特定方法的首次应用,而是强调它在银行业研究中的首次应用。

我们首先讨论传统的结构—行为—绩效(SCP)、银行效率、规模经济和范围经济。然后,我们转向新的实证产业组织方法,这种方法由潘扎尔和洛斯(Panzar,J.C. and Rosse,J.N.,1987),布恩(Boone,J.,2008)采用,包括推测变化、结构性需求和其他的结构性模型(沉没成本和进入成本)。我们强调这些不同方法的优劣,并且自然地聚焦在数据需求的不同和每一种方法内生性的检验。

表格 3.1 展示了关于银行业竞争的研究是如何演化的。该表格阐明 20 世纪 90 年代早期发生在模型化竞争、集中度和行为的度量方法,以及取得广泛应用等方面的重要改变。总的来说,文献抛弃了传统的 SCP 范式,表明在集中度弱的市场银行会表现出更弱的竞争性和更高的获利性。

这些文献从两个方向做了推进。一个是为市场结构内生化建模。我们在这一章回顾这部分文献。二是通过观察银行产品的非价格变量获取了“银行竞争的特殊规律”。理论研究工作已经涉及,例如,研究了信贷的可获得性和银行—公司关系在克服信息不对称问题时所扮演的角色。在接下来的章节中,我们重点研究相关文献中的方法论和实证发现,我们在第四章介绍关于竞争性和银行—公司关系,在第五章中介绍竞争性和市场定位,竞争和规制的内容则放到第九章。

---

① 对于一般的文献综述,我们参见伯杰、德米和莱文(Berger,A.N.,Demi and Levine,R.),豪布里斯(Haubrich,J.G.,2004a),谢弗(Shaffer,S.,2004)。我们在文章中进行更具体的回顾。

表 3.1 银行集中度和竞争性对银行业绩影响的研究演变

因素	时期	
	20 世纪 90 年代早期	现在
模型	SCP 假设	竞争性研究的多种模型
集中度度量方法	HHI 指数或者 n 个银行的集中度比例	银行规模和类型(外国、本国) 广义上的竞争
行为度量方法	银行价格、银行利润率	银行效率、服务质量风险企业信贷获得、银行系统稳定性
实证模型	静态的短期横截面	银行合并的动态影响
数据	美国的大都市统计区(MSA)或非 MSA 国家	不同定义下的美国市场,其他国家

注:该表格展示了关于银行集中度和竞争性对于银行业绩影响的文献调查的变化,对 20 世纪 90 年代早期文献中使用的模型、集中度方法、操作方法、实证模型及数据来源与现在的进行对比。HHI 为赫芬达尔—赫希曼指数。

资料来源:伯杰等人(Berger,A.N. et al.,2004a)。

3.2 方法:银行竞争和市场势力的度量

我们以综述研究银行业竞争所采用的不同方法作为开始。[①] 实证的研究方法可以被划分为传统产业组织方法和新实证产业组织方法(NEIO)。使用传统的方法,我们区分了结构—行为—绩效(SCP)分析范式、效率研究、规模和范围经济研究。NEIO 方法目标是直接度量竞争程度。我们区分了潘扎尔和洛斯(Panzar,J.C. and Rosse,J.N.,1987)方法,布恩(Boone,J.,2008)提出的指示器、推测变化模型、结构需求模型和其他结构模型(沉没成本和进入成本)[布雷斯纳汉(Bresnahan,T.,1989),对此进行了总结]等不同的方法。不同方法的有效性关键在于数据的可获得性和问题的提出。银行市场的特别之处促进了替代性和互补性方法的引入。为求简便,我们在方法论部分并不介绍这些方法(将在后面的章节中对这些方法的发展进行介绍)。

3.2.1 传统产业组织

3.2.1.1 结构—行为—绩效

SCP 模型最初是由贝恩(Bain,1956)提出的,SCP 研究直到 20 世纪 90 年代初仍然相当流行。表 3.1 就总结了 SCP 研究的特点。SCP 假设表明更高的银行市场集中会引起更低竞争性并且形成更高的银行利润(但是从社会角度上来看具有更低的绩效)。为了检验 SCP 假设,学者以银行绩效(如银行利润率)作为因变量,对市场集中度的代理指标,也就是 n 个银行的集中比例或者赫芬达尔—赫希曼指数(HHI)做回归。[②] 一个代表性回归

① 我们的讨论部分基于底格里斯和翁杰纳(Degryse,H. and Ongena,S.,2008)的研究。

② 参看阿里希亚和谢克(Alegria and Schaeck,2008)对于多种集中度方法关系之间的分析推导。

方程可以表示为：

$$\prod_{ijt}=\alpha_0+\alpha_1 CR_{jt}+\sum_k \gamma_k X_{k,ijt}+\varepsilon_{ijt}, \quad (3.1)$$

在这里$\prod_{ijt}$是银行i在t时期银行市场j中的利润率的度量，CR_{jt}是市场j在时间t时的集中度度量，$X_{k,ijt}$代表可能影响银行利润的k矢量控制变量(例如，代表风险盈利能力的控制变量)。在更集中的市场中，银行能够(在SCP范式中)设置更高的贷款利率或者更低的存款利率作为非竞争性行为或串谋。因此，SCP假设暗示着$\alpha_1>0$，更高的市场集中度意味着更强的市场力量和更高的银行利润。市场结构本身被假设为外生性的。

市场结构外生性的阐述和HHI使用已经受到柏格和金姆(Berg，S.A. and Kim，M.，1998)的批判，他们估计一个多产量推测变化模型来说明集中度基本上不能排除竞争行为。事实上，多产量寡头垄断的研究展示了零售贷款市场(挪威)被市场力量拉动，然而批发贷款市场缺乏这样的力量，与HHI相比产生相反的结论。①

大量的研究证明，例如，在市场集中度和银行利润之间存在正向的统计关系。由于吉伯特(Gibert，1984)和伯杰(Berger，A.N.，2004a)已对早期方法的优秀重要文献做了综述，我们没有必要再做这方面的尝试(但是我们在这一章讨论了其中的一些结论)。为了从一般意义上来说明SCP研究，我们简要讨论伯杰和汉南的论文(Berger，A.N. and Hannan，T.H.，1989)。许多研究都聚焦在赢利性—集中度关系上，而伯杰和汉南(Berger，A.N. and Hannan，T.H.，1989)实际上研究的是存款利率—集中度关系。不过，鉴于他们对集中度的度量方法、简化形式估计和说明，他们的研究是SCP方法应用的代表。

伯杰和汉南(Berger，A.N. and Hannan，T.H.，1989)研究了美国零售存款市场，分析覆盖了当地提供六款不同存款产品的195个银行市场中的470个银行。使用1983年第三季度到1985年第四季度的季度数据。他们估计了下面的公式：

$$r_{ijt}=\alpha_0+\alpha_1 CR_{jt}+\sum_k \gamma_k X_{k,ijt}+\varepsilon_{ijt}, \quad (3.2)$$

在这里r_{ijt}表示时间t时的银行市场j内的银行i的零售存款利率。SCP假设暗示着$\alpha_1<0$，也就是说，更高的市场集中度意味着更大的市场力量和更低的存款利率。②

研究者使用许多不同的集中度度量方法来研究非竞争性行为。伯杰和汉南使用三银行集中度比例(CR3)和HHI。③ 他们的结果整体说明了市场集中度对存款利率的消极影响，这个结果与使用何种集中度度量方法是无关的。例如，在他们的样本领域，从低集中度市场向高集中度市场的过渡会引起货币存款账户的47～52个基点(bp)的减少。

尽管早期的SCP方法成功地解释了市场结构对各种银行利率的重要性，伯杰等人

① 柏格(Berg，S.A.)和金姆(Kim，M.，1998)计算出1990—1992年挪威的零售和批发贷款市场的HHI平均在866到2155之间。美国司法指导部门将HHI<1000视为不集中市场，把HHI>1800视为高集中度市场[塞罗普(Salop，1987)]。

② 在谢泼德(Shepherd，1982)相对市场势力假设中，唯有拥有大的市场份额和高度差异性的产品的市场能够享受定价方面的市场势力。

③ 控制变量包括时间虚拟变量，市场存款的1年增长率，银行分支机构在金融分支机构(包括存款和贷款的分支机构)总体中的比例，工资率、人均收入、大都市统计区域虚拟变量。

(Berger,A.N. et al.,2004a)写道:实证银行文献相对这种简单方法已取得了很大进步。我们在 SCP 框架和表 3.1 中总结了 SCP 框架和近期在 SCP 框架与不在 SCP 框架中的研究的显著不同。

3.2.1.2 银行效率的研究

效率假说提供了对于银行利润与集中度或者市场份额之间的正向联系一种解释。效率假说[德姆塞茨(Demsezt,1973);佩尔特曼(Peltzmann,1977)]提出更高效率的银行会赢得更多的市场份额。因此市场集中度是受银行效率内生性影响的。伯杰(Berger,A.N.,1995)对两种类型的效率进行区分。X 效率,指拥有更高管理和生产技术水平的银行将获得更高的利润,并且增加更多的市场份额。规模效率,是指一些银行能够在更高的效率规模上生产,导致更高的单位利润,更大的市场规模,更高的市场集中度。

SCP 文献中结构和绩效之间的正向关系在两种效率假设下是虚假的,结构和绩效都由效率决定。首先,实证文献目标是整理出 SCP 和效率假说之间的关系,由下面的回归方程表示:

$$\prod_{ijt}=\alpha_0+\alpha_1 \mathrm{CR}_{jt}+\alpha_2 \mathrm{MS}_{ijt}\sum_k \gamma_k X_{k,ijt}+\varepsilon_{ijt}, \tag{3.3}$$

用 MS_{ijt} 表示时期 t 内银行 i 在市场 j 中的市场份额(其他变量符号与前面保持不变)。

SCP 意味着 $\alpha_1>0$,两种效率假说意味着 $\alpha_2>0$。大多数研究发现了 α_2 是正的并且是统计显著的,而 α_1 接近于 0 并且统计不显著。这些发现支持了效率假说,也就是说,大的市场份额具有更高的利润。

伯杰(Berger,A.N.,1995)的研究比标准银行效率更前进了一步,他进一步通过将 X 效率和规模效率的直接度量(作为在 $X_{k,ijt}$ 向量中增加的变量)纳入回归方程来区分 SCP 和效率假说。他提出在控制了效率后,MS_{ijt} 代表银行的相对市场势力。伯杰(Berger,A.N.)从超越对数成本函数中推导出两种效率估计方法。X 效率也从随机噪声中被分离出来,通过假设 X 效率的差异性在长期内始终存在,而随机噪声却不是如此。银行 i 的 X 效率等于样本中最有效率的银行的预测成本相对于任何产出和投入情况下银行 i 的预测成本。伯杰(Berger,A.N.,1995)也根据超越对数成本函数计算规模效率,计算银行 i 的最小平均预测成本与在给定的产出结构和投入价格下的实际平均预测成本的比例。分析发现,两种方法都在 0 到 1 之间波动。

伯杰(Berger,A.N.,1995)使用 20 世纪 80 年代的 4 800 个美国银行的数据估计了成本方程。平均规模不经济数量比例大于 15%。在绩效方程中使用两种计算效率度量指标和市场份额、集中度,伯杰发现 60 个回归方程中,40 个市场份额具有正向的反应。然而,经济意义上的市场份额的显著性水平是很低的:市场份额提高 1%水平,资产回报上的作用低于 0.1%。然而,伯杰把这些发现当作是有利于相对市场势力假设的证据:市场份额代表大银行的市场势力,他们的市场势力也许是通过广告、本地网络和商业关系获得的。进一步的结果显示了 X 效率也能够正面解释利润,然而规模经济的结果是复杂的,在经济方面不一定是重要的。

金融机构的运营效率方面的研究与效率假设也是相关的,运营效率要求:(1)以最优化投入结构来避免过度投入(技术上的 X 非效率)或者次优的投入分配(分配的 X 非效率);(2)以最优规模生产并且以最优配置来实现规模经济和范围经济。

伯杰和金姆(Berger,A.N. and Kim,M.,1994)对前文所述研究中对最优规模、效率的估计和应用方式提出批评。他们证明不同的规模估计来源于不同的市场结构。并且,他们将“厚前沿”理论应用在 1988 年几乎所有的(173 家)挪威银行中,表明对非效率的度量及其分级并不是行为上独立的。因此,他们强调的主要观点是这种行为对效率和规模的度量方法都有重要影响,所以这种估计不应该独立于市场结构和市场行为。

对于更多金融机构的 X 效率研究,我们认为主要是基于艾伦和莱(Allen,L. and Rai,1996),莫里纽兹、埃尔图巴斯和加德纳(Molyneux,P.、Altunbas and Gardener,1996),伯杰和汉弗莱(Berger,A.N. and Humphrey,D.B.,1997),或者图拉蒂(Turati,2001)的研究。我们在下面的章节中转向规模经济和范围经济的研究。

3.2.1.3 规模经济和范围经济的研究

银行规模经济和范围经济的研究关注的是金融机构是否在规模和构成方面能够形成最优产出的问题。在早期的论文中,金姆(Kim,M.,1986)提出了分离限制的成本方程来对银行产出聚集的存在性进行检验。他的结论是这种聚集不会存在,因此有必要详述多元产出技术和它产生的范围经济度量方法。

艾伦和莱(Allen,L. and Rai,1996)用 X 效率控制来估计规模经济和范围经济。特别地,他们估计下面的等式:

$$\ln(TC_{it}) = f(y_{it}, p_{it}) + \varepsilon_{it} \tag{3.4}$$

在这里,TC_{it},y_{it} 和 p_{it} 分别代表总成本、产出和银行 i 在时间 t 内的投入价格。他们认为只有一个市场(因此,右下角的 j 可以去掉)。ε_{it} 是复合误差项,能够分解成统计噪声和 X 非效率。艾伦和莱(Allen,L. and Rai)采用两种识别策略。第一,他们使用所谓的随机成本前沿方法(参见梅斯特等人,Mester,L. et al.,1993),在这里误差项被假定为包括随机噪声和单边非效率度量。第二,他们估计一个自由分布模型,X 效率差别被假设长期存在而随机噪声不是如此。

艾伦和莱(Allen,L. and Rai,1996)估计一个超越对数成本函数,总成本取决于劳动、资本、借入资金,使用 1988—1992 年来自 24 个国家的数据。他们用劳工费用除以总的员工人数得到劳动价格;用资本设备和使用费用除以固定资产得到固定资本价格;利息成本是总利息费用除以全部付息债务得出的。

他们根据是否存在全能型银行将国家区分开来(所谓的分业银行出现在禁止商业银行和投资银行功能合一的国家),也将小银行和大银行(每个国家中银行资产规模比中型银行更小或更大的银行)区分开来。

艾伦和莱(Allen,L. and Rai,1996)发现了所有国家的小银行都存在规模经济的显著性证据。另外,分业经营市场的大银行在 5%最优产出水平上为显著的规模不经济。他们没有发现范围经济的显著性证据。[①] 许多其他的论文提供了类似的关于规模经济和范围经济的结论[具体的文献评述有伯杰和汉弗莱(Berger, A.N. and Humphrey, D.B., 1997);卡瓦罗和罗西(Cavallo and Rossi, P., 2001)]。

3.2.2 新实证产业组织

对 SCP 和效率假说理论的主要批评是关于从市场结构到绩效的嵌入式假定的单向因果关系。换句话说,大多数 SCP 研究没有考虑到市场上的银行行为和银行绩效对市场结构的影响。事实上,研究人员已经尝试依赖多种指数(如 H 统计量、HHI 等)度量竞争度,往往产生相互矛盾和让人头疼的结论。卡尔博、汉弗莱、莫兜斯和莫里纽兹(Carbo, Humphrey, D.B., Maudos and Molyneux, P.)证明了在国家内和国家间的这些多指数之间的决定系数是弱的(大多数小于 40%)。他们使用 1995 到 2001 年期间的欧洲国家面板数据。这些结果暗示着 SCP 关系也许不产生一致的结果,这使得银行部门竞争程度的评估是困难的。

新实证产业组织(NEIO)理论避开了这个问题,并不试图从市场结构或市场份额等"间接代理"中推导竞争度,或者进行"市场结构是竞争程度的结果"的讨论。NEIO 的目标是去直接地推导公司行为——并不考虑市场结构——根据不同的数据要求使用各种备选方法。我们强调的是多种方法。

3.2.2.1 潘扎尔和洛斯(Panzar, J.C. and Rosse, J.N., 1987)

潘扎尔和洛斯(Panzar, J.C. and Rosse, J.N., 1987)利用简洁的方法,使用产业或者银行水平的数据来区分完全竞争、垄断市场、完全垄断。潘扎尔和洛斯的方法研究了要素投入价格变化有多大程度被反映在均衡产业和具体的银行收入中。特别地,潘扎尔和洛斯的方法可以用下面的收入等式来获得:

$$\ln(\mathrm{INTR}_{it}) = \alpha + \sum_f \beta_f \ln(P_{f,it}) + \sum_k \gamma_k X_{k,it} + \varepsilon_{it} \tag{3.5}$$

在这里 INTR_{it} 是银行 i 在时间 t 内的全部利息收入和全部资产的比例,$P_{f,it}$ 和 $X_{k,it}$ 定义为投入 f 的价格因素和控制变量 k,同样也是银行 i 在时间 t 内的。这种应用可用于单个市场或者多个市场(条件 j 应该加进来作为角标)。并且,一些作者也用原始的和/或全部收入(包括非利息收入)变量作为左边的变量。潘扎尔和洛斯的 H 统计量可以这样计算:

$$H = \sum_f \beta_f \tag{3.6}$$

因此,H 是全部利息收入对要素投入价格的弹性总和。在大多数研究中,三个不同的投入价格要被考虑到:(1) 存款利率,用年利息支出与总资产的比例来表示;(2) 工资,

---

① 范德·文奈特(Vander Vennet, 2002)重新使用欧洲的大数据样本。他区分了全能型银行、金融集团(提供全部金融服务的机构)和专业银行。与之前的研究相对比,他允许每个国家的银行类型间存在异质性。与艾伦和莱(Allen, L. and Rai, 1996)的研究相一致,他发现在小的专业银行中存在大的未被利用的规模经济。但是,范德·文奈特(Vander Vennet, 2002)也公布了不仅最小的专业银行中存在未被开发的规模经济,最大的金融集团以及全能型银行也存在。

用人事费用与总资产的比例来表示;(3) 设备或者固定资产的价格,用资产性支出和占总资产的比例来表示。

垄断情况下产生的 H 统计量可能是负的或者为 0。当所有要素价格提升 1 个百分点时垄断者的收入将会发生怎样的变化?对于一个垄断者,这样的价格因素提升将会导致其更低的收入(因为需求价格弹性大于 1)。换句话说,弹性的总和应该是负的。完全竞争意味着 H 统计量等于 1。确实,投入价格的提升,会使边际成本和全部收入有相同程度的提升。垄断竞争产生的 H 值在 0 到 1 之间。银行将会生产更多但无法达到个体最优的情况,这导致 H 统计量在 0 到 1 之间。然而,值得强调的是基于 H 统计量的竞争性解释要求银行部门处在长期均衡状态[南森和尼夫(Nathan and Neave,1989)]。

许多研究把潘扎尔和洛斯(Panzar,J.C. and Rosse,J.N.,1987)的方法运用到银行。比克和哈弗(Bikker and Haaf,2002)提供了关于其他研究结论的综述(表 4)。到目前为止,潘扎尔和洛斯(Panzar,J.C. and Rosse,J.N.,1987)方法最综合的应用是在克莱森斯和拉文(Claessens,S. and Laeven,L.,2004)的论文中。他们计算了潘扎尔和洛斯的 1994 到 2001 年间 50 个国家的 H 统计量。他们排除了少于 20 家银行或者少于 50 个银行—年的国家但是最终仍然使用了 35 834 个银行—年的观测值。

克莱森斯和拉文(Claessens,S. and Laeven,L.,2004)的实证结果显示大多数的银行市场实际上可以用 H 统计量为 0.6 到 0.8 的垄断竞争来表示。另外,克莱森斯和拉文(Claessens,S. and Laeven,L.)的目标是估计国家的 H 统计量并对国家各特征做回归,确定决定国家间银行竞争情况的因素。他们发现没有证据显示银行机构集中与 H 之间存在反向关系,但是发现了更少的进入和活动限制导致了更高的 H 统计量和更高程度的竞争。

典型地,在应用潘扎尔和洛斯的方法并且变换等式右边变量的情况下,研究者使用了利息收入的一个变换变量,如 INTR(相对于总体资产的利息收入)。这种方法已经受到比克、斯柏蒂克和芬尼(Bikker, Spierdijk and Finnie,2006)批判,他们认为,变换改变了模型的特性,从原来的收入等式转变为定价等式,导致一个竞争性度量方法的系统扭曲。与使用变换变量(scaled variables)的回归结果相比,他们使用非变换变量(unscaled variable)的回归表明,调整过的潘扎尔和罗斯值(Panzar and Rosse results)更趋向垄断。

潘扎尔和洛斯的方法似乎能够更好地比较银行市场的竞争性。数据要求是相当低的,必要的数据在许多国家都可获得。正如已经讨论过的,克莱森斯和拉文(Claessens,S. and Laeven,L.,2004)很好地说明了该方法的优点在于证明了是进入壁垒,而不是市场结构,决定了大多数银行市场中的竞争性。

3.2.2.2 布恩(Boone,J.,2008)的竞争指标

布恩(Boone,J.,2008)引入了一种新的度量竞争性的方法。他认为在日趋激烈的竞争性市场中,公司非效率会遭到更大的利润损失的惩罚。布恩提出一种设想,意在获得增强市场中的竞争性的两种方法。第一种方法是进入壁垒的减弱。越低的进入壁垒,公司越容易进入并且行业将会有更强的竞争性。这种直觉是使用集中度指标如 HHI 的基础。

集中度度量的问题在于它们不能与在位公司的锐意进取行为相区分。随着公司行为

锐意进取,竞争性增强,有些公司离开市场会令集中度增强。布恩的指标允许竞争度量中两种力量都起作用。最后,他提出了边际成本和利润弹性思想。布恩、范·阿沃斯和范·德维尔(Boone, van Ours and van der Wiel, 2007)认为两种竞争形式的变化都会改善利润弹性。特别是他们做出如下说明:

$$\ln\pi_i = \alpha - \beta\ln(e_i) \tag{3.7}$$

β 用来表示利润弹性,即银行 i 在边际成本上升一个百分点的情况下利润下降几个百分点。更大的 β,意味着竞争更激烈。布恩等人(Boone, J. et al., 2007)回顾了几个理论模型,来说明进入条件的改变和策略行为如何以正确的方式影响利润弹性。

有兴趣的读者也许观察到利润弹性是由潘扎尔和罗斯(Panzar, J.C. and Rose)提出的,他们的 H 统计量指标基于要素价格弹性。布恩指标相对于 H 统计量有其优点和缺点。第一,H 统计量允许排除某一种竞争情况,指标的提高不能够被明确地解释为更激烈的竞争。布恩的利润弹性指标不存在此问题。第二,两种竞争程度度量方法具有不同的数据要求。通常投入要素价格的数据不可获得,然而关于成本的方法也许能够利用或者可以被估计。

范·莱文思泰基、比克、范·里克斯特尔和索伦森(Van Leuvensteijin, Bikker and van Rixtel and Sϕrensen, 2007)把几个国家的数据带入公式3.7。他们进行了两种修改。第一,他们使用了超越对数成本函数来估计边际成本 c_i,而布恩等人(Boone, J. et al., 2007)使用平均成本作为代换。第二,范·里克斯特尔等人(van Leuvensteijn et al., 2007)使用银行市场份额来代替左边的利润变量。他们把这种方法应用在1994—2004年间的几种产品类型。

他们发现银行贷款市场的竞争在各个国家都有明显不同。特别地,欧洲地区的银行贷款市场的竞争程度低于美国市场($\hat{\beta}=5.41^{***}$),但是比英国($\hat{\beta}=1.05^{***}$)和日本($\hat{\beta}=0.72^{***}$)更高。在欧洲地区,德国和西班牙市场是竞争程度最高的($\hat{\beta}$ 分为 3.38^{***} 和 4.15^{***}),竞争程度最低的是法国($\hat{\beta}=0.90^{***}$)。进一步的工作需要考虑布恩竞争性指数的适当性,例如,分析指标是否不与其他不可控因素相关是值得关注的。

3.2.2.3 推测变差方法

另一个推断竞争程度的方法是岩田(Iwata, 1994),布雷斯纳汉(Bresnahan, T., 1982)和劳(Lau, 1982)提出的。该方法被称为推测变差法。它基于银行选择其产出时会考虑对手银行的反应的想法。寡头垄断均衡价格可以用下面的一阶条件等式来表示:

$$P(Q,Y;\alpha) + \lambda QP(Q,Y;\alpha) = C(Q,Z;\beta) \tag{3.8}$$

在这里,P 代表市场均衡价格,$P(Q,Y;\alpha)$ 是市场反向需求函数,Q 代表市场数量,$C(Q,Z;\beta)$ 是市场边际成本,α 和 β 分别是涉及需求和成本的未知参数变量。Y 和 Z 分别是影响需求和成本的变量。λ 是全部银行产业产出相对于银行 i 产出变动的推测弹性,$\lambda = \frac{\partial Q}{\partial Q_i}\frac{Q_i}{Q}$。换句话说,$\lambda$ 是行业产出对银行 i 产出变化的反应[更多的方法,请参见维维斯(Vives, X., 1999.)]。

也可以这样来计算推测弹性或者行为参数:

$$\lambda = \eta(P)\left[\frac{P - MC}{P}\right], \tag{3.9}$$

在这里 $\eta(P)$ 代表需求价格弹性，MC[$=C(Q,Z;\beta)$]代表边际成本，这暗示着 λ 是弹性调整的勒纳(Lerner)指数。推测变差模型吸引人的特点是它可能会简洁地描述不同类型的竞争力。它嵌套了联合利润最大化($\lambda=1$)，完全竞争($\lambda=0$)，古诺(Cournot)均衡或者零推测变差模型($\lambda=1/I$，其中 I 代表市场上的公司数量；也就是说，其他行业参与者的感知变动对于银行 i 的产出变动的反应为 0)。[①]

谢弗(Shaffer, S., 1993)把这种方法应用在银行业[见柏格和金姆(Berg, S. A. and Kim, M., 1994)]；更早的应用，见斯皮勒和法瓦罗(Spiller, P. T. and Favaro, E., 1984)。谢弗将需求公式近似为：

$$Q=\alpha_0+\alpha_1 P+\alpha_2 Y+\alpha_3 PZ+\alpha_4 Z+\alpha_5 PY+\alpha_6 YZ+e \tag{3.10}$$

Z 是一个增加的外生变量(如银行服务的替代品的价格)，e 是误差项。[②] 他从估计超对数成本函数中推导出未被观察的边际成本方程：

$$l_n{}^{TC}=\beta_0+\beta_1 l_n Q+\beta_2(l_n Q)^2+\beta_3 l_n w_1+\beta_4 l_n w_2+\beta_5(l_n W_1)^2/2+\beta_6(l_n W_2)^2/2+\beta_7 W_1 l_n w_2+\beta_8 l_n Q l_n w_1+\beta_9 l_n Q l_n w_2 \tag{3.11}$$

这里 TC 是总成本，Q 是产出，W_1，W_2 是投入品的价格。假设银行是投入价格接受者，那么供给关系变为：

$$P=\left[\frac{-\lambda Q}{\alpha_1+\alpha_3 Z+\alpha_5 Y}\right]+MC \tag{3.12}$$

一个重要的问题是是否银行可以被视为投入品市场的价格接受者。“价格接受者”假设尤其在存款市场中存在问题，银行也许存在一定的市场势力。如果确实是这种情况，那么估计的市场势力 λ 有可能被高估，一些作为“投入品市场势力”的部分可能会被错误地归因为资产方面。

谢弗(Shaffer, S., 1993)将这种特别的推测变差法应用在加拿大银行部门，使用从 1965 到 1989 年的年度数据。这种应用是有吸引力的，“加拿大在 1980 年有 12 个特许银行，其中 6 个从 20 世纪 30 年代以来主导了加拿大金融部门”(p.50)。长时间内少量的参与者引起人们关注加拿大金融部门的竞争性。世界其他地区越来越多的银行业也有合并的趋势。

在他的研究中，谢弗(Shaffer, S., 1993)依据的是所谓的银行中介法。根据吉纽恩(Genuine)的观点，银行使用劳动和存款来产生贷款。产出数量 Q 是资产的美元价值。价格 P 是从资产中获得的利率。投入价格是每年的工资率和存款率。[③] 外生变量是产量和三个月国债利率。回归结果表明 λ 不是显著不为 0 的，暗示着估计与完全竞争假设相一致。谢弗(Shaffer, S., 1989)实际上表明了美国银行市场甚至比古诺竞争的竞争程度高(λ 接近 0，并且统计不显著)。

---

① 推测变差法已经遭受到大量的重要批判，科特斯等人(Corts et al., 1999)探讨行为参数 λ 也许不仅是公司统计一阶条件的关键，而且是动态的。激励相容约束是和共谋相联系的。在动态情况下，当激励相容约束是需求冲击的函数时，估计的 λ 也许是有偏的。

② 谢弗引入了价格 P 与外生变量 Y 和 Z 的交叉项以及外生变量间的交叉项，从而描述需求曲线的旋转，进而确定 λ 值。

③ 在某些说明中，研究者还将资本价格包括进来，因为资本价格也许随时间改变。

谢弗的论文关注总体市场，运用该方法需要满足总体数据要求。在这种总体中 λ 反映"行业平均"市场势力。谢弗(Shaffer, S.)的方法可以拓展到允许在不同的区域和国家内部与相互之间存在异质性，也包含银行异质性。潜在的包含异质性和估计特定 λ_{ij} 是推测变差(conjectural variations)方法的优点。

值得注意的是，前面提到的对不同分部、部门估计 λ 的优点体现在柏格和金姆(Berg, S.A. and Kim, M., 1998)的研究中。他们分别在批发和零售贷款市场估计 λ。使用来自1990—1992 年的挪威银行的面板数据，他们清晰地证明了零售贷款市场表现出很强的市场势力，而批发贷款市场具有竞争性的结构特征。这些发现与使用 HHI 集中度方法得到的结果截然不同，为使用市场结构指数从 SCP 关系的角度评估银行业的竞争性质再添麻烦。

3.2.2.4 结构需求模型

NEIO 的另一个分支是分析基于特点的需求。例如，迪克(Dick, A., 2002)为存款服务估计一个需求模型，使用了在离散选择文献中普遍存在的方法。[①] 消费者基于价格和银行特点来选择特定的银行。具体来说，迪克开始从一个消费者效用函数来推导需求模型，通过银行异质性来介绍产品差异，然后增加一个公司行为模型来决定价格成本边际。她按照地理位置来确定相关银行市场，也许是一个大都市统计区域(MSA)或者一个非 MSA 国家。她的研究只考虑商业银行，但也在需求模型中包括其他金融机构用来提供外部产品。市场份额基于美国银行中的每个银行分行中的美元存款来计算。

消费者 c 和银行 i 存在于市场 j 中。消费者效用来自银行 i 的存款，既有个人也有产品的特性。一般的，消费者 c 间接效用来自市场 j 中对银行 i 的服务选择。消费者效用包括在市场 j 的银行 i 中购买的平均效用 δ_{ij}，也包括一个均值为 0 的随机干扰项 ε_{cij}：

$$u_{cij} \equiv \delta_{ij} + \varepsilon_{cij} \equiv p_{ij}^{d}\alpha^{d} - p_{ij}^{s}\alpha^{s} + X_{k,ij}\beta + \xi_{i} + \varepsilon_{cij} \tag{3.13}$$

p_{ij}^{d} 代表市场 j 中银行 i 支付的存款利率；p_{ij}^{s} 是市场 j 中银行 i 对存款收取的服务费；$X_{k,ij}$ 是代表独特产品 k 个观察到的特性的向量，这种独特产品是由市场 j 的银行 i 提供的；ξ_i 表示未观察到的银行产品特性。α^d，α^s 和 β 是需要估计的消费者的偏好参数。

一个消费者 c 选择市场 j 中的银行 i 当且仅当 $u_{cij} \geqslant u_{crj}$，$r=0$ 到 I_j，0 是选择银行外部金融机构，I_j 是市场 j 中的银行数量。对于 ε_{ci} 分布的假设可以获得一个银行 i 市场份额的封闭形式的解。当假设 ε_{ci} 是独立同分布时(i.i.d)，可以获得多项 logit 设定。极值情况下，银行 i 在市场 j 中的市场份额为：

$$s_i = \frac{\exp(\delta_i)}{\sum_{r=0}^{I_j} \exp(\delta_r)} \tag{3.14}$$

① 参见莫尔纳、纳吉和霍瓦特(Molnar, Nagy and Horvath, 2007)和莫尔纳(Molnar, 2007)是为应用银行模型的离散选择。

其他的假设可能会产生一个嵌套 logit 模型。[①]

迪克(Dick,A.,2002)使用 1993—1999 年间美国的数据估计了一个离散选择模型。她的结论指出消费者对存款利率的反应是显著的,但是对存款费用的改变反应不大。银行特点比如说地理分布、当地分行密度、银行年限、规模大小都会提高银行对消费者的吸引力。用对数模型计算的价格对存款利率的弹性是在 6 左右,而对于存款费用计算出的价格弹性小于 6。隐含价格成本边际对于存款利率来说是 10%,对于服务费来说是 25%。

3.2.2.5 其他结构模型

3.2.2.5.1 沉没成本模型

萨顿(Sutton,1991)发现一些产品市场即使在规模成长过程中也能保持集中。维维斯(Vives,X.,2000)介绍了银行内生沉没成本模型。他讨论在市场增长时,信息科技上的投资变得更重要。当"投资质量"水平能够被个别银行选择,并且一个银行的市场份额对这些投资充分反映时,可能会出现一个只有少量参与者的新的全球市场。这种"通过内生沉没成本竞争"的结果是"主导"银行数量基本不变,"边缘"银行数量随市场规模而增加。

迪克(Dick,A.,2007)调查了美国 MSA 的跨部门样本。迪克把银行分行和自动取款机(ATM)网点、广告和品牌花费作为内生沉没成本。她把超过市场存款 50%的银行定义为主导银行。所有其他的银行是它的边缘银行。她发现集中度有一个下限,市场在所有市场规模中都仍然是集中的。她也报告了与萨顿(Sutton,1991)的研究相似的情况,主导银行的数量在市场规模中没有改变,并且独立于 MSA 银行总数。最后,她发现银行投资质量水平随市场规模增大,并且主导银行提供比边缘银行更好的质量。

一个更进一步的解释可以从迪克(Dick,A.,2006)的文章中找到。在这篇文章中,她还探索了 1994 年里格尔—尼尔(Riegle-Neal)洲际银行和分行效率法对银行市场多方面的影响。具体来说,她通过比较 1993 年和 1999 年的市场,检验了条例对银行市场集中度、结构和服务质量的作用。她发现市场集中度在区域水平得到了巨大的提升,但是 MSA 水平的市场结构,也就是存在几个主导银行的市场结构,仍然没有改变。然而,全国性设立分行可提升产品质量,因为消费者能够享受扩大了分行网络和 ATM 网点分布服务。

3.2.2.5.2 结构性进入模型

许多论文目标是从观察到的行业结构中推断竞争行为,这种行业结构可以推断未观察到公司的盈利性。这种所谓的"结构性进入模型"的基本思想是,潜在竞争者的进入决策和在位公司的持续经营决策,只发生在能够实际获利的情况下。进入决定的关键在于固定成本的水平、进入后竞争的性质和其他公司的持续经营或者进入决定。结构性进入模型的一个重要优势是价格和数量的详细数据对分析并不是必要的。对这种方法有兴趣的读者可以阅读布雷斯纳汉和瑞斯(Bresnahan,T. and Reiss,1991,1994)的论文。重要

① 嵌套 logit 模型的思想是,消费者偏好与银行产品 i 是相关的。给定一个组合 G,i 为这组里面的一个产品,对消费者 c 提供的效用为 $u_{ij} \equiv \delta_{ij} + \zeta_{cg} + [1-\sigma]\varepsilon_{cij}$,这里 ζ_{cg} 表示个体 c 的组内特定组成要素。

的初始假设是:(1)市场是不重叠的,也就是说,消费者不从所定义的地理区域的外面银行购买产品;(2)所有的银行互相竞争。

科恩和马萨奥(Cohen,A. and Mazzeo,M.,2003)将这种结构性方法应用到银行数据中。更一般地,他们令 $\Pi_i(I;X_k)$ 作为活跃于某一市场 j 中的银行 i(或者分行 i)的长期利润的期望值。I 是在市场 j(简便起见,角标 j 删去)中活跃的银行数量,X_k 是需求和成本转移的 k 阶向量。在市场中不运营则利润为 0。这个均衡条件要求:

$$\Pi_i(I) \geqslant 0 > \Pi_i(I+1) \tag{3.15}$$

在已经存在 I 个银行的市场上,一个额外银行的进入意味着给定市场竞争太激烈,一直不能产生正的利润。科恩和马萨奥(Cohen,A. and Mazzeo,M.,2003),继布雷斯纳汉和瑞斯(Bresnahan,T. and Reiss,1991)的研究之后,按照在一个对称的均衡市场 j 中的利润函数来表述银行行为:

$$\Pi_j = (\text{可变利润}_j \times \text{市场规模}_j) - \text{进入成本}_j \tag{3.16}$$

在这一步中,可变利润取决于市场中的银行数量:

$$\Pi_{i,j} = X_k\beta - \mu_I + \varepsilon_j \tag{3.17}$$

X_k 代表外生市场因素,μ_I 是 I 个竞争者对银行利润的影响,ε_j 是市场水平的残差项(假设符合正态分布)。当银行利润为负的情况下,银行不进入,可观察到 I 个银行的概率变为:

$$P(\Pi_I \geqslant 0, \Pi_{I+1} < 0) = \Phi(\overline{\Pi}_I) - \Phi(\overline{\Pi}_{I+1}) \tag{3.18}$$

Φ 代表累积的正态密度函数,$\overline{\Pi}_I = X_k\beta - \mu_I$,参数 β 和 μ_I 用有序数(ordered)probit 模型来估计。

科恩和马萨奥(Cohen,A. and Mazzeo,M.,2004)扩展了这一基本框架来适应不同的竞争者类型——市场多样化银行、单一市场银行或者储蓄机构。他们允许每一个市场每一种类型的竞争者具有单独的利润函数。假设存在两种银行类型:A 和 B。A 类型市场参与者的增加总会使市场利润降低,这种下降被假设为比 B 类型的更多。他们从 1884 个非 MSA 地区采集 2000 年 6 月的数据,包括人口、人均收入、农场数量、非农市场规模等。科恩和马萨奥(Cohen,A. and Mazzco,M)聚焦在银行的不同类型之间的影响,度量一种类型的银行对另一类银行利润的影响。他们发现相同类型的银行对利润的影响比其他类型银行的影响程度更大。这个结论表明不同银行类型间的差别是银行市场的重要特点。并且,市场多样化的银行和单一市场银行的互相影响比其他储蓄机构的要大。

3.3 证据

上文指出有关竞争的研究文献是对市场结构内生化进行建模。进一步来说,在探索大量的异质性和不同维度的可用数据集方面的方法有所发展。然而,“银行业的标准竞争范式可能是不恰当的”[维维斯(Vives,X.1991);艾伦(Allen,F.),吉尔斯巴、凯能和圣多美罗(Gersbach,Krahnen,J.P. and Santomero,2001);卡莱蒂(Carletti,E.,2008)]。因此,为了获取“银行竞争的特性”,我们回顾了可利用的实证证据并将我们的讨论整理在一个框架下,并发现其植根于解释金融中介存在性的不同理论。我们开始讨论市场结构对于存贷款条件的影响，接下来转向市场结构是否决定市场势力的问题。

3.3.1 市场结构和行为

3.3.1.1 贷款市场

3.3.1.1.1 当地市场

有大量的实证工作从研究银行市场集中度对银行贷款利率的影响的 SCP 范式开始[文献综述参见吉尔伯特和扎列特茨基(Gilbert, R. and Zaretsky, 2003)]。表 3.2 中列示了一些研究结果，这些研究将银行贷款利率对市场集中度的 HHI 指标做回归(我们不列出用竞争者数量度量集中度的研究；这些研究一般发现其对贷款利率不产生影响)。研究使用美国和国际数据。

虽然大部分是正向的，但是集中度指标对贷款利率的影响程度差异很大。标准化这些结果，我们计算得出 HHI 有 0.10 的改变，根据广泛接受的下限，可以标记竞争性市场(HHI$<$0.10)向集中性市场(HHI$>$0.18)的转型。列举这些大量结果，我们发现最近的研究，例如，在美国，$\Delta HHI=0.1$ 的增加导致贷款利率的增加在 21***到 55***bp 之间[希内克和汉南(Cyrnak, A. W. and Hannan, T. H., 1999)]，在意大利为 59***bp[萨皮恩扎(Sapienza, P., 2002)]，在挪威只有 3bp[金姆、克里斯蒂安森和韦尔(Kim, M., Kristiansen and Vale, B., 2005)]，在比利时为-4 到 5***bp[底格里斯和翁杰纳(Degryse, H. and Ongena, S., 2005)]。然而，比较这些不同细节、银行市场、时期和 HHI 计算方法是很难的，因为它们分别是基于贷款、存款、分行、地区的[摩根(Morgan, D., 2002)]。的确，一个与解释非常相关的问题是当地的市场集中度通常与市场规模负相关。

在他们的开创性研究中，彼得森和拉扬(Petersen, M. A. and Rajan, R. G., 1995)研究了银行间竞争不仅对贷款利率而且对企业的银行信贷可获得性有影响。他们的模型研究了有未来不确定现金流的企业如何被银行间的竞争性反向影响。银行也许不愿意投资在遭受初次贷款损失后未来又无法得到补偿的银企关系上(因为企业将来可能在竞争性银行或金融市场中获得低的贷款利率)。

彼得森和拉扬(Petersen, M.A. and Rajan, R.G.)提供了集中度对贷款利率和信贷可获得性影响的证据。他们说明了年轻的企业——有不确定未来现金流——在更集中银行市场比竞争更充分的银行市场上能够获得低得多的贷款利率。如果 HHI 上升 0.1，这种贷款利率下降超过 150**bp。他们也证明更集中的市场会更容易获取银行贷款(表 3.2 第四列的下部分)，但是即便是年轻企业，其影响从经济学上来说也是微弱的，从统计上来说并不总是显著的。HHI 上升 0.1，在到期日前结清商业信用的比例，所有企业提高 1.5% 到 3%***之间，年轻企业则提高 2%* 到 8%之间。集中度对银行信贷的影响还取决于银行和企业间的交易是如何被调解的，德·梅洛(De Mello, 2007)、蒙托利欧·加里加(Motoriol Garriga, J., 2006b)对此作了研究。[①]

---

① 卡尔博·维莱德、罗德里格斯·费尔南德斯和尤戴尔(Carbo Valerde, Rodriguez Fernández, F. and Udell, G.F., 2006)比较了 HHI 业绩和彼得森和拉扬(Petersen, M.A and Rajan, R.G., 1995)信贷可获得性假设的勒纳指数。

表 3.2　市场集中度对贷款利率和信贷可获得性影响的实证研究总结

论文	数据来源和年份 回归观测值数量 类型	银行市场集中度 地理跨度：平均人口/地区 平均 HHI	贷款利率或者信用度量 集中度的影响 ΔHHI＝0.1 的影响 （单位为基点）
汉南（Hannan，T. H.，1991）	STB ±8 250 美国公司	银行存款 4 725 HHI：0.14	贷款率 大多为正 －6 到 61***
彼得森和拉扬（Petersen，M. A. and Rajan，R. G.，1995）	NSSBF1987 ±1 440 美国小公司	银行存款 ±2 250 000[a] HHI：0.17[a]	大部分近期贷款率（右侧优惠利率） 大多为负，特别是年轻公司 0 年：－170**，10 年：－3，年：46[a]
汉南（Hannan，T. H.，1997）	FRB 调查 1993 1 994/7 078 美国银行	银行存款 ±2 500 000a HHI：0.14	小企业利率浮动 正的 31***（不稳定），12***（稳定）
卡华鲁素等人（Cavalluzzo et al.，2002）	NSSBF1993 ±2 600 美国小公司	银行存款 ±2 500 000a HHI：0.14	近期利率下的信用额度 无影响，但是对西班牙是正的 所有的：－8，西班牙：124**
希内克和汉南（Cyrnak，A. W. and Hannan，T. H.，1999）	FRB 调查 1996 511/2 059 美国银行	银行存款 ±2 750 000[a] HHI：0.16	小企业浮动贷款率 正 55***（不稳定），21***（稳定）[1]
克拉埃和范·德文奈特（Claeys and Vander Vennet，2005）	文件 1994—2001 2 279 银行 36 个欧洲国家	银行贷款 30 000 000[a] HHI：0.10	银行净息差 正的（西方）/通常为负（东方） 西方：14*** 到 23***，东方：－110***到 190***
科沃希尔和格罗普（Corvoisier and Gropp，R.，2001，2002）	ECB2001 ±240 欧洲国家年	银行贷款 30 000 000[a] HHI：0.13	特定国家的贷款利差 正 10 到 20***c 和 50***d
费雪和法伊尔（Fisher and Pfeil，2004）	调查 1992—1995[s] 5 500 德国银行	银行分行 NA HHI：±0.20（西方）/±0.30（东方）	银行利差 正 20*
萨皮恩扎（Sapienza，P.，2002）	信用登记 107 501 意大利公司	银行贷款 600 000[a] HHI：0.06	贷款利率－优惠利率 正的 59***
蒙托利欧·加里加（Montoriol Garriga，J.，2006c）	SABI1990—2004 603.350 西班牙公司	银行分行 850 000 HHI：0.13	公司财务费用超出债务 正的 20***到 30***

续表

论文	数据来源和年份 回归观测值数量 类型	银行市场集中度 地理跨度:平均人口/地区 平均 HHI	贷款利率或者信用度量 集中度的影响 ΔHHI=0.1 的影响 (单位为基点)
底格里斯和翁杰纳(Degryse,H. and Ongena,S.,2005)	一个银行 15 044 比利时小公司	银行分行 8 632 HHI:0.17	贷款利率 大多数为正 —4 到 5***
金姆等人(Kim,M. et al.,2005)	挪威中央银行 1 241 挪威公司	银行商业信贷 250 000[a] HHI:0.19	三个月货币市场的信用额度率比例 不显著为正 3[b]
彼得森和拉扬(Petersen,M.A.、Rajan,R.G.,1994)	NSSBF1987 ±1 400 美国小公司	银行存款 ±2 250 000[a] HHI:0.17[a]	债务/资产(%) 正的 36***
彼得森和拉扬(Petersen,M.A.、Rajan,R.G.,1995)	NSSBF1987 ±1 400 美国小公司	银行存款 ±2 250 000[a] HHI:0.17[a]	%到期日前的贸易信贷支付 正的,特别是年轻公司 140***到 280***,[f] ≤10 年:175***到 740[g],>10 年:150* 到 0g
卡华鲁素等人(Cavalluzzo et al.,2002)	NSSBF1993 ±2 600 美国小公司	银行存款 ±2 500 000[a] HHI:0.14	不同信贷可利用性的度量 整体无影响,但对非裔美国人和女性有正的影响
吉拉思科(Zarutskie,R.,2004)	SICTF1987—1998 ±250 000 美国公司年	银行存款 ±2 250 000[a] HHI:0.19	外部债务/资产(%) 正的 19 到 77***
斯科特和邓克尔伯格(Scott,J.A. and Dunkelberg,W.C.,2001),斯科特(Scott,J.A.,2003)	CBSB1995 ±2 000 美国小公司	银行存款 ±2 500 000[a] HHI:0.19	无信贷拒绝 正 +到+++[e]
式见雅代(Shikimi M.,2005)	JADE2000—2002 28 622 日本小公司	信贷 NA CR3:0.44	%债务/资产 无影响 0
安杰利尼等人(Angelini,P. et al.,1998)	1995 年调查 2 232 意大利小公司	银行信贷 中值<10 000 HHI:0.42	信用获得 无影响 0

注:本表格列举了关于市场集中度(第三列)对银行贷款利率(第四列上面部分)或者银行信贷可获

得性(第四列的下部分)的影响的实证研究工作的主要发现。本表根据国家类型和样本期间(最新的样本排在最后)进行列举。在所有研究中集中度的计算方法是三银行集中度方法(CR3)或者 Herfindal—Hirschman 指数(HHI),通过计算每个银行市场份额的比例的平方得出,然后将得到的数目汇总(0<HHI<1)。CBSB 是指信贷、银行和小企业调查,由国家独立商业联盟收集数据;ECB 为欧洲中央银行;FRB 为联邦储备银行中的联邦储备系统;JADE 为日本企业账务数据;NSSBF 为法国小企业全国调查;SABI(Bureau van Dijk)为西班牙公司数据集;SICTF 为收入税的企业档案统计;STB 为银行借出业务的联邦储备调查。0 表示在说明中包括但是不显著。

[a]我们的计算或者估计。

[b]HHI 从 0.09 增加到 0.19。

[c]他们的模型 2 和 5。

[d]模型 3,5,6 中的短期贷款回归系数。

[e]基于竞争变量,而不是 HHICTY。

[f]使用表 IV 系数并假设 HHI 均值在 0.1 以下等于 0.05,在 0.18 以上等于 0.59 的线性近似。

[g]假设 HHI 均值在 0.1 以下等于 0.05,在 0.18 以上等于 0.59 的线性近似,基于表 V 中的均值和中位数。

*** 表示在 1%的水平上显著,** 表示在 5%的水平上显著,* 表示在 10%的水平上显著。

+++表示正的并且在 1%的水平上显著,++表示在 5%的水平上显著,+表示在 10%的水平上显著

↔↔↔表示负的并且在 1%的水平上显著,↔↔表示在 5%的水平上显著,↔表示在 10%的水平上显示。

资料来源:更新自底格里斯和翁杰纳(Degryse,H. and Ongena,S.,2008)。

银行竞争对于公司资本结构决策的影响似乎更弱。例如,彼得森和拉扬(Petersen,M.A. and Rajan,R.G.,1994)证明了 ΔHHI 的 0.1 的提升会导致公司全部负债/资产 0.36%的提升,然而吉拉思科(Zarutskie,R.,2004)的论文得到外部债务/资产百分比的提升只有 0.19 和 0.77***个百分点。类似的,卡华鲁素和沃尔肯(Cavalluzzo and Wolken,2002)发现 HHI 对多种信贷可获得性方法影响的不显著性(尽管他们发现了对非裔美国人或女人拥有的小公司存在显著正的影响),而安杰利尼、迪・萨尔沃和菲利(Angelini,P., Di Salvo,R. and Ferri,G.,1998)认为对小型的意大利公司样本在信贷的可获得性方面没有经济上的显著影响。

3.3.1.1.2 多元市场

在多个区域或行业运营的银行——多元市场银行——也许会影响当地贷款利率。对当地贷款利率的影响依赖于多元市场银行是在当地市场应用统一还是差异化价格,也依赖于每个当地银行市场结构(包括存在于那个市场上的多元市场银行的重要性)。

例如,拉得基(Radecki,L.,1998)报告了美国大多数银行对汽车贷款和房屋贷款在一州之内设置统一利率。然而,贷款利率在各个州都有所不同。伯杰、罗斯和尤戴尔(Berger,A.N., Rosen,R.J. and Udell,G.F.,2002)提出美国大的区域或者全国银行与小的当地银行相比,是否在以不同的方式进行竞争的问题。他们的研究出于对一个事实的观察,即美国 1984—1998 年银行合并对当地的 HHI 值有小的影响,但对银行规模有大的影响,这是因为发生了许多“市场扩展”并购,即在不同的当地市场经营的银行之间的并购。伯

杰等人(Berger,A.N. et al.,2002)证明了存在大银行的市场中,中小型企业(SME)的贷款利率更低。他们发现存在大银行的市场收取的息差费用比其他市场低 35* bp 左右;另外,这些中小型企业获得贷款的可能性更低[克雷格和哈迪(Craig and Hardee,2007)]。

一篇关键论文是萨皮恩扎(Sapienza,P.,2002)研究了意大利银行并购对于持续借款者利率的影响。她比较了"市场内"和"市场外"银行并购对贷款利率的影响。有趣的是,她发现了市场内并购降低了贷款利率,但是只在被合并银行的当地市场份额充分低的情况下。其贷款利率的下降与市场外的并购相比更不重要。

帕内塔、西瓦尔帝和舒姆(Panetta,F.,Schivardi and Shum,2004)研究了通过银行贷款评级来度量的公司风险和利率之间的联系。他们发现风险利率在银行并购后变大(并购银行价格风险提升),并且把这种结果归因于从银行并购中获得的信息收益。需重点指出的是其市场外并购比市场内并购风险更大的发现,表明市场外并购比市场内并购的信息收益更多。最后,伯杰和克拉珀(Berger,A.N. and Klapper,L.,2004b)的论文中提供了一般情况下,小的、本国的,社区银行对当地经济活动重要性的证据。他们发现更高的社区银行市场份额与更多的总体银行贷款额、更高的 GDP 增长、更高的中小型企业就业都有关系。

3.3.1.2 *存款市场*

3.3.1.2.1 当地市场

也有很多文献研究银行市场集中度对银行存款利率的影响,至少可以追溯到伯杰和汉南(Berger,A.N. and Hannan,T.H.,1989)。表 3.3 总结了这些文献的结论。有些研究同时使用三银行集中度(CR3)和 HHI 作为集中度度量方法。总体来说,大多数论文发现集中度的提升对定期和储蓄存款利率有负向的影响,但是随着贷款利率的研究的发展,不同样本和不同特性的影响也不同。我们认为 CR3 改变 0.3 相当于 HHI 改变 0.1,美国 CR3 和 HHI 的改变会使定期和储蓄存款利率分别在−26***～−1bp 的区间和−27***～+5bp 之间波动。活期存款利率似乎受市场集中度的影响较小,集中度在−18***～+10* bp 波动。但是有证据表明活期存款利率比定期存款利率有更大的向下价格刚性和向上的价格弹性,尤其是在更集中的市场上[诺伊马克和夏普(Neumark,D. and Sharpe,S.A.,1992)]。

更新的代表性的研究发现集中度对于所有存款产品有更小的负向影响,可能反映了扩大了的银行竞争地理范围[拉得基(Radecki,L.,1998)],以及随之而来的当地相关市场的界定困难[哈特菲尔德(Heitfield,1999);毕尔(Biehl,2002)]。美国活期存款的地理市场也许"比州小"但是不限于"当地"[哈特菲尔德和普拉格(Heitfield and Prager,2004)],说明当地和州的集中度,以及反映多元市场之间联系的变量应该包括在分析中。哈特菲尔德和普拉格(Heitfield and Prager,2004)发现州集中度方法的系数在绝对值上比当地需求存款的系数更大。例如,1999 年当地 HHI 值 0.1 的改变影响 NOW 存款利率仅为−1* bp,然而相似的州的 HHI 的改变会降低该利率 23***bp。最后,罗斯(Rosen,R.J.,2007)发现除了多元市场银行的存在,市场规模结构也能够对存款利率产生影响。

科沃希尔和格罗普(Corvoisier and Gropp,R.,2002)研究了欧洲国家银行市场,在地域和经济跨度上与美国具有可比性。他们发现对于活期存款利率有−70***bp 的重大影响(相对 HHI 0.1 的提升),但是对于定期和储蓄存款利率有一个令人惊奇的+50***和+140***bp的影响。科沃希尔和格罗普(Covoisier and Gropp,R.)认为当地市场对于活期存款有更大的相关性,然而客户也许会购买定期存款和储蓄存款。货比三家意味着竞争的提高打破了 HHI 和存款利率之间的期望联系。全国市场的活期存款利率通常是由总部决定,竞争也许是全国性的。另外,定期和储蓄存款市场的 HHI 系数也许实际代表了银行效率(尽管各种银行成本方法被包含在内)或者由未观察到的竞争的提升所引起的银行并购的影响。该研究再次说明了解释利率—市场集中度研究中简化形式系数在方法上的困难性。

表 3.3 市场集中度对存款率影响的实证研究

论文	数据来源和年份、回归观测值类型	市场、集中度、地理范围:平均人口/区域、平均 CR3 或者 HHI	存款利率度量方法、集中度对存款利率的影响、ΔCR3=0.3 或者 ΔHHI=0.1 的影响(单位:基点)
伯杰和汉南(Berger,A.N. and Hannan,T.H.,1989)	1985 年 FRB 调查 4 047 美国银行	银行存款 2 000 000[a] CR3:NA	银行利率 -18***(活期),-12***到-1(定期) -19***(储蓄)
卡朗和卡利诺(Calem. P. S. and Carlino,1991)	1985 年 FRB 调查 444/466 美国银行	银行存款 2 000 000[a] CR3:0.45	银行利率 -17***(定期),-5(储蓄)
诺伊马克和夏普(Neumark, D. and Sharpe,S.A.)(1992)	1983—1987 年 FRB 调查 49 个月,255 家银行 美国银行各年	银行存款 2 000 000[a] HHI:0.08	银行存款利率 -26***(定期),-27***(储蓄)
夏普(Sharpe, S. A., 1997)	1983—1987 年 FRB 调查 49 个月,222 家银行 美国银行各年	银行存款 2 000 000[a] HHI:0.08	银行存款利率 受限市场:-19***(定期),-20***(储蓄) 自由市场:-7***(定期),-4(储蓄)
纽伯格和齐默尔曼 Neuberge, D. and Zimmerman,1990)	加利福尼亚 1984—1987 3 415 加利福尼亚当前账户	银行存款 NA CR3:0.63	当前账户利率 -5***(活期)
汉南(Hannan,T.H.,1997)	1993 年 FRB 调查 ±330 美国银行	银行存款 2 500 000[a] HHI:0.14	银行利率 -5(活期),-5(定期),-6*(储蓄)

续表

论文	数据来源和年份、回归观测值类型	市场、集中度、地理范围：平均人口/区域、平均 CR3 或者 HHI	存款利率度量方法、集中度对存款利率的影响、ΔCR3＝0.3 或者 ΔHHI＝0.1 的影响（单位：基点）
拉得基（Radecki，L.，1998）	1996 年 FRB 调查 197 美国银行	银行存款 MSA＝2 650 000；State＝10 240 000 HHI：MSA ＝ 0.17；State＝0.11	银行利率 MSA＝混合；State＝负的 MSA2＝10*（活期），3（定期），5（储蓄） State[3]＝－4*（活期），－6（定期），－33***（储蓄）
汉南和普拉格（Hannan，T.H. and Prager，2004）	C&I 报告 1996/1999 6 141/5 209 美国银行各年	银行存款 96＝1 034 000；99＝1 092 000 HHI：1996 ＝ 0.23；1999＝0.22	银行利率 96[1]＝－4***（活期），－3***（定期），－1（储蓄） 99[1]＝－4*（活期），－7***（定期），－4***（储蓄）
哈特菲尔德和普拉格（Heitfield and Prager，2004）	C&I 报告 1988/1992/1996/1999 ± 11 500/10 250/8 250/7 250 美国银行各年	银行存款 ±1 000 000 HHI：±0.22	银行利率 1999 当地＝－1***（活期），－0（储蓄） 1999 州＝－23*（活期），－8***（储蓄）
罗斯（Rosen，R.J.，2003）	C&I 报告 1998—2000 89，166 美国银行各年	银行存款 ±1 000 000 HHI：0.35	银行利率 城市：－8***（活期），－7***（储蓄） 农村：－1（活期），1（储蓄）
科沃希尔和格罗普（Corvoisier and Gropp，R.）	ECB2001 246 欧洲国家一年	银行存款 30 000 000[a] HHI：0.13	银行利率 特定的国家存款利率[c] －70***（活期），50***（定期），140***（储蓄）[6]
费雪和法伊尔（Fischer，K.H. and Pfeil，2004）	1992—1995[d]调查 5 943/5 873 德国银行	银行分行 NA HHI：± 0.20（西方）/±0.30（东方）	银行利差 9（定期），－2**（储蓄）

注：本表列举了市场集中度对存款利率的影响的实证研究的主要发现。这些文章根据国家类型和样本期间（最新的样本排在最后面）进行列举。在所有研究中计算集中度方法是三银行集中度比率（CR3）或者是 Herfindahl-Hirschman 指数（HHI），通过先计算每个银行市场份额的平方，然后求和（0＜HHI＜1）。C&I 为条件和收入；ECB 为欧洲中央银行；FRB 为联邦储备银行的联邦储备系统；MSA 为大都市统计区域。

[a]由我们计算。

[b]假设三个最大的银行有相等的市场份额，其他银行的市场份额可以被忽略，CR3 从 0.1 到 0.4 的提升使 HHI 从 0.003 上升到 0.053，然而 CR3 从 0.3 到 0.6 的提升使得 HHI 从 0.03 上升到 0.12。

[c]文章中的利差是货币市场利率减去存款利率。为求一致，我们把所有的结果都乘以 −1。

[d]资料来源：费雪(Fischer，K.H.，2001)。角标数字(1，2，3，6)对应他们模型。

*** 显著性水平为 1%，** 为 5%，* 为 10%。

资料来源：更新自底格里斯和翁杰纳(Degryse，H. and Ongena，S.，2008)。

3.3.1.2.2 多元市场

大量的论文探索多元市场银行对存款定价的影响。拉得基(Radecki，L.，1998)提供了整个美国或者一个州的较大区域中银行分行统一定价的证据。他把这一发现作为存款市场随着时间推移地理范围增加的有力证据。然而，哈特菲尔德(Heitfield，1999)的研究表明，统一定价是由经营遍布全州的多元市场银行施行的，而不是由仅在一个 MSA 经营的单一市场银行施行的。因此，"收取同样的存款利率"也许是出于统一定价的谨慎决定，而不是机械的市场范围的扩展。哈特菲尔德和普拉格(Heitfield and Prager，2004)通过探索几个存款产品定价的异质性，进一步微调了前面的发现。他们报告称，NOW 账户的市场地理范围仍然是当地，但是货币市场存款账户和储蓄账户的市场范围都随时间扩大了。

汉南和普拉格(Hannan，T.H. and Prager，2004)探索了多元市场银行对当地存款状况的竞争度影响，使用的是美国 1996 到 1999 年的数据。他们证明了多元市场银行提供比单一市场银行在相同的市场运营下更低的存款利率。并且，更多的多元市场银行可以降低竞争度，因为单一市场银行会降低存款利率。另外，卡朗和中村(Calem.P.S. and Nakamura，L.I.，1998)认为多元市场银行减小农村地区的当地市场势力[①]，但是多元市场分行在城市市场会减弱竞争度。巴罗斯(Barros，P.P.，1999)的研究解释了跨市场银行的存在会导致当地利率分散化，但不一定有不同的银行行为。银行间的合谋行为会影响价格离散程度。他对葡萄牙的实证发现对纳什行为提供了强有力支持，但是给定小样本规模，合谋不能够被拒绝。使用类似的设置，西班牙银行在 20 世纪 90 年代早期在贷款市场的合谋行为不能被拒绝[伽尔门德鲁和罗伦萨斯(Jaumandreu and Lorences，2002)]。

并购的影响是怎样的呢？佛卡利和帕内塔(Focarelli，D. and Panetta，F.，2003)证明了市场内并购在短期形成更低的存款利率(下降 17***bp)，从而伤害了存款者。然而短期的市场外并购的影响是无关紧要的。相对地，与合并前的水平相比，在长期，存款者从市场内和市场外并购中均获利，因为存款利率分别增加 14***和 12***bp。因此，在长期，效率收益似乎主导了银行并购的市场势力影响，产生了对客户更有利的存款利率。

① 罗斯(Rosen，R.J.，2003)发现在市场上有更大的银行一般会提高所有银行的存款利率，但也提升了对于集中度的敏感性。

3.3.1.3 市场的相互作用

不同银行市场的联系在实证中也有所研究。[①] 例如,帕克和彭纳基(Park and Pennacchi,2003)探讨了大的多元市场银行进入对存贷款市场竞争的影响,帕克和彭纳基(Park and Pennacchi,2003)假定多元市场银行也许在批发市场享受资金优势。结果是,他们提出多元市场银行提高贷款市场竞争度,但是如果这些多元市场银行有资金优势的话则破坏了存款市场竞争性。因此,他们的论文很好地说明了规模结构在不同市场的影响可能是不对称的。

3.3.2 市场结构和策略:产品差异化和网络影响

度量银行产品差异化和网络影响的实证工作是相当有限的,尽管事实是理论模型高度发展并且有丰富的可检验的假设[参见卡莱蒂(Carletti,E.,2008)]。在产品差异化方面,我们区分对横向和纵向差异化的研究。

例如,金姆等人(Kim,M. et al.,2005)研究银行是否能够为了纵向差异化他们的产品和服务来实行相应策略。如果客户愿意为银行的更高声誉而付费,那么银行也许愿意为提高其声誉进行投资。他们认为一个银行的资本比例、避免贷款损失的能力、银行规模、分行网点都能够成为可能的策略。有个实证问题值得关注,即借款者是否愿意为"品质"这一特征付费。如果是这样,纵向差异化的策略可使银行收取更高的贷款利率,弱化竞争。

通过纵向产品差异化来弱化竞争也许会成为市场的行为规则。如果借款者愿意为提供认证(较低的贷款损失准备金)或有能力再融资的银行支付溢价,那么银行会面临市场借款者提出的约束。这种资产方的市场规则影响与传统的负债方的不同(未投保的存款和货币市场基金),这已经在银行文献中被广泛地研究了。借款者可能带来的纪律性的效应会增强市场纪律性效应,这种效应来源于负债方,可减弱银行在财务上的脆弱性。[②]

使用挪威银行 1993 到 1998 年间的面板数据,金姆等人(Kim,M. et al.,2005)为避免贷款损失(损失准备金率)的能力找到了实证支持,相对于平均水平两倍的损失准备金意味着息差大约减少 56^{***}bp。其他的银行声誉支付意愿的证据是由比利特等人(Billett,M.T. et al.,1995)提供的。他们发现由信用评级较高的出借人认可的银行贷款公告与借入公司股票较高的异常收益有关。

另一个导致纵向差异化的因素来自网点的影响[见卡莱蒂(Carletti,E.,2008)]。例如,存款者会对有更多 ATM 网点的银行有更强的支付意愿。这种网点的规模还取决于借款者能够在多大程度上使用对手的 ATM。ATM 市场在网点间有不同的兼容性。随

---

① 卡沙亚普、拉扬和斯坦(Kashyap,A., Rajan,R.G. and Stein,J.C,2002.)等人在银行层面将借款和存款相联系,然而柏格和金姆(Berg,S.A. and Kim,M.,1998)在零售和公司银行市场上把这些行为联系起来。

② 见卡洛米利斯和卡恩(Calomiris,C.W. and Kahn,1991),制作一个原理模型解释存款者怎样规范银行并购。马汀内斯·佩拉里和施穆克勒(Martinez Peria,M. and Schmukler,2001)提供了存款规范银行风险控制的实证证据。

着时间推移，一些国家中的网点正在从不兼容向兼容发展。然而，正如克尼特尔和斯坦戈（Knittel and Stango，2004）证明的，对手客户的新的ATM收费重新带来了不兼容性。我们预期这样的对手收费对只有少量ATM的银行的存款者产生更大的影响。

克尼特尔和斯坦戈（Knittel and Stango，2004）评估了银行存款账户附加费的影响，用存款账户年收入和存款账户余额的比例来度量。确切地说，他们发现了ATM在当地市场中数量的翻倍会提高银行存款账户价格5～10个百分点，并且不兼容性加强了自有ATM和存款账户价格的联系，削弱了对手ATM和存款账户价格之间的联系。

ATM也有水平差异，正如客户更喜欢选择ATM位置比较方便的银行。银行也会通过建立分行和最合适的选址来增强竞争力。合适的选址会使银行增加市场份额并且避免完全竞争，因为客户也许有对位置的偏好。换句话来说，分行增加了当地的市场势力。

一些论文从均衡情况开始，把分行的决定作为外生给定的，并且提出是否本地化竞争的证据。例如，巴罗斯（Barros，P.P.，1999）证明了葡萄牙银行吸引存款量取决于分行网点。他也发现了证明交通成本重要性的间接证据：城市市场比农村市场的交通成本更高。底格里斯和翁杰纳（Degryse，H. and Ongena，S.，2005）发现了比利时空间价格歧视的证据：距离提供贷款的分行较近，并且距离竞争对手分行较远的借款人需要支付更高的贷款利率。

其他的论文内生化银行分行的决定。当做出分行位置的决定时，银行考虑所有的现有网点和他们对对手银行未来网点分布的预期。这些论文结合横向和纵向产品差异化的特点内生化分行建立的决定，正如所有客户都偏好更多的网点，但是客户不认同某些分行网点选址的合适性。使用挪威银行的面板数据，金姆和韦尔（Kim，M. and Vale，B.，2001）说明了银行分支机构网点会正向影响贷款市场的市场份额，但是对贷款市场的总体规模影响不大。[①]伯杰和迪克（Berger，A.N. and Dick，A.，2007）发现进入者如果能提供大的支行网点，则能够获得显著的市场业绩，那么后进的劣势将会下降。而金姆等人（Kim，M. et al.，2005）没有发现银行网点规模可以作为挪威银行市场的借款者优势的度量变量的证据。产品差异化也揭示了不同类型的金融机构在多大程度上可看做是相互替代的。在科恩和马萨奥（Cohen，A. and Mazzeo，M.，2004）论文中的方法部分，他们揭示了美国互助储蓄银行、多元市场银行、单一市场银行的运营结果。他们发现相同类型的金融机构的竞争度要比不同类型的竞争度更强。这表明，不同类型的金融机构之间具有很大的差异性。

① 这个发现得到了贾亚拉特纳和斯瑞安（Jayaratne，J. and Sreahan，1996）的支持，他们证明只有微弱的证据可以证明银行借款可以推动州际银行改革。

4.借贷关系

4.1 简介

4.1.1 定义

借贷关系，后文称之为“银行关系”，可以用多种方式定义。例如，翁杰纳和史密斯(Ongena，S. and Smith，D.C.，2000a)把银行关系描述为“银行和客户之间超越简单的、匿名的金融业务执行而形成的联系”。布特(Boot，A.W.A.，2000，p.10)对关系型银行业务的定义则是“具有以下特征的金融中介机构提供的金融服务：(1)为获取客户特殊信息进行投资，这些信息在本质上通常是专用的；(2)通过与相同客户在一段时期内的和跨产品的多样化互动来评估这些投资的盈利性”[也可参考伯杰和尤戴尔(Berger，A.N. and Udell，G.F.，2002)提供的类似定义]。

鉴于如此丰富的定义，我们就没有必要重起炉灶，另作界定①。在简要梳理理论观点之后，本章主要回顾选定的实证方法并全面概括现存的实证证据，从而直接得出关于银企间信贷关系的价值、特征、决定因素和影响的结论。图4.1为本章和前面章节讨论银行关系提供了一份路线图。

---

① 同样地，我们没有必要对之前的理论和证明进行额外地赘述。因此，本章广泛地进行实证研究回顾，在这些实证研究中伯杰和尤戴尔(Berger，A.N. and Udell，G.F.，2002)、布特(Boot，A.W.A.，2000)、翁杰纳和史密斯(Ongena，S. and Smith，D.C.，2002a)以及底格里斯和翁杰纳(Degryse，H. and Ongena，S.，2008)对他们的研究作出结论。其他关于银行关系各方面进行综述的有柏林(Berlin，M.，1996)、博恩海姆和赫贝克(Bornheim and Herbeck，1998)、底格里斯和翁杰纳(Degryse，H. and Ongena，S.，2002)、埃贝尔(Eber，1996)、诶亚斯阿尼和戈德伯格(Elyasiani and Goldberg，2004)、霍兰德(Holland，1994)、翁杰纳(Ongena，S.，1999)、瑞瓦德—丹塞布(Rivaud-Danset，1996)、塞摩力克(Samolyk，1997)以及津因(Ziane，Y.，2003)。

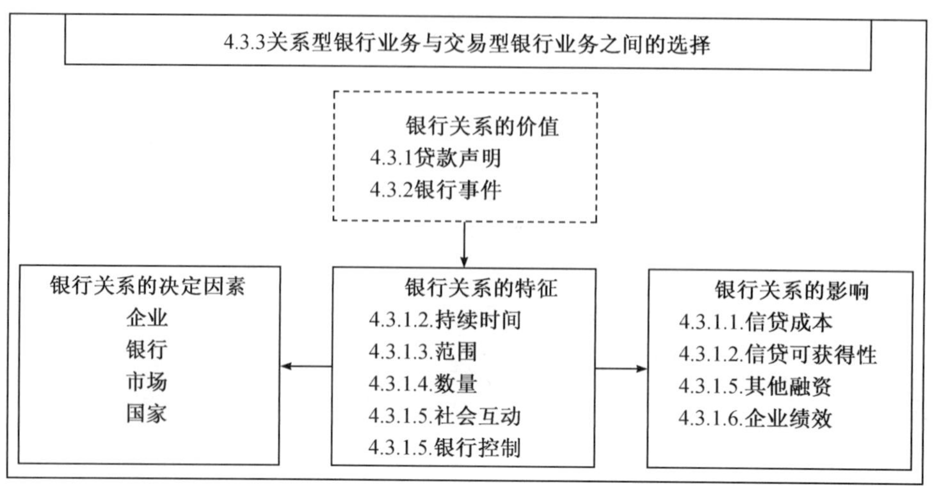

图 4.1　贯穿本章的银企关系讨论

本章关注银企关系，我们必须意识到关系型借贷只是企业和银行相互联系并寻求资金和其他银行产品的方式之一。例如，伯杰和尤戴尔(Berger, A. N. and Udell, G. F., 2006)对 8 种不同的贷款技术进行了区分。尽管有初步证据表明信用评分和交易型贷款在过去几十年已经变得更加重要[例如，德扬、弗雷姆、格伦农、迈克米伦和尼格罗(De Young, R., Frame, W.S., Glennon, McMillen and Nigro, 2007)；赛菲克罗、底格里斯和翁杰纳(Cerqueiro, G., Degryse, H. and Ongena, S., 2007)]，关系型贷款可能仍然是主要的做法。一些评论员最近甚至开始谴责涉及许多银行贷款证券化(最先进的交易型银行业务之一，也是引发 2007 年银行业危机的根本原因)的发起—配售模式中的深层代理问题[例如，米什金(Mishkin, 2008)；也可参照第 11 章]。因此在未来的几年，关系型银行业务可能重放光彩。

4.1.2 信息不对称

信息不对称是一般信贷市场，尤其是银行市场的固有现象，造就了银行信贷的独特性。信息的重复交换将银行和借款人联系起来，并产生银行特定的信息资本(例如，这些信息不能与其他人可信地交流)。这种信息资本随着信贷市场的不同而改变，并且依赖于银行收集私人信息的能力，以及企业与外部融资人以可信方式交流信息的可能性等因素。因此，银行的信息优势取决于借款人向外部贷款人释放信号的相对能力及对借款人未来适应新情况的能力的期望。最近的一些研究分析了信息如何在贷款人和借款人之间流动以及因此形成的关系如何影响银行竞争方式。

法马(Fama, E.F., 1985)已经暗示了金融中介中银行关系的重要性，这种关系既会影响企业从银行内部融资，也会影响企业通过其他非银行渠道融资。他的推理如下，银行贷款通常是短期的，每次银行对短期贷款合同进行续期，这就成为企业满足银行偿债能力的认证。续期进而创造两个正的外部性，(1)它使其他的资金供给者避免重复银行评估过程，(2)它向公众传递值得依赖的信号，即企业将来会产生充足的现金流来偿付它固有的债务。因此，定期评估和贷款续期是不断发展的银企关系的重要特征。例如前面已讨论的詹姆斯(James,C.,1987)、卢默和麦康奈尔(Lummer and McConnell,1989)的证据也确实表明银行贷款公告和续期包含了企业未来前景的信息。

4.1.3 理论

豪布里斯(Haubrich,J.G.,1989)在一定程度上建立了金融中介的存在性和发生长期关系之间的联系。豪布里斯(Haubrich,J.G.,1989)扩展了戴蒙德(Diamond,D.W.,1984)的模型,并假设经常性的贷款续期和还款监督会使银行维持长期关系所需的成本低于重复的直接监管。模型的结论是,信息不对称导致金融中介机构出现与借款人建立长期关系的选择。然而有两点需要注意,豪布里斯(Haubrich,J.G.,1989)假设关系的存在性,同时在他的模型中,借款人是不可转换的。

与豪布里斯(Haubrich,J.G.,1989)相反,费雪(Fischer,K.H.,1990)、夏普(Sharpe,S.A.,1990)、拉扬(Rajan,R.G.,1992)和冯·塔登(von Thadden,E.L.,2004)假设存在金融中介,但由于信息不对称,关系甚至内生地出现在竞争性贷款市场中。例如,夏普(Sharpe,S.A.,1990)指出,长期银行关系出现在竞争性贷款市场是因为在位银行具有观察首期贷款偿还情况的能力。其结果是,银行能够向最好的客户提供仅高于成本的贷款并防止客户从其他任何地方接受竞争性资金。在位银行利用它这一信息优势获取了垄断力量。一家高质量的企业若尝试转向另一竞争性的信息不足的银行,那么它将与低质量的企业汇集并获得更糟的、盈亏平衡的利率。于是,在夏普(Sharpe,S.A.,1990)的分析中实际上不存在转换,这是一种技术上的不完全性,而这一问题可在费雪(Fischer,K.H.,1990)、拉扬(Rajan,R.G.,1992)和冯·塔登(von Thadden,E.L.,2004)的混合策略均衡中得到解决。

4.1.4 转换成本

这里的讨论将表明,关系资本可能会影响银行在借款人组群中分配信贷的方式。相对于准备随时采用其他融资途径的借款人来说,银行能通过捕获并锁定(不透明的)借款人来获取更高的利润。银行之间的转换,不仅导致关闭一个银行中的账户并在别处新开一个的直接(交易)成本(这种成本是可观察到的),还会带来不可观察到的,但或许是更重要的，与(先前建立的)长期银企关系的资本化价值相联系的成本。①

企业和银行都能通过增强现有的转换成本来尽力维持嵌入长期关系(和关系资本的增长)中的收益和租金。例如，银行可以开始收取账户关闭费用来增加交易转换费用或投资于信息收集来增加信息转换成本。或者，甚至在信息共享制度下，银行可以给其大多数现有的借款人以相同(最高)的信用评级[亚尼多和翁杰纳(Ioannidou，V.P. and Ongena，S.，2007)]，以混淆那些与之竞争并可能获取评级信息的银行。

到目前为止，我们已清楚认识到，在转换成本起实质性作用的经济中，银行业很可能具有重要的地位。转换成本不仅会对特殊的垄断企业，还会对整个经济信贷的有效分配产生重要的真实影响。确实，转换成本限制了替代性——价格体系在经济中有效运作的关键。由于(短期)银行融资已构成了个人和中小企业资金的重要来源，银行信贷的实际分配对经济会产生重要的影响。

4.1.5 本章的提纲和相关性

总的来说，银行和企业之间的借贷关系及相关的转换成本当然是金融经济学家讨论的话题。如果银行作为帮助解决普遍存在于信贷市场的信息不对称的机构而存在，那么与借款企业关系的出现就不只是自然结果，还是信息问题产生的主要渠道。因此，从银行理论的视角来看，评估这种关系的价值和特征(持续时间、范围和数量等)是有必要的，这既能了解银行为什么存在，也可评定银行是否特殊。

对于经济学家的广大听众来说，银行关系方面的知识也是有趣的，因为银行关系产生了一种与重要的市场缺陷密切相连的、很少能观察和度量的现象(信贷市场中无处不在的信息不对称)。因此，研究银行关系和我们理解其他因信息问题引发紧张关系的市场，例如劳动力市场或者保险市场也具有关联性。

在将最近迅速发展的实证文献所产生的不同结论汇编在一起之前，我们回顾一下主要用于评估银行关系的持续时间、数量和类型的计量经济学方法(但将内生性问题和工具变量估计的讨论推后到 4.2.2 部分)。

---

① 克伦佩勒(Klemperer，1995)总结了大量关于转换成本的理论文献。该文涉及产业组织的主要问题，例如，进入遏制和超常租金限令。夏皮罗和范里安(Shapiro and Varian，1998)关于转换成本对市场行为的影响提供大量例子。斯泰特和冯·魏茨泽克(Stelten and von Weizsacker，1984)对该文作出早期贡献。克伦佩勒(Klemperer，1985)检测两期差别化产品垄断，此中消费者被其在二期所面临的转换成本部分套牢。相对于无转换成本的情形，套牢导致两期的高价格。克伦佩勒(Klemperer，1987)引入转换成本是为了解释市场份额是企业策略目标的重点。贝格斯和克伦佩勒(Beggs and Klemperer，1992)证明转换成本如何使市场对于新进入者更具吸引力，克伦佩勒(Klemperer，1987)检测新进入者的威胁如何影响在位者行为，从而提供限制性价格的解释。陈勇和罗森塔尔(Chen，Y. and Rosenthal，1996)考虑一个随机博弈，缓慢改变顾客的忠诚度导致马尔科夫完美均衡。帕迪利亚(Padilla，1992)开发一个模型导致事前相同的企业有事后不对称的市场份额，帕迪利亚(Padilla，1995)证明在静态马尔科夫策略的无限期模型中，竞争的强度下降。卡梅纳和马图特斯(Caminal and Matutes，1990)考虑一个包含内生转换成本的模型，证明博弈的二期企业排斥新进入者。卡布拉尔和格林斯坦(Cabral and Greenstein，1990)声称忽略转换成本可能存在经济价值，原因在于为应对投标平价而增强的竞争力可以覆盖供给方之间的转换成本。

4.2 方法

4.2.1 持续时间分析

这一部分将运用计量经济学方法来分析(银行)关系的持续时间[参见赫克曼和辛格(Heckman,J. and Singer,B.,1984b);基弗(Kiefer,1988)]。[①] 我们先介绍持续时间分析的常用术语,再对风险函数估计量进行描述。用 T 表示某一随机事件发生之前所经历的持续时间。在计量经济学文献中,时间的推移通常被称为“期间”,而事件本身则被称为“转换”。[②] 一种简单的方法是通过生存函数来描述期间:

$$S(t)=P(T\geqslant t), \tag{4.1}$$

该函数表示 T 分布至少已经持续了 t 时间的概率。生存函数相当于1减去 T 的累积分布函数。

T 分布的行为持续时间也可以运用风险函数来表述。在已经持续存活了 t 时间的条件下,风险函数决定转换发生的概率,定义为:

$$\lambda(t)=\lim_{\Delta t\to 0}\frac{P(t\leqslant T\leqslant t+\Delta t\mid T\geq t)}{\Delta t}=\frac{-\mathrm{dlog}S(t)}{\mathrm{d}t}=\frac{f(t)}{S(t)}, \tag{4.2}$$

$f(t)$ 是与 T 分布相联系的密度函数。无论是生存函数还是风险函数都无法提供不能直接从 $f(t)$ 得到的附加信息。相反,这些函数提供了经济学上有趣的考察 T 分布的方法。

对于 T 分布长度和转换概率之间的关系,风险函数确实提供了一种合适的总结方法。当 $\lambda(t)$ 是 t 的增函数时,风险函数与持续时间正相关,因为期间结束的概率随着期间长度增加而增加。类似的,当 $\lambda(t)$ 是 t 的减函数时,风险函数表现为与持续时间负相关,常数则意味着 $\lambda(t)$ 和 t 无关。

在估计风险函数时,为便于计量分析,假设一个比例风险形式:

$$\lambda(t,X(t),\beta)=\lim_{\Delta t\to 0}\frac{P(t\leqslant T\leqslant t+\Delta t\mid T\geq t,X(t),\beta)}{\Delta t}=\lambda_0(t)\exp(\beta' X_t), \tag{4.3}$$

其中 X_t 是一系列可观测的、可能随时间变化的解释变量,β 是与解释变量相关的未知参数向量,$\lambda_0(t)$ 是基准风险函数,选择 $\exp(\beta' X_t)$ 是由于它是非负的且能够合理解释系数 β。$\lambda(t,X(t),\beta)$ 的对数与 X_t 是线性关系。因此,β 反映了 X 中每一变量对估计风险率的对数的部分影响。

基准风险 $\lambda_0(t)$ 决定了风险函数关于时间的形状。等式(4.3)可以在基准风险函数形式未知的情况下被估计出来。考克斯(Cox,D.,1972)偏似然模型基于持续时间顺序来

① 我们的讨论部分基于翁杰纳和史密斯(Ongena,S.and Smith,D.C.,2001)。

② 必须承认,这个通用术语具有潜在的混淆性,因为我们在更具体的银行背景中也会提及“转换成本”等。

估计 β，由于没有给出 $\lambda_0(t)$ 的具体形式，我们认为考克斯(Cox，D.，1972)部分似然模型是“半参数”的。

基准风险有两种常用的参数设定，分别是韦伯分布和指数分布。韦伯分布假设：

$$\lambda_0(t)=\lambda\alpha t^{\alpha-1}, \tag{4.4}$$

且考虑到时间依赖性。当 $\alpha>1(\alpha<1)$ 时，这一分布呈现正的(负的)时间依赖性，意味着风险随着时间的推移而增加(减少)。韦伯分布下 $\alpha=1$ 的情形就是指数分布，此时基准风险是常数。运用考克斯(Cox，D.，1972)局部似然模型、韦伯分布、指数分布或其他形式估计风险函数时都要采用极大似然估计法。

解释变量可以因时而异。要从比例风险模型中得出可解释的估计，变量就必须关于持续时间是“定义的”或“辅助的”[参见卡尔布弗莱施和普伦蒂斯(Kalbfleisch and Prentice，1980)]。定义变量遵循一条确定的路径。年龄就是定义变量，因为它的路径是先于关系而决定的，且确切地随着关系持续时间而变化。辅助变量遵循一条随机的路径，但这一路径不能被持续时间所影响。还可以假定结束某一期间的条件似然估计只依赖于 t 时刻辅助变量的值，而与变量过去或未来的实现无关。

在估计持续时间模型时，截尾是一个重要的问题。不知道关系何时开始、何时结束意味着从这些观测值中我们不能确切知道关系所持续的时间。如果不调整截尾数据，比例风险模型的最大似然估计将产生有偏的、非一致的参数估计。图 4.2 提供了一个关于固定的和可变的左右截尾的例子。

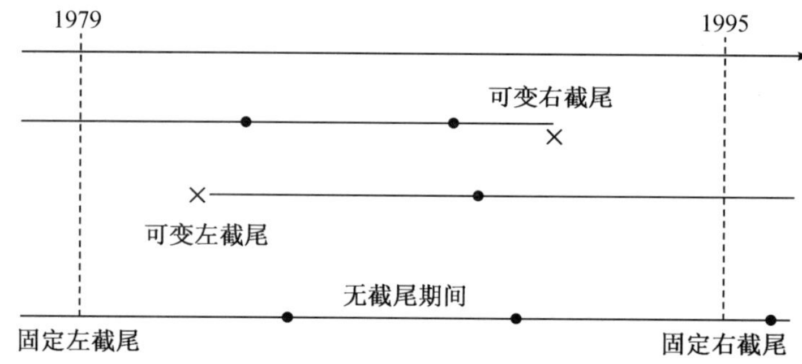

图 4.2　翁杰纳和史密斯(Ongena，S. and Smith，D.C.，2001)银企关系时间中固定和可变的左右截尾。固定的左右截尾是始于 1979 年止于 1995 年的样本结果。可变的左右截尾是奥斯陆股票交易所中企业上市和退市的结果，包含了银企关系的信息。黑点表示时间结束，×表示企业上市或退市

右截尾观测值的处理可以采取对数似然函数，表示为完整持续时间的样本密度和不完整持续时间的生存函数的加权平均数[参见基弗(Kiefer，1988)]。控制左截尾就没那么直截了当，且在经济学的持续时间分析中经常被忽略。然而，赫克曼和辛格(Heckman，J. and Singer，B.，1984a)认为左截尾与右截尾所导致的偏差同样严重。为分析左截尾结果的敏感性，赫克曼和辛格(Heckman，J. and Singer，B.，1984a)提出一种估计策略，在左截尾情形下得到持续时间的一致但无效估计。

最后，为描绘生存函数，可以运用卡普兰和迈耶(Kaplan and Meier，1958)估计量，

$$\hat{S}(k)=\prod_{i=0}^{1}(1-\hat{\lambda}(i)), \tag{4.5}$$

表示关系持续存在超过 k 年的估计概率。对右截尾不做修正，$\hat{\lambda}(i)$ 是在年份 i 期间撤离的企业数量除以从年份 i 的起始点持续存在的企业总数。对截尾做修正，$\hat{\lambda}(i)$ 则是在年份 i 内观察到的终止关系的企业数量除以存续企业数量。

4.2.2 Tobit 模型和计数模型

假设我们观察一家企业所拥有的银行关系数量，并且想要估计这种选择是如何通过一系列企业特有变量来决定的。例如，在翁杰纳和史密斯（Ongena, S. and Smith, D.C., 2000b）研究中，数目 $y_i=1,2,\ldots,70$，是每个企业做出的离散型整数选择。

使用因变量的离散值会出现一些问题。首先，普通最小二乘法（OLS）会产生斜率系数和标准误的有偏估计，且拟合值不一定会位于整数区间[1,70]内。[①] 此外，OLS 无法解释因变量为何从小于 1 处截断。

计数回归，也就是泊松模型及负二项模型，和截断线性模型（Tobit）可分别解决以上两个问题。鉴于计数模型也能说明截断问题，我们将它限制到非截断的应用上。

假定存在一个基础潜变量 y^*，

$$y^*=x\beta+u,u\mid x\sim N(0,\sigma^2), \tag{4.6}$$

但我们只能观察到 y：

$$y=\max(1,y^*) \tag{4.7}$$

Tobit 模型用最大似然法估计 β 和 σ。然而，由于它的非线性特征，所估计出的系数不是立即可解释的。实际上，x 对 y 的边际效应（我们通常对 y^* 并不感兴趣）可以从以下等式中得出：

$$E(y\mid x)=\Phi\left(\frac{x\beta}{\sigma}\right)x\beta+\varphi\left(\frac{x\beta}{\sigma}\right)\sigma. \tag{4.8}$$

上述表达式的偏导数为：

$$\frac{\partial E(y\mid x)}{\partial x_j}=\beta_j\Phi\left(\frac{x\beta}{\sigma}\right). \tag{4.9}$$

因此，这一效应也由 x 的估计值决定。要使 Tobit 模型恰当，x 对 $E(y)$ 和 $P(y>1)$ 的影响在符号上必须是相似的（误差项需要服从同方差正态分布）。

我们可以用泊松模型处理离散性问题。对于一个随机变量 $y=1,2,\cdots$

$$P(y\mid\mu)=\left(\frac{e^{-\mu}\mu^y}{y!}\right). \tag{4.10}$$

μ 是 y 的均值和方差。随着 μ 增加，次数为零的概率降低，泊松分布近似于正态分布。

实际上，由于过度离散性（即观测值中未被发现的异质性）的存在，泊松模型很少适用：

$$P(y\mid\mu)=\left(\frac{e^{-\mu\exp(\varepsilon)}\quad(\mu\exp(\varepsilon))^y}{y!}\right), \tag{4.11}$$

$$\text{其中}\ \exp(\varepsilon)\sim\Gamma(1,\alpha) \tag{4.12}$$

① 见马德拉（Maddala, 1983）或者卡梅伦和特里维迪（Cameron, A.C and Trivedi, P.K., 1986）当使用离散值因变量时，关于 OLS 如何产生有偏估计值的详细阐述。

α 是一个附加的参数 ——"过度离散率",在计算以下等式时可以清楚看出:

$$\frac{\mathrm{var}(y)}{E(y)}=1+\alpha E(y). \tag{4.13}$$

如果存在过度离散性,标准误会向下偏倚,泊松模型的估计是无效的。因此,过度离散性检验很重要。当样本中体现未观察到的异质性的参数为 0 时,负二项分布简化为泊松分布,我们就可依此检验过度离散性[卡梅伦和特里维迪(Cameron,A.C. and Trivedi, P.K, 1990.);格林(Greene 1997,p.937)]。

4.2.3 嵌套多项式 Logit 模型

假设我们要考查企业跨境对银行的选择,并且银行可以按国别(母国、东道国或第三国,相对于企业所在国家来说)和范围(全球的、区域的或当地的,依照银行的地理扩展)加以区分。[①] 假定第一阶段,企业选择银行国别——它是东道国特征、母国和东道国之间地理、文化和金融差异的函数——和跨国公司属性。[②] 第二阶段,企业在确定银行国别和公司属性的条件下选择银行范围。某些解释变量实际上可能对影响银行在相关国家供给服务的意愿和能力的因素起一部分控制作用。

这样一个关于银行国别和范围选择的模型可以用麦克法登(McFadden,D.,1978)提出的嵌套多项式 Logit 方法进行估计。设定 Y_i^N 是一个离散的因变量,值为 0,1 或 2,分别依企业 i 选择东道国、母国或第三国的银行而定。假设这一离散值 Y_i^N 是从潜变量 Y_i^{N*} 的连续值(反映企业从东道国、母国或第三国银行获得的净收益流入)中观察的结果。因此,第一阶段的模型为:

$$Y_i^{N*}=f(\text{东道国特征,母国和东道国差异,公司属性}) \tag{4.14}$$

第二阶段,企业在确定国别和公司属性的条件下选择银行范围。假设企业决定银行范围是建立在权衡"在企业层面达到广泛的产品类别和专业技术(这与银行具有广阔的覆盖范围相关联)"和"获取与覆盖范围相对较小的银行有关的关系导向型服务和国家特有知识的收益"两者的基础上的。我们假设存在一个潜变量 $Y_i^{R/N*}$ 反映企业 i 选择全球的、区域的或当地的银行(分别赋值 0,1,2) 的收益流,以第一阶段所选国别为条件,

$$Y_i^{R/N*}=h_N(\text{公司属性}),N=(0,1,2). \tag{4.15}$$

公司属性实际上可以依国别选择而不同。根据麦克法登(McFadden,D.,1978),假设 Y_i^{N*} 和 $Y_i^{R/N*}$ 相对于回归元都是线性的,回归误差服从广义极值分布。这一假设意味着我们可以写出企业选择国别 N 和范围 R 的联合概率,即

$$\Pr(N,R)=\frac{\exp(\alpha'_1 Z_N^{\text{东道国}}+\alpha'_2 Z_N^{\text{母国与东道国差异}}+\beta'_N Z_{N,R}^{\text{公司}})}{\sum_{N=0}^{2}\sum_{R=0}^{2}\exp(\alpha'_1 Z_N^{\text{东道国}}+\alpha'_2 Z_N^{\text{母国与东道国差异}}+\beta'_N Z_{N,R}^{\text{公司}})}, \tag{4.16}$$

---

① 我们的讨论部分基于伯杰、戴、翁杰纳和史密斯(Berger,A.N.,Dai,Ongena,S. and Smith,D.C., 2003)。

② 伯杰等人(Berger,A.N. et al.,2003)认为企业可能将其国别决策基于门房效应的相对吸引力,这倾向于使企业选择东道国银行,相比于"家庭烹饪"效应,这倾向于使企业选择本国银行。当门房和家庭烹饪效应均相对较弱时,企业可能选择第三国银行。

给定 N 选择 R 的条件概率为

$$\Pr(R \mid N)=\frac{\exp(\beta'_{N} Z_{N,R}^{公司})}{\sum_{R=0}^{2}\exp(\beta'_{N} Z_{N,R}^{公司})}, \tag{4.17}$$

选择 N 的非条件概率为：

$$\Pr(N,R)=\frac{\exp(\alpha'_{1} Z_{N}^{东道国}+\alpha'_{2} Z_{N}^{母国与东道国差异})\sum_{R=0}^{2}\exp(\beta'_{N} Z_{N,R}^{公司})}{\sum_{N=0}^{2}\exp(\alpha'_{1} Z_{N}^{东道国}+\alpha'_{2} Z_{N}^{母国与东道国差异})\sum_{R=0}^{2}\exp(\beta'_{N} Z_{N,R}^{公司})}, \tag{4.18}$$

定义麦克法登(McFadden,D.,1978)的术语“包容值”为：

$$I_{N}=\ln\Big(\sum_{R=0}^{2}\exp(\beta'_{N} Z_{N,R}^{公司})\Big) \tag{4.19}$$

于是等式 4.18 可以表示为

$$\Pr(N,R)=\frac{\exp(\alpha'_{1} Z_{N}^{东道国}+\alpha'_{2} Z_{N}^{母国与东道国差异}+\rho I_{N})}{\sum_{N=0}^{2}\exp(\alpha'_{1} Z_{N}^{东道国}+\alpha'_{2} Z_{N}^{母国与东道国差异}+\rho I_{N})}, \tag{4.20}$$

参数 β_N、α 和 ρ 是通过在决策树中的每一阶段应用多项式 Logit 分析来反向估计的。首先，在每一国别节点($N=$ 母国、东道国和第三国) 对有条件的银行经营区域(bank reach) 观测值 $Y_i^{R\mid N}$ 关于公司特征做回归，估计出 β_N，然后运用方程 4.19 将 β_N 的估计值用于构造每一国别节点的包容值。这些包容值概括了在给定国别的条件下，公司特征对区域选择的影响。第二步，α 和 ρ 的估计，通过对银行国别观测值 Y_i^N 关于东道国特征、母国和东道国差异、包容值做回归得出。

我们也可以将解释变量的非条件影响的偏导数估计归因于银行经营区域。给定银行经营区域下，选择一家银行的非条件概率 $P(R)$ 可以表示为

$$P(R)=\sum_{N=0}^{2}P(R\mid N)\cdot P(N), \tag{4.21}$$

再使用链式法则得到偏导数：

$$\frac{\partial P(R)}{\partial Z}=\sum_{N=0}^{2}\left[\frac{\partial P(R\mid N)}{\partial Z}\cdot P(N)+P(R\mid N)\cdot\frac{\partial P(N)}{\partial Z}\right], \tag{4.22}$$

我们可以通过将等式 4.22 右边用 $\partial P(R \mid N)/\partial Z$ 和 $\partial P(N)/\partial Z$ 的估计值(分别来自等式 4.17 和 4.20) 以及 $P(N)$ 和 $P(R \mid N)$ 的拟合值来替代得到估计。标准误估计值可用同样方式计算。注意到等式 4.22 既反映了企业属性的直接影响，也反映了所有三种解释变量通过影响国别选择再对银行经营区域的影响。

4.2.4 异方差回归

假设我们想弄清银行(贷款责任人)在设定贷款条件时自由裁量幅度的决定因素。这样一项研究可以揭示出银行选择提供关系型业务或交易导向型业务的驱动力。

为了找出分散化贷款利率的决定因素，可以使用哈维(Harvey,A.,1976)介绍的乘法

性(倍增)异方差回归模型。[①] 异方差形式还通过参数化作为外生协变量函数的未解释方差,扩展了线性回归模型。

异方差回归模型包含两个等式——一个为解释变量的均值,另一个则是残差方差。在此应用中,均值等式获得了贷款价格模型,而方差等式(和它的变量)则决定了贷款价格模型的精确度。因此,在示例中,更高的精确度意味着更严格的规则应用,可能是关注交易型银行业务的结果;更低的精确度则预示着,在关系型银行业务策略中,贷款责任人被赋予广泛的自行决定权。

异方差模型的常规公式表达为:

$$\boldsymbol{y}_i=\boldsymbol{X}'_i\boldsymbol{\beta}+\boldsymbol{u}_i \tag{4.23}$$

$$\log \boldsymbol{\sigma}_i^2=\boldsymbol{Z}'_i\boldsymbol{\gamma}, \tag{4.24}$$

假设 $E[\boldsymbol{u}_i|\boldsymbol{X}_i]=0$ (4.25)

$$\mathrm{Var}[\boldsymbol{u}_i|\boldsymbol{Z}_i]=\boldsymbol{\sigma}_i^2=\exp\{\boldsymbol{Z}'_i\boldsymbol{\gamma}\}. \tag{4.26}$$

$\boldsymbol{y}_i$ 是因变量,$\boldsymbol{X}_i$ 是均值等式中解释变量的向量,$\boldsymbol{u}_i$ 是扰动项,$\boldsymbol{\sigma}_i^2$ 是残差方差,$\boldsymbol{Z}_i$ 是方差等式中解释变量的向量。

基于正态性假设,$\boldsymbol{y}_i$ 的条件分布收敛于以下的正态分布:

$$\boldsymbol{y}_i|\boldsymbol{X}_i,\boldsymbol{Z}_i \xrightarrow{d} N(\boldsymbol{X}'_i\boldsymbol{\beta},\exp\{\boldsymbol{Z}'_i\boldsymbol{\gamma}\}) \tag{4.27}$$

因此,在异方差回归模型中,我们通过将下列对数似然函数关于 $\boldsymbol{\beta}$ 和 $\boldsymbol{\gamma}$ 最大化,得到最大似然估计值:

$$\log L=\frac{n}{2}\log(2\pi)-\frac{1}{2}\sum_{i=1}^{n}\boldsymbol{Z}'_i\boldsymbol{\gamma}-\frac{1}{2}\sum_{i=1}^{n}\exp(-\boldsymbol{Z}'_i\boldsymbol{\gamma})(\boldsymbol{y}_i-\boldsymbol{X}'_i\boldsymbol{\beta})^2 \tag{4.28}$$

从理论视角看,预期均值和方差等式中各参数的最大似然估计量是不相关的[参见哈维(Harvey,A.,1976)]。

另一种估计过程是运用最小二乘法估计均值等式中的参数,并且,用误差的平方作为个别方差的初始估计值。然后,将误差平方的对数关于向量 $\boldsymbol{Z}_i$ 的协变量集回归,就可得到方差等式中参数的估计值。尽管计算上更简便,在这两步过程中存在有效性的重大损失[哈维(Harvey,A.,1976)]。因此,我们通常用最大似然估计。

利息参数 $\boldsymbol{\gamma}$ 的解释至关重要。选择 $\boldsymbol{Z}$ 中一个变量,记为 $\boldsymbol{Z}_k$,对应参数 $\boldsymbol{\gamma}_k$。正的 $\boldsymbol{\gamma}_k$ 意味着贷款价格模型的精确度随 Z_k 降低。这一结论正说明了在贷款利率确定过程中,变量 Z_k 和“自行决定”程度呈正相关关系。

赛菲克罗等人(Cerqueiro,G. et al.,2007)将这一套方法应用于银行业并关注一系列变量对贷款利率分散程度的影响,用方程 4.26 中的系数 $\boldsymbol{\gamma}$ 度量。他们发现贷款数额较大的合并企业、无税收问题的企业、有长期关系的企业以及成长型企业表现出更低的方差(波动性)。这些发现在经济上是显著的。例如,贷款数量从 25 000 美元(第 25 百分位数)增加到 550 000 美元(第 75 百分位数),意味着在均值方程拟合上近 6 倍的增长,表明残差方差相对不太重要。

---

① 我们的讨论部分基于赛菲克罗等人(Cerqueiro,G. et al.,2007)。

4.3 证据

4.3.1 银行关系特征的决定因素

我们首先通过回顾关于引起或源于银行关系的转换概率和成本的实证研究来完成对银行关系价值的讨论。接着,我们回顾关于关系特征决定因素的经验证据,例如关系的持续时间、范围和数量,并总结关于银行关系对信贷成本/可获得性和企业绩效影响的研究结果(图 4.1 为这一部分提供了图形化的路线图)。

4.3.1.1 转换概率和成本

4.3.1.1.1 重要性

一些实证研究分析了转换成本对价格和市场势力的影响。例如,奥苏贝尔(Ausubel,L.M.,1991)指出,转换成本可以用来解释信用卡余额的高利率现象,而斯坦戈(Stango,1998)用与转换成本相关的变量,说明了转换成本对市场定价具有重要影响。夏普(Sharpe,S.A.,1997)发现当存在较少的不忠诚客户,也就是当预期转换成本的影响很大时,(银行业)零售存款利率会下降。达尔比和韦斯特(Dahlby and West,1986)证实了责任保险中高成本搜寻对价格离散度的影响,结论同样适用于汽车保险。

尽管前面提到的实证研究确实指出了转换成本在行为决定方面的重要性及其如何受多种企业政策的影响,我们还是普遍缺乏转换成本强度和显著性的信息。转换成本是否是重要的实证现象可能依赖于具体环境、产业、产品类型和时期。缺乏关于转换成本强度和显著性的实证文献的一个可能原因是个体层面转变的微观数据(如果有的话)对于研究者来说很少是可利用的,尤其是银行业数据。因此,实际上无法利用离散选择模型来完成对不可观测的转换成本的估计[参见安德森、德帕尔马和蒂斯(Anderson,de Palma and Thisse,J.F., 1989;贝里、莱文索恩和帕克斯(Berry,Levinsohn and Pakes,1995)]。在估计转换成本时,不可观测的对象是个人客户购买决策的历史记录。更具体地说,通常缺少的是关于客户的以前供应商的身份特征信息[参见亚尼多和翁杰纳(Ioannidou,V.P. and Ongena,S.,2007)]。

4.3.1.1.2 强度

适用于计量经济学估计的关于银行贷款提供的转换成本强度和显著性的唯一结构模型是由金姆、克利格尔和韦尔(Kim,M.,Kliger and Vale,B.,2003)引入的。①

金姆等人(Kim,M. et al.,2003)的模型使用高度聚合(通常可获得的)数据,但缺乏关于特定客户转换历史的信息。他们通过联合估计一阶条件、伯川德垄断竞争中的需求和供给方程,从高度聚合但不包含客户特定信息的数据中获取转换成本强度和显著性的信息。他们从面板数据中得到挪威银行贷款的转换成本的点估计值是 4.2%,认为这一市场的转换成本十分可观(相当于分析期内平均贷款利率的三分之一)。他们的结论还表明小型零售客户的转换成本更大。

① 夏伊(Shy,O.,2002)提出另一个模型,生成一个可据此计算转换成本的公式。

另外,金姆等人(Kim,M. et al.,2003)从他们的模型中得出一些令人感兴趣的但与事实相反的思想,例如银行关系持续时间和锁定给银行带来的价值。如果市场由分支机构规模定义,客户和银行关系持续时间的估计范围在 11.3 年到 16.7 年之间,平均为 13.6 年;如果根据贷款规模定义,持续时间则在 7.5 年和 19.4 年之间,平均为 13.5 年。与柏格和金姆(Berg,S.A. and Kim,M.,1998)一致,超大型银行的关系持续时间更短(贷款额大于 120 亿挪威克朗的银行是 7.5 年)。

关系持续时间的估计与最近关于银行主导型金融体系内关系型借贷的文献是非常一致的,这些文献使用了详细的(调查)微观数据。翁杰纳和史密斯(Ongena,S. and Smith,D.C.,2011)采用了 1979—1995 年期间奥斯陆证券交易所上市企业和对应的银行之间关系的面板数据[也可参见翁杰纳和史密斯(Ongena,S. and Smith,D.C.,1998)]。在修正截尾偏差后,银企关系平均持续时间的估计值在 15 年至 18 年之间变动。这一结论与其他用欧洲和美国调查数据的研究大体上是一致的。例如,安杰利尼、迪·萨尔沃和菲利(Angelini,P.,Di Salvo,R. and Ferri,G.,1998)指出意大利平均持续时间为 14 年,哈霍夫和科亭(Harhoff,D. and Körting,T.,1998b)指出德国为 13 年。另外,科尔(Cole,1998)、彼得森和拉扬(Petersen,M.A. and Rajan,R.G.,1994)认为美国是在 7 到 11 年之间,而底格里斯和范·凯希尔(Degryse,H. and Van Cayseele,P.,2000)得出比利时平均关系持续时间只有 8 年(表 4.1)。

关于估计的参数,金姆等人(Kim,M. et al.,2003)还表明当考虑全体样本时,前期市场份额对当期的贡献率是 0.2。这意味着平均银行市场份额的大约 20%是源于银行和借款人的前期关系。然而,对于超大型银行来说,这一比率也会低至 17%和 0.2%,分别对应于市场是由分支机构规模定义和由贷款规模定义。当包含较小的银行时,这一比率分别变为 32%和 42%。这再次意味着与以较高比例的批发贷款为产品特征的较大银行合作的(较大)客户,具有较高的流动性。

表 4.1 银行关系的持续时间

论文	国家	年份	样本大小	平均(中位)企业规模(百万美元或人数)	平均(中位)持续时间(年)
波德弘(Bodenhorn,H.,2003)	美国	1855	2 616	小企业	4.1
彼得森和拉扬(Petersen,M.A. and Rajan,R.G.,1995)	美国	1987	3 404	雇员:26(5)	10.8
布莱克威尔和温特斯(Blackwell,D.W. and Winters,D.B.,1997)	美国	1988	174	账面资产:13.5	9.01
科尔(Cole,1998)	美国	1993	5 356	账面资产:1.63	7.03
布里克和帕里亚(Brick,I.E. and Palia,D.,2007)	美国	1993	766	销售额:11.1(5)	8.5(6)

续表

论文	国家	年份	样本大小	平均(中位)企业规模(百万美元或人数)	平均(中位)持续时间(年)
斯科特(Scott,J.A.,2004)	美国	2001	1 380	雇员:16.6(6)	4.5(4.5)
葛帕兰等人(Gopalan,R. et al.,2007)	美国	1990—2006	13 788	总资产:4 245	4a
堀内、帕克和福田(Horiuchi,T., Packer, F. and Fukuda, 1988)	日本	1962—1972 1972—1983	479 668	最大型企业	(21) (30)
甘(Gan,J.,2007)	日本	1984—1993	11 393	所有公开上市企业	6.85(7)
内田浩史、尤戴尔和渡边和孝(Uchida, H., Udell, G.F. and Watanabe,W.,2006a)	日本	2002	1 863	中小企业	31.9
阿尔萨斯和凯能(Elsas, R. and Krahnen,J.P., 1998)	德国	1992—1996	125/年	销售额:(30～150)	22.2
哈霍夫和科亭(Harhoff, D. and Körting,T.,1998b)	德国	1997	994	雇员:±40(10)	±12
莱曼和纽伯格(Lehmann, E. and Neuberge,D.,2001)	德国	1997	357	中小企业	4.8a
莱曼、纽伯格和拉特克(Lehmann, E., Neuberge, D. and Rathke,2004)	德国	1997	357	中小企业	4.8a
津因(Ziane,Y.)(2003)	德国	2001	244	雇员:32(22)	14.4(10)
安杰利尼等人(Angelini,P. et al.,1998)	意大利	1995	1 858	雇员:10.3	14.0
圭索(Guiso,L.,2003),赫瑞拉和米内提(Herrera,A.M. and Minetti,R., 2007)	意大利	1997	4267	雇员:67.7	16.1
卡斯泰利、德怀尔和哈桑(Castelli, A., Dwyer and Hasan,I.,2006)	意大利	1998—2000	10 764	雇员:80(30)a	17.6(15)
赫尔南德斯—卡诺瓦斯和马汀内斯索·拉罗(Hernandez-Canovas,G. and Martinez Solano,2006)	西班牙	1999	153	销售额 10.0(4.1)	16.8(15)
舍格伦(Sjögren,H.,1994)	瑞典	1916—1947	50	最大型企业	>20(5～29)

续表

论文	国家	年份	样本大小	平均(中位)企业规模(百万美元或人数)	平均(中位)持续时间(年)
津莱尔丁(Zineldin,M.,1995)	瑞典	1994	179	雇员:(<49)	(>5)
阿莱姆(Alem,M.,2003)	阿根廷	1998—1999	4 158	80%企业	8
迈特克(Bebczuk,R.N.,2004)	阿根廷	1999	143	销售额:3.9	19.6
底格里斯和范·凯希尔(Degryse,H. and Van Cayseele,P.,2000)	比利时	1997	17 776 贷款	雇员:(1)	7.82
德·波特、洛佩兹和斯坦利克(De Bodt,Lobez and Statnik,2005)	比利时	2001	296	总资产:0.03	11.7(15)[a]
法里尼亚和桑托斯(Farinha,L. A. and Santos,J. A. C.,2002)	葡萄牙	1980—1996	1 471	雇员:46.0	(4.7)
汤姆森(Thomsen,S.,1999)	丹麦	1900—1995	948	资产:125	15.5
翁杰纳史密斯(Ongena,S. and Smith,D.C.,2001)	挪威	1979—1995	111/年	市场股权:150	(15.8~18.1)
金姆等人(Kim,M. et al.,2003)	挪威	1988—1996	139~177/年	所有企业	8.9~13.6
门科霍夫和苏维娜波恩(Menkhoff,L. and Suwanaporn,C.,2007),门科霍夫(Menkhoff,L.),纽伯格和苏维娜波恩(Neuberge,D. and Suwanaporn,C.,2006)	泰国	1992—1996	555	资产:880(10)	7.96

注:本表总结了银行关系的持续时间。论文的列示是根据国家规模和样本时期。第二列指出了相应企业所属的国家,第三列是样本年份。样本大小是指企业数量(除非写明是其他)。平均(中位)企业规模一列单位是百万美元或雇员数量。最后一列提供了银企关系的平均(中位)持续时间。

[a]本书作者计算。

资料来源:更新自底格里斯和翁杰纳(Degryse,H. and Ongena,S.,2008)。

4.3.1.1.3 对银行的价值

一个有趣且重要的问题是锁定一位客户的边际价值占额外锁定一位客户导致银行现值的边际增长的比例。基于样本总体,银行锁定效应的边际价值为 0.16,也就是说 16% 的客户附加值可归于由转换成本所产生的锁定现象。

同样值得注意的是,随着银行规模的扩大,锁定客户对银行价值的贡献降低。具体地,当市场用分支机构规模定义时,锁定客户对银行价值的贡献率范围从超大型银行的13%到包括较小银行群体的30%。当用贷款规模定义市场时,大型银行锁定客户的贡献率只有1%,较小银行的则为32%。这些结论也是得自较大银行有较高比例的流动批发客户。注意到,平均来看(任何一种市场定义下)锁定客户对银行价值的贡献率是23%。

这一阶段要强调银行关系研究中产生的事实。可以预料到,借贷关系的双方都从约定中得到正的价值。如2.3部分所述,企业从借贷关系中获得认证和经济价值,詹姆斯(1987)文章中也有所强调,他发现银行贷款公告与正的、统计上显著的股票价格反应相联系(在两天窗口中显示等于193***bp),而债务的私人安排和公开发行的公告将经历零或负的股票价格反应。

正向的股价反应支持了法马(Fama,E.F.,1985)的观点,即银行贷款为企业未来产生一定的现金流的能力提供了保证。对借款人的这一贡献伴随着高转换成本,产生了借款人约束下的银行收益。由于借款人的锁定,重大转换成本给银行带来正的边际价值且为银行价值带来23%的贡献。

4.3.1.2 持续时间

为了理解不同国家银企关系持续时间的变化,最近的文章开始研究关系、企业、银行和市场独有的特征对银企关系持续时间的影响(目前只运用国内数据)。表4.2和表4.3概括出一些研究结果。

考察持续时间本身。翁杰纳和史密斯(Ongena,S. and Smith,D.C.,2011)及法里尼亚和桑托斯(Farinha,L.A. and Santos,J.A.C.,2002)都发现风险函数估计呈现了正向的持续时间依赖性,表明关系中企业替换的可能性随持续时间增长而变大,或者如表4.3中符号所示,关系的延续性受持续时间本身负的影响。企业所维持的银行关系数量也对关系的时间长短有负向影响。因此,持续时间和(其他)银行关系数量降低了借款人放弃一段关系的谨慎性。持续时间的增加可能会导致更强烈的套牢(holdup)效应从而使转换更具吸引力。关系的延续和/或多样化还会将良好的还款记录传给竞争银行从而降低借款人的转换成本。

大多数研究发现,其他条件不变时,年轻的、小的、高增长率的、无形的、受约束的或是高度举债经营的企业变换银行的速度更快。但也有一些著名的例外。有趣的是,在欧洲特殊企业变量影响转换率的方向是“从北到南”的,与观察到的关系数量和持续时间的增长并无分别。例如,在挪威、丹麦和比利时,小企业比大企业更容易切断关系,在英国和德国两者比率相同,但在葡萄牙和意大利比率更低。因此,挪威的小企业可能会创造双边关系,而意大利的小企业则拥有多边关系。另外,挪威的大企业培育一些比较稳定的关系,而意大利的大企业则不断更换和断绝许多关系。

一些研究也涉及银行和市场特征。一定程度上,更具流动性和效率的银行维持借款人的时间似乎更久[葛帕兰、尤戴尔和耶尔拉米利(Gopalan,R.,Udell,G.F. and Yerramilli,2007)]。伯杰、米勒、彼得森、拉扬和斯坦(Berger,A.N.,Miller,N.M.,Petersen,M.A.,Rajan,R.G. and Stein,J.C.,2005b)指出借款人保持力度与分支机构数量而非银行资产规模有关。后一变量实际上与持续时间是负相关的。并购中目标银行的借款人经常被弃掉。市场特征看起来似乎对中断率没有影响。

表 4.2　银行关系持续时间的决定因素:美国和日本

	论文	BMPRS	SCS	BDSS	GUY	UUW
	国家	美国	美国	美国	美国	日本
	样本年份	1993	1993	1986—2001	1990—2006	2002
	观察数	1 131	935	401 699	<12 287	1 863
	模型	IV	Logit	Logit	Logit[a]	IV
类型	因变量	时长	中断	选择[b]	新关系	时长
贷款	数额				+++	
	超额收益滞后项				↔↔	
	超额数量滞后项				+++	
	目的:偿还				+	
	目的:收购				0	
	资产支持				0	
	到期				↔↔	
关系	持续时间		0		↔↔↔[c]	
	数量				0/+++[c]	
	范围		+++	+++		
	信任		+++			
企业	年龄(成立时间)	+++				+++
	年龄的平方					↔↔
	大小	+	0	+++	+++	+++
	成长性		0		0	
	现金流					+++
	盈利性			+++		+++
	杠杆性	0			↔	↔↔↔
	审计/认证					0
	Compustat 数据库收录				+++	
银行	年龄	+++				
	大小	↔↔↔	0		↔↔↔	0
	分行数量	+++				0
	盈利性		↔↔↔			
	合并				↔↔↔	
市场	本地银行			+++		
	集中度	+	0			0

注:表格总结了银行关系持续时间决定因素的研究结果。正的符号意味着指示变量上的增加对应着银行关系持续时间的显著增长。论文从左到右的列示体现着国家规模和样本时期。第一列是变量名称,其他列包含了各论文的结论。第一行是所引用论文的缩写(为了节省空间):BMPRS 为伯杰(Berger,A.N.)等(2005b);SCS 为萨帕瑞托,陈勇和萨皮恩扎(Saparito,Chen,Y. and Sapienza,P.,2004);BDSS 为巴拉斯等人(Bharath,S.,et al,2007);GUY 为葛帕兰等人(Gopalan,R. et al.,2007);UUW 为内田浩史等人(Uchida,H. et al.,2006a)。第五行列举了该实证模型是运用工具变量(IV)还是 Logit 模型。第六行是文章中具体运用的因变量。其他行列示出了文中自变量系数的符号和显著性水平。显著性水平基于所有研究和作者的评估。

[a]为节约空间的多种方式的组合;

[b]自变量符号改变以便于比较;T 表示目标银行;

[c]交易和银团贷款之间的时间。

0:符合设定但不显著;

+++正向且在 1%水平下显著,++在 5%水平下显著,+在 10%水平下显著;

↔↔↔负向且在 1%水平下显著,↔↔在 5%水平下显著,↔在 10%水平下显著。

资料来源:更新自底格里斯和翁杰纳(Degryse,H. and Ongena,S.,2008)

表 4.3　银行关系持续时间的决定因素:以欧洲国家为例

	论文	S	HM	FS	DMM	HK	HPW	T	OS	KOS
	国家	意大利	意大利	葡萄牙	比利时	德国	英国	丹麦	挪威	挪威
	样本年份	1989—1995	2001	1980—1996	1997—2003	1997	1996	1995—2000	1979—1995	1979—2000
	观察数	50 000	3 494	1 471	600 000	1 228	±120	9 487	383	598
	模型	Probit	OLS	TVD	Logit	Logit	Logit	Logit	D	TVD
类型	因变量	中断	时长[a]	风险	中断	中断	中断	中断	风险	风险
关系	持续时间			↔↔↔				+/↔↔↔	↔↔↔	↔↔↔
	转换			↔↔↔						
	数量				↔↔↔				↔↔↔	↔
企业	年龄	0	+++	0	+++	0	↔	++	+	
	年龄的平方		↔↔							
	规模	↔↔↔	0	↔↔↔	+++	0	0	++	+++	+++
	成长性			↔↔↔			0		↔	
	现金流		+++	++						
	无形资产			0		↔	↔			
	盈利性	+++		0	+++		0		↔↔	0
	固定资产									
	受约束性					↔	↔↔↔			
	杠杆性	↔↔↔		0			++		↔↔↔	

续表

	论文	S	HM	FS	DMM	HK	HPW	T	OS	KOS
	国家	意大利	意大利	葡萄牙	比利时	德国	英国	丹麦	挪威	挪威
	样本年份	1989—1995	2001	1980—1996	1997—2003	1997	1996	1995—2000	1979—1995	1979—2000
	观察数	50 000	3 494	1 471	600 000	1 228	±120	9 487	383	598
	模型	Probit	OLS	TVD	Logit	Logit	Logit	Logit	D	TVD
类型	因变量	中断	时长[a]	风险	中断	中断	中断	中断	风险	风险
企业	银行债务			↔↔↔						
	城市的					0				
	审计/认证		↔↔↔							
	主要所有者		↔↔↔							
银行	年龄			0						
	大小			0	+++	0		++	++	
	分行数量		↔↔							
	成长性			0						
	流动性			0	+++					
	盈利性	T:+++	0	0	↔↔↔					
	效率	T:↔↔↔			+++		++			
	风险	T:↔↔↔			↔↔↔				0	
	合并	T:↔↔↔			T:↔↔↔				0	T:↔↔↔
	状态									+
市场	本地银行			0						
	集中度		++	0		0				

注:本表总结了银行关系持续时间决定因素的研究结果。正的符号意味着指示变量上的增加对应着银行关系持续时间的显著增长。论文从左到右的列示是依照银行关系的平均数量和样本时期。第一列是变量名称,其他列包含了各论文的结论。缩写:S为萨皮恩扎(Sapienza,P.,2005b);HM为赫瑞拉和米内提(Herrera,A.M. and Minetti,R.,2007);FS为法里尼亚和桑托斯(Farinha,L.A. and Santos,J.A.C.,2002);DMM为底格里斯等人(Degryse,et al, 2006);HK为哈霍夫和科亭(Harhoff,D. and Körting,T.,1998a);HPW为霍沃思、皮尔和威尔逊(Horworth,Peel and Wilson,2003);T为汤姆森(Thomsen,S.,1999);OS为翁杰纳和史密斯(Ongena,S. and Smith,D.C.,2001);KOS为卡瑟斯基、翁杰纳和史密斯(Karceski,J.,Ongena,S. and Smith,D.C.,2005)。第二行列示国家代码:IT表示意大利,PT表示葡萄牙,BE表示比利时,DE表示德国,DK表示丹麦,NO表示挪威。第五行列举了该实证模型是运用最小二乘法(OLS)、logit模型、probit模型、持续时间(D)或者随时间变化的持续时间(TVD)模型。第六行是文章中运用的具体因变量。其他行列示出了文中自变量系数的符号和显著性水平。显著性水平基于所有研究和作者的评估。

[a]自变量符号改变以便于比较。T为目标银行;0:符合设定但不显著。

+++正向且在1%水平下显著,++在5%水平下显著,+在10%水平下显著;
↔↔↔负向且在1%水平下显著,↔↔5%,↔10%。
资料来源:更新自底格里斯和翁杰纳(Degryse,H. and Ongena,S.,2008)

4.3.1.3 范围

银行关系的第二个定义性特征或许是银行交叉销售给企业的信贷和非信贷"产品"的数量。从概念上看,银行关系的范围不同于贷款集中度(见4.3.1.4部分)或银行定位(见4.3.3部分)。在实践中,例如"往来银行"状态[阿尔萨斯和凯能(Elsas,R. and Krahnen,J.P., 1998);马乔尔和韦伯(Machauer,A. and Weber,M.)1998]的经验措施可能会获得所有三个维度的因素。

将普通支票账户视为一种银行产品。通过观察已发生的支票账户交易所包含的双方和金额,银行可以获得相对于竞争对手的信息优势[中村(Nakamura ,L.I.,1993b),韦尔(Vale,B., 1993)]。确实,当前证据证实,对银行来说观察这些账户是私有信息的宝贵来源。基于账户信息,银行就能贷款给更可靠的企业或者当它们前景不好时反应更迅速[梅斯特、中村和雷诺(Mester,L., Nakamura,L.I. and Renault,2007)],尤其是与小企业交易时[诺登和韦伯(Norden and Weber,M.,2007)]。

只有少许研究直接分析了银行关系范围的决定因素[一个例外是利伯蒂(Liberti,J.M., 2004)]。相对于关系型银行业务问题,大多数研究在更广泛的交易概念下探讨关系范围。所以,在4.3.3部分,我们回到实证工作上来,它部分地处理范围问题。

4.3.1.4 数量(和集中度)

除了持续时间和范围,银行关系的第三个关键特征是企业维持的银行关系数量和从银行获得借款(和其他产品)的集中度。例如,某企业与银行存在一段10年的关系,有10万美元的信贷和5种其他未偿付的产品。很明显,对这段关系的评价由企业所维持的与其他银行的关系决定。将"没有其他银行"的例子与企业由其他三家银行提供总值50万美元(和15种其他产品)服务的情形作比较。

表4.4包含了每一企业所拥有的银行关系的平均数和中位数的估计,数据资料来源于多个国家。我们详细列出国家(按首字母顺序排列)、样本时期、样本大小和每一样本内企业的平均规模(用销售额或资产度量)。翁杰纳和史密斯(Ongena,S. and Smith,D.C.,2000b)的数据覆盖了20个欧洲国家,钱军和斯特拉恩(Qian,J and Strahan,P.E.,2007)则使用银团贷款所在的几十个国家。

每一银行的银行关系平均数量的数据集有很大的差异,尽管多重银行关系几乎是所有数据集的普遍特征。从表格中注意到的第一点是多重银行关系普遍存在于几乎所有数据集当中。相对于大企业,小企业倾向于保持较少的银行关系。例如,美国的研究使用NSSBF(全国小企业金融调查)数据估计出每一企业选择银行的平均数为2,中位数为1;而休斯顿和詹姆斯(Houston,J. and James,C.,1996)对大型美国企业调查得出的平均数是5。企业规模和关系数量之间的对应关系已得到进一步的证明,例如迪奇(Dietsch,M.,2003)研究法国,圭索(Guiso,L.,2003)研究意大利,霍梅尔和施耐德(Hommel and Schneider,2003)研究德国,门科霍夫和苏维娜波恩(Menkhoff,L. and Suwanaporn,C.,

2007)研究泰国。

银企关系存在强烈的国家效应。英国、挪威、瑞典的企业保持相对少的银行关系——平均小于 3,而例如意大利、葡萄牙和西班牙的企业则保持平均 10 或更多的银行关系数量。[①] 翁杰纳和史密斯(Ongena,S. and Smith,D.C.,2000b)表明表 4.4 中欧洲国家的相对排名在控制企业规模(与其他企业特征一起)后将保持不变。因此,尽管企业规模在描述每一企业所拥有的银行关系数量时是重要的,国内企业的规模却不能单独解释各个国家之间银行关系平均数量的变化情况。

表 4.4 银行关系的数量

国家和地区	出处	样本年份		观测值个数	银行数量		销售额或资产(A)	
		起始	终止		平均数	中位数	平均数	中位数
阿根廷	钱军和斯特拉恩(Qian,J. and Strahan,P.E.,2007)	1994	2003	129		4		
阿根廷	斯特布、博尔扎科、亨克、罗特曼和埃斯库德罗(Streb,J. M.,Bolzico, Henke,Rutman and Escudero,2002)	1999	1999	16 095	3	2		
阿根廷	阿莱姆(Alem,M.,2003)	1998	1999	1 364	2	1		
澳大利亚	钱军和斯特拉恩(Qian,J. and Strahan,P.E.,2007)	1994	2003	677		3		
奥地利	翁杰纳和史密斯(Ongena,S. and Smith,D.C.,2000b)	1996	1996	37	5		1 500	
奥地利	钱军和斯特拉恩(Qian,J. and Strahan,P.E.,2007)	1994	2003	8		2		
孟加拉国	钱军和斯特拉恩(Qian,J. and Strahan,P.E.,2007)	1994	2003	4		1		
比利时	翁杰纳和史密斯(Ongena,S. and Smith,D.C.,2000b)	1996	1996	10	11		3 500	

① 在有些国家,例如,比利时,在国内现金管理关系的数量[大约是 10,翁杰纳和史密斯(Ongena,S. and Smith,D.C.,2000b)所提到的]和在信用登记中记录的企业同时获得贷款来源的银行数量[一家或两家,例如,正如在底格里斯、马斯切雷恩和米切尔(Degryse,H.,Masschelein,N. and Mitchell,2006)的文章中一样]存在大的差异性。关系定义和样本特征(例如,公司规模)的差别也许能部分解释差异性。

续表

国家和地区	出处	样本年份		观测值个数	银行数量		销售额或资产(A)	
		起始	终止		平均数	中位数	平均数	中位数
比利时	钱军和斯特拉恩(Qian,J. and Strahan,P.E.,2007)	1994	2003	50		9		
比利时	索能和阿加沃尔(Soenen,L. A. and Aggarwal,R.,1989)	1987	1987	100	7	3		
比利时	底格里斯、马斯切雷恩和米切尔(Degryse, H., Masschelein, N. and Mitchell, 2004)	2002	2002	117 509	1	1		1
比利时	德波特等人(de Bodt,E. et al.,2005)	2001	2001	296	3	2		
巴西	钱军和斯特拉恩(Qian,J. and Strahan,P.E.,2007)	1994	2003	144		3		
巴西	卡斯特拉·皮涅罗和穆拉(Castelar Pinheiro and Moura,2003)	2000	2000	178 832	2	1		
加拿大	昂瓦里和戈帕尔(Anvari and Gopal,1983)	1981	1981	121	1	1		15
智利	钱军和斯特拉恩(Qian,J. and Strahan,P.E.,2007)	1994	2003	70		6		
智利	雷佩托、罗德里格斯和巴尔德斯(Repetto,A.,Rodriguez and Valdes,2002)	1990	1998	21 000	3	2	113	49
中国	钱军和斯特拉恩(Qian,J. and Strahan,P.E.,2007)	1994	2003	230		3		
哥伦比亚	钱军和斯特拉恩(Qian,J. and Strahan,P.E.,2007)	1994	2003	33		4		
捷克	翁杰纳和史密斯(Ongena,S. and Smith,D.C.,2000b)	1996	1996	59	5		50	
丹麦	翁杰纳和史密斯(Ongena,S. and Smith,D.C.,2000b)	1996	1996	51	4		750	

续表

国家和地区	出处	样本年份		观测值个数	银行数量		销售额或资产(A)	
		起始	终止		平均数	中位数	平均数	中位数
丹麦	钱军和斯特拉恩(Qian, J. and Strahan, P.E., 2007)	1994	2003	12		1		
埃及	钱军和斯特拉恩(Qian, J. and Strahan, P.E., 2007)	1994	2003	9		5		
芬兰	钱军和斯特拉恩(Qian, J. and Strahan, P.E., 2007)	1994	2003	60		6		
芬兰	翁杰纳和史密斯(Ongena, S. and Smith, D.C., 2000b)	1996	1996	89	4			
法国	普鲁斯特和卡迪拉特(Proust, Y. and Cadillat, D., 1996)	1992	1995		13			
法国	翁杰纳和史密斯(Ongena, S. and Smith, D.C, 2000b)	1996	1996	25	11			
法国	钱军和斯特拉恩(Qian, J. and Strahan, P.E., 2007)	1994	2003	534		7		
法国	莱菲利特(Lefilliatre, D., 2002)	1999	1999	415	6	5	750	
法国	勒费(Refait, C., 2003)	1993	1997	565	5	4		
法国	莱菲利特(Lefilliatre, D., 2002)	1999	1999	2 428	3	2	250	
法国	津因(Ziane, Y., 2003)	2001	2001	244	2	2	32	22
法国	迪奇(Dietsch, M., 2003)	1993	2000	2 530 353		2		
法国	普鲁斯特和卡迪拉特(Proust, Y. and Cadillat, D., 1996)	1992	1995		1			
法国	莱菲利特(Lefilliatre, D., 2002)	1999	1999					
德国	翁杰纳和史密斯(Ongena, S. and Smith, D.C., 2000b)	1996	1996	67	8		3500	
德国	钱军和斯特拉恩(Qian, J. and Strahan, P.E., 2007)	1994	2003	447		8		

续表

国家和地区	出处	样本年份		观测值个数	银行数量		销售额或资产(A)	
		起始	终止		平均数	中位数	平均数	中位数
德国	阿尔萨斯和凯能(Elsas, R. and Krahnen, J.P., 1998)	1992	1996	125	6	5		
德国	费雪(Fischer, K.H., 2000)	1997	1997	270		4		
德国	霍梅尔和施耐德(Hommel and Schneider, 2003)	2002	2002	390	3			
德国	哈霍夫和科亭(Harhoff, D. and Körting, T.)	1997	1997	994	2	1	40	10
加纳	钱军和斯特拉恩(Qian, J. and Strahan, P.E., 2007)	1994	2003	22		5		
希腊	翁杰纳和史密斯(Ongena, S. and Smith, D.C., 2000b)	1996	1996	41	7		750	
希腊	钱军和斯特拉恩(Qian, J. and Strahan, P.E., 2007)	1994	2003	77		6		
危地马拉	钱军和斯特拉恩(Qian, J. and Strahan, P.E., 2007)	1994	2003	1		2		
中国香港	钱军和斯特拉恩(Qian, J. and Strahan, P.E., 2007)	1994	2003	881		1		
匈牙利	翁杰纳和史密斯(Ongena, S. and Smith, D.C., 2000b)	1996	1996	44	4		175	
匈牙利	钱军和斯特拉恩(Qian, J. and Strahan, P.E., 2007)	1994	2003	36		3		
印度	伯杰、克拉珀、马汀内斯·佩拉里和赛达(Berger, A.N., Klapper, L., Martinez Peria, M.and Zaida, 2006)	2001	2001	3 423	3	1		
印度	钱军和斯特拉恩(Qian, J. and Strahan, P.E., 2007)	1994	2003	234		2		
印度尼西亚	钱军和斯特拉恩(Qian, J. and Strahan, P.E., 2007)	1994	2003	581		5		

续表

国家和地区	出处	样本年份		观测值个数	银行数量		销售额或资产(A)	
		起始	终止		平均数	中位数	平均数	中位数
印度尼西亚	江丽等人(Jiangli,W. et al,2008)	1996	1998	320	2	1		
爱尔兰	钱军和斯特拉恩(Qian,J. and Strahan,P.E.,2007)	1994	2003	40		9		
爱尔兰	翁杰纳和史密斯(Ongena,S. and Smith,D.C.,2000b)	1996	1996	67	3		750	
以色列	钱军和斯特拉恩(Qian,J. and Strahan,P.E.,2007)	1994	2003	16		3		
意大利	切萨里尼(Cesarini,1994)	1993	1993	263 376	33		大	
意大利	德·奥里亚等人(D'Auria,C. et al.,1999)	1994	1994	177	30			
意大利	德特拉吉亚彻、加雷拉和圭索(Detragiache,E.,Garella,P.G. and Guiso,L.,1997)	1989	1993	4 000	16	13	926	193
意大利	德·奥里亚等人(D'Auria,C. et al.,1999)	1994	1994	572	16			
意大利	翁杰纳和史密斯(Ongena,S. and Smith,D.C.,2000b)	1996	1996	70	15		1 500	
意大利	罗西那和切西尼(Rossignoli and Chesini,1995)	1993	1993	1 527	15			
意大利	帕加诺、帕内塔和津加莱斯(Pagano,M.,Panetta,F.,Zingales,L.,1998)	1982	1992	19 274	14	11	737	258
意大利	德·奥里亚等人(D'Auria,C. et al.,1999)	1994	1994	1 473	11			
意大利	蒂里(Tirri,V.,2007)	1997	2004	25 000	10	10	A:14	A:14
意大利	沃尔平(Volpin,2001)	1993	1998	560	9	7		
意大利	圭索(Guiso,L.,2003)	1997	1997	4 267	6		68	
意大利	卡斯泰利等人(Castelli,A. et al.,2006)	1998	2000	10 764	5	4	80	30

续表

国家和地区	出处	样本年份		观测值个数	银行数量		销售额或资产(A)	
		起始	终止		平均数	中位数	平均数	中位数
意大利	钱军和斯特拉恩(Qian,J. and Strahan,P.E.,2007)	1994	2003	131		5		
意大利	安杰利尼等人(Angelini,P. et al.,1998)	1995	1995	1 858	2		10	
意大利	切萨里尼(Cesarini,1994)	1993	1993	263 376	2		小	
科特迪瓦	钱军和斯特拉恩(Qian,J. and Strahan,P.E.,2007)	1994	2003	3		9		
日本	申槿焕等(Hwan Shin,et al,2003)	1999	1999	570	15	12		
日本	鹤田(Tsuruta,2003)	2002	2002	25 000	9	8	450	
日本	堀内(Horiuchi,T.,1993)	1990	1990	309	8		450	
日本	施特肯和得津一郎(Sterken,E. and Tokutsu,I.,2003)	1982	1999	20 740	8	6		
日本	鹤田(Tsuruta,2003)	2002	2002	25 000	6	5	200	
日本	钱军和斯特拉恩(Qian,J. and Strahan,P.E.,2007)	1994	2003	1 023		5		
日本	鹤田(Tsuruta,2003)	2002	2002	25 000	4	4	60	
日本	堀内(Horiuchi,T.,1993)	1990	1990	126	3		150	
日本	鹤田(Tsuruta,2003)	2002	2002	25 000	3	3	10	
日本	堀内(Horiuchi,T.,1994)	1992	1992	189	3	3	15	
日本	堀内(Horiuchi,T.,1994)	1992	1992	175	3	3	5	
卢森堡	翁杰纳和史密斯(Ongena,S. and Smith,D.C.,2000b)	1996	1996	8	5		375	
马来西亚	钱军和斯特拉恩(Qian,J. and Strahan,P.E.,2007)	1994	2003	482		2		
墨西哥	钱军和斯特拉恩(Qian,J. and Strahan,P.E.,2007)	1994	2003	256		6		
摩洛哥	钱军和斯特拉恩(Qian,J. and Strahan,P.E.,2007)	1994	2003	4		8		

续表

国家和地区	出处	样本年份		观测值个数	银行数量		销售额或资产(A)	
		起始	终止		平均数	中位数	平均数	中位数
莫桑比克	钱军和斯特拉恩(Qian, J. and Strahan, P.E., 2007)	1994	2003	1		11		
荷兰	索能和阿加沃尔(Soenen, L. A. and Aggarwal, R., 1989)	1987	1987	85	7	3		
荷兰	钱军和斯特拉恩(Qian, J. and Strahan, P.E., 2007)	1994	2003	371		6		
荷兰	翁杰纳和史密斯(Ongena, S. and Smith, D.C., 2000b)	1996	1996	49	4		1 500	
新西兰	钱军和斯特拉恩(Qian, J. and Strahan, P.E., 2007)	1994	2003	108		3		
尼日利亚	钱军和斯特拉恩(Qian, J. and Strahan, P.E., 2007)	1994	2003	5		12		
挪威	翁杰纳和史密斯(Ongena, S. And Smith, D.C., 2000b)	1996	1996	41	2		750	
挪威	钱军和斯特拉恩(Qian, J. and Strahan, P.E., 2007)	1994	2003	70		2		
挪威	翁杰纳和史密斯(Ongena, S., Smith, D.C., 2001)	1979	1995	1500	1	1	A:150	
巴基斯坦	钱军和斯特拉恩(Qian, J. and Strahan, P.E., 2007)	1994	2003	38		3		
巴拿马	钱军和斯特拉恩(Qian, J. and Strahan, P.E., 2007)	1994	2003	10		10		
秘鲁	钱军和斯特拉恩(Qian, J. and Strahan, P.E., 2007)	1994	2003	26		6		
菲律宾	钱军和斯特拉恩(Qian, J. and Strahan, P.E., 2007)	1994	2003	131		1		
菲律宾	江丽等人(Jiangli, M. et al., 2008)	1996	1998	171	3	2		
波兰	钱军和斯特拉恩(Qian, J. and Strahan, P.E., 2007)	1994	2003	39		6		

续表

国家和地区	出处	样本年份		观测值个数	银行数量		销售额或资产(A)	
		起始	终止		平均数	中位数	平均数	中位数
波兰	翁杰纳和史密斯(Ongena,S. and Smith,D.C.,2000b)	1996	1996	13	3			
葡萄牙	钱军和斯特拉恩(Qian,J. and Strahan,P.E.,2007)	1994	2003	24		17		
葡萄牙	翁杰纳和史密斯(Ongena,S. and Smith,D.C.,2000b)	1996	1996	43	12		250	
葡萄牙	法里尼亚和桑托斯(Farinha,L.A. and Santos,J.A.C.,2002)	1980	1996	54 182	2	1	27	
塞内加尔	钱军和斯特拉恩(Qian,J. and Strahan,P.E.,2007)	1994	2003	4		5		
新加坡	钱军和斯特拉恩(Qian,J. and Strahan,P.E.,2007)	1994	2003	301		2		
斯洛文尼亚	钱军和斯特拉恩(Qian,J. and Strahan,P.E.,2007)	1994	2003	4		2		
南非	钱军和斯特拉恩(Qian,J. and Strahan,P.E.,2007)	1994	2003	50		10		
韩国	裴、康和林(Bae,K.H.,Kang,J.K. and Lim,C.W.,2002)	1996	1997	486	6	6	A:404	
韩国	菲利、康和金姆(Ferri,G.,Kang,J.K. and Kim,M.,2002)	1995	1999	15 305	3			
韩国	钱军和斯特拉恩(Qian,J. and Strahan,P.E.,2007)	1994	2003	612		2		
韩国	江丽等人(Jiangli,W. et al.,2008)	1996	1998	557	6	4		
西班牙	翁杰纳和史密斯(Ongena,S.,Smith,D.C.,2000b)	1996	1996	68	10		1 500	

续表

国家和地区	出处	样本年份		观测值个数	银行数量		销售额或资产(A)	
		起始	终止		平均数	中位数	平均数	中位数
西班牙	赫尔南德斯—卡诺瓦斯和马汀内斯·索拉罗(Hernandez-Canovas,G. and Martinez Solano,2006)	1999	1999	153	3	2		
西班牙	钱军和斯特拉恩(Qian,J. and Strahan,P.E.,2007)	1994	2003	449		2		
斯里兰卡	钱军和斯特拉恩(Qian,J. and Strahan,P.E.,2007)	1994	2003	1		1		
瑞典	钱军和斯特拉恩(Qian,J. and Strahan,P.E.,2007)	1994	2003	85		5		
瑞典	翁杰纳和史密斯(Ongena,S. and Smith,D.C.,2000b)	1996	1996	50	3		1 500	
瑞典	伯格洛夫和舍格伦(Berglöf and Sjögren,H.,1998)	1984	1993	90		1		
瑞典	津莱尔丁(Zineldin,M.,1995)	1994	1994	179		1		25
瑞士	钱军和斯特拉恩(Qian,J. and Strahan,P.E.,2007)	1994	2003	85		9		
瑞士	翁杰纳和史密斯(Ongena,S. and Smith,D.C.,2000b)	1996	1996	39	4		3 500	
瑞士	纽伯格、佩德格纳纳和莱特克—多普勒(Neuberge,D.,Pedergnana Räthke-Döppner,2008)	1996	1996	1 703	2	2		4
瑞士	纽伯格、莱特克和沙赫特(Neuberge,D.,Räthke,S. and Schacht,2006)	2002	2002	305 807	2	2		
瑞士	纽伯格等人(Neuberge,D. et al.,2008)	2002	2002	1 700	2	2		
中国台湾	沈中华和王(Shen,C.H. and Wang,A.H.,2003)	1991	2000	349	8	9		

续表

国家和地区	出处	样本年份		观测值个数	银行数量		销售额或资产(A)	
		起始	终止		平均数	中位数	平均数	中位数
中国台湾	余和谢(Yu and Hsieh, 2003)	1990	2002	3 759	8	7		
中国台湾	余、佩纳图尔和谢 Yu, Pennathur and Hsieh, 2007)	1991	2000	579	6	4		
泰国	门科霍夫和苏维娜波恩(Menkhoff, L. and Suwanaporn, C., 2007)	1992	1996	557	4			
泰国	钱军和斯特拉恩(Qian, J. and Strahan, P.E., 2007)	1994	2003	401		3		
泰国	江丽等人(Jiangli, W. et al., 2008)	1996	1998	396	3	2		
突尼斯	钱军和斯特拉恩(Qian, J. and Strahan, P.E., 2007)	1994	2003	3		5		
土耳其	钱军和斯特拉恩(Qian, J. and Strahan, P.E., 2007)	1994	2003	50		5		
美国	彼得森和拉扬(Peterson (Rajan, R.G., 1995)	1987	1987	3 404	1	1	26	5
美国	布里克和帕里亚(Brick, I.E. and Palia, D., 2007)	1993	1998	1 125	1	1		
美国	休斯顿和詹姆斯(Houston, J. and James, C., 1996)	1980	1990	750			5	
英国	索能和阿加沃尔(Soenen, L. A. and Aggarwal, R., 1989)	1987	1987	70	30	8		
英国	钱军和斯特拉恩(Qian, J. and Strahan, P.E., 2007)	1994	2003	1 961		4		
英国	翁杰纳和史密斯(Ongena, S. and Smith, D.C., 2000b)	1996	1996	142	3		1 500	
乌拉圭	钱军和斯特拉恩(Qian, J. and Strahan, P.E., 2007)	1994	2003	1		1		

续表

国家和地区	出处	样本年份		观测值个数	银行数量		销售额或资产(A)	
		起始	终止		平均数	中位数	平均数	中位数
委内瑞拉	钱军和斯特拉恩(Qian,J. and Strahan,P.E.,2007)	1994	2003	47	4			
赞比亚	钱军和斯特拉恩(Qian,J. and Strahan,P.E.,2007)	1994	2003	9	4			
津巴布韦	钱军和斯特拉恩(Qian,J. and Strahan,P.E.,2007)	1994	2003	3	1			

注:本表列示出银行关系报告的数量。文章按国家和地区名称字母顺序、报告的银行数量(高或低)的均值/中位数排列。观测值的数量是企业的数量(特殊说明除外)。第六列和第七列列示企业所对应银行数量的均值和中位数。最后两列报告了由销售或资产定义的企业规模的平均数和中位数(账面值或市值,由 A 表示)。

[a]代表本书作者的计算所得。

4.3.1.4.1 微观因素

理论研究提供了大量关于双边或多边信贷关系间的抉择,以及主张多重留置权情形下的最优关系数量方面的相互补充的见解。多重银行关系会减少关系型借贷的套牢问题[拉扬(Rajan,R.G.,1992);塔登(Thadden,1992)],但会导致违约情况下的协调失灵[博尔顿和沙尔夫斯泰因(Bolton,P. and Scharfstein,1996);哈特(Hart,1995);德瓦特里庞和马斯金(Dewatripont,M. and Maskin,1995)]。[①] 例如,博尔顿和沙尔夫斯泰因(Bolton,P. and Scharfstein,1996)指出多重银行借贷降低了企业的清算价值,只有最高信用质量的企业倾向于从多个债权人处借款。另外,布里斯和韦尔奇(Bris and Welch,2005)考虑到集中可以提高债权人的议价能力,认为高质量企业选择较少的债权人,显示了其不会破产的信心。巴恰塔亚和奇萨(Bhattacharya and Chiesa,1995),约莎(Yosha,1995),冯·瑞贝本和鲁克斯(von Rheinbaben and Ruckes,2004)将注意力转向双边银企关系的保密性,这种保密性潜在地吸引研发密集型和高质量企业来选择该种融资安排。

在探讨银企关系的最优数量时,其他一些研究也强调银行层面。例如,德特拉吉亚彻等人(Detragiache,E. et.al.,2000)认为多重关系是企业面对银行流动性风险多元化的需要。卡莱蒂(Carletti,E.,2004)考察银行关系数量如何影响银行的监督动机,卡莱蒂、杰拉斯和达尔特(Carletti,E., Cerasi,V. and Daltung,2007)分析了当贷款能力有限而且监督很重要时,银行协同其他银行给企业提供资金的动机[也可参见弗雷特和加雷拉(Fluet and Garella,P.G.,2007)]。

我们将很多研究中二元或多元关系变量或者关系变量的数量作为因变量,并且基于

① 我们的讨论部分基于翁杰纳等人(Ongena,S. et al.,2007b)。也可见,例如甘歌帕德亚和穆霍帕迪亚(Gangopadhyay and Mukhopadhyay,2002)、杜(Du,2003)或者坡威尔(Povel,2004)中的相关论述。

贷款、公司、银行(或者)市场特征等多个变量进行回归得到的研究结果汇总制成表格。这些研究可分为欧洲(表4.5)和其他国家或地区(表4.6)。列出的这些研究尽管细节有所不同,但不少结果是稳健的。不出所料,其他条件不变时,大型成熟企业拥有更多银行关系。低利润、处于困境的、低现金流、无形的(无实体的)和杠杆性(举债经营)的企业也维持着较多的关系。这些研究结果大致与模型相符,例如,企业通过多边融资安排释放其低质量的信号,或是由于多重债权人在破产中具有较小的议价能力[布里斯和韦尔奇(Bris and Welch, 2005)],或是由于多重借贷使得企业的低质量状况被其在产品市场的竞争对手知晓[约莎(Yosha,1995)]。当然这些研究结果的出现也可能是由于银行缺乏承担此类借款人所有风险的意愿[例如德·奥里亚、福格利亚和瑞兹(D'Auria,C.,Foglia and Reedtz,1999)]。

享受银企关系的银行本身的特征通常也包含在回归当中。与成熟的、大型的、国家层面的或外国银行的约定更可能成为多边安排的一部分,可以潜在地减少这类银行重复借款所产生的套牢问题[拉扬(Rajan,R.G.,1992);冯·塔登(von Thadden,E.L., 1992)]。

表 4.5 银行关系数量的决定因素:欧洲国家数据研究

	论文	DGG		V	CM		T		Z	DG	DMM	HK	MW
	国家	意大利		意大利	意大利		意大利		法国	法国	比利时	德国	德国
	样本年份	1994		1993—1998	1997		1997—2004		2001	1993—2000	2000	1997	1992—1996
	观察数	1 754		560	393		>25 000		244	NA	123 413	1 228	723
	平均企业规模	小		S:1700	S:18		A:±14(14)		E:32(22)	NA	小	E:±40(10)	S:(30~150)
类型	因变量	%	No.	No.	%	No.	%>2	No.	No.	%	No.	No.	No.
关系	持续时间								++				+++
	范围								↔				↔↔↔
企业	年龄	0	+++	+++	+++	++	0	0	0		+++	+++	
	年龄的平方						0	0					
	规模	+++	+++		+++	+++	+	+++	++	+++	+++	+++	+++
	规模的平方						↔	↔↔					
	盈利性	↔↔	0				++	0	↔↔	↔↔↔	+++	↔↔	0
	盈利性的平方										↔↔↔		
	现金流						0	+++		↔↔↔			
	风险或困境						0	+		+++		++	0
	销售额增长						↔↔	+++					
	无形资产	0			++	+++	0	+++				0	

续表

类型	论文	DGG		V	CM		T		Z	DG	DMM	HK	MW
	国家	意大利		意大利	意大利		意大利		法国	法国	比利时	德国	德国
	样本年份	1994		1993—1998	1997		1997—2004		2001	1993—2000	2000	1997	1992—1996
	观察数	1 754		560	393		>25 000		244	NA	123 413	1 228	723
	平均企业规模	小		S:1700	S:18		A:±14(14)		E:32(22)	NA	小	E:±40(10)	S:(30～150)
类型	因变量	%	No.	No.	%	No.	%>2	No.	No.	%	No.	No.	No.
企业	有形资产/银行债务						↔↔↔	+++					
	杠杆						+	+++			+++		
	银行债务	+++	+++	+++					++				
	其他/所有债务				++	+++						0	
	公开上市			↔↔									
	所有者权益			+++									
	城市的										↔↔		
银行	规模	+++	0								+++		
	成长性												
	流动性	↔↔	+++										
	不良贷款	↔	++										
市场	集中度					+++	++						
	集中度的平方					↔↔↔	↔↔↔						
	分行数量					0	0			0			
	过去分行数量					↔↔	+++						
	当前分行数量					0	++						
	储蓄银行数量					++	0						
	合作银行数量					++	0						
	城市的					0							

注：表格总结了国内关于银行关系数量决定因素研究的结果。正号表示指示变量增加对应银行关系数量的显著提高。论文根据银行关系平均数量[翁杰纳和史密斯(Ongena, S. and Smith, D. C., 2000b)]和样本期间(最近的样本被排于最右边)从左到右进行列示。第一列是变量名。其他列包含了来自各个文章的结论。文中第一行引用缩写以节省空间(使用作者和期刊的首字母以及年限)：DGG 表

示德特拉吉亚彻等人(Detragiache,E. et.al.,2000);V 表示沃尔平(Volpin,2001);CM 表示科斯和梅利恰尼(Cosci and Meliciani,V.,2002);T 表示蒂里(Tirri,V.,2007);Z 表示津因(Ziane,Y.,2003);DG 表示迪奇和歌里廷—布巴卡里(Dietsch,M. and Golitin-Boubakari,2002);DMM 表示底格里斯等人(Degryse,H. et al.,2006);HK 表示哈霍夫和科亭(Harhoff,D. and Körting,T.,1998a);MW 表示马乔尔和韦伯(Machauer,A. and Weber,M.,2000)。第五行是平均(中间的)企业规模(样本期内最后一年),A 表示资产,S 表示销售额,单位是百万美元,E 是雇员数量。第六行显示了论文所运用的具体因变量:%(>2)是多边(超过 2)银行关系的概率,No.是银行关系数量。其他行列出了表格总结的银行关系数量决定因素的研究结果。显著性水平基于所有练习和作者的评估。

0:规格之内但不显著;

+++正向且在 1%水平下显著,++在 5%水平下显著,+在 10%水平下显著;

↔↔↔负向且在 1%水平下显著,↔↔5%,↔10%。

↔↔↔负向且在 1%水平下显著,↔↔在 5%水平下显著,↔在 10%水平下显著。

[a]本书作者计算所得。

表 4.6　银行关系数量的决定因素:其他国家或地区数据研究

面板 A	论文	NPR	NPR	RS	HSF	ST		UUW	BKSZ		YH
	国家或地区	瑞士	瑞士	美国	美国	日本		日本	印度		中国台湾
	样本年份	1996	2002	1988—2003?	1998	1982—1999		2002	2001		1990—2002
	观察数	1 703	1 700	218	1117	20 740		1 863	3 423		3 397
	平均企业规模	E:4	E:4	S:6327		NA		E:75	小		A:±250
类型	因变量	No.和%	No.和%	%	%	%.	No.	No.	%	No.	%
关系	持续时间				+						
	范围					++	++				
贷款	附属担保物	+++	+++	0							
	目的			0							
	类型			0							
企业	年龄							↔/++	0	+	0
	规模	+++	+++	++		0	+	++	↔↔↔	↔↔↔	+++
	盈利性			0		0	0	0			0
	现金流					↔↔	↔↔	0			
	成长性			0	↔↔↔						
	托宾 Q										↔↔↔
	困境			0							

续表

面板A论文		NPR	NPR	RS	HSF	ST		UUW	BKSZ		YH
	国家或地区	瑞士	瑞士	美国	美国	日本		日本	印度		中国台湾
	样本年份	1996	2002	1988—2003?	1998	1982—1999		2002	2001		1990—2002
	观察数	1 703	1 700	218	1117	20 740		1 863	3 423		3 397
	平均企业规模	E:4	E:4	S:6327		NA		E:75	小		A:±250
类型	因变量	No.和%	No.和%	%	%	%.	No.	No.	%	No.	%
企业	无形资产					++	0				+++
	杠杆性			++				+++			
	银行债务					++	++				+++
	其他/所有债务				0/++	↔↔	↔↔	0	+++	+++	
	公开上市							0	+++	+++	
	合并	++									
	所有者权益				0						+++
	管理者所有				+						
	其他类型所有者				0						
	企业集团								+++	+++	
	审计							0			
	国际的	0	0								
银行	年龄										+++
	规模	++	0					0			
	政府所有	+							+++	+++	+++
	外资所有								+++	+++	+++
市场	集中度		0					0	↔	0	
	分支机构密度	+	0								
	人口密度								0	0	

面板 B	论文	JUY			
	国家	印度尼西亚	韩国	菲律宾	泰国
	样本年份	1996—98	1996—1998	1996—1998	1996—1998
	观察数	320	557	171	396
	平均企业规模				
类型	因变量	No.	No.	No.	No.
企业	规模	+++	+++	+++	+
	产能利用率	↔	0	0	0
	成长性	0	0	++	0
	杠杆性	++	+++	0	+
	国际的	0	0	0	0

注:本表总结了国家或地区内部关于银行关系数量决定因素研究的结果。正号表示指示变量增加对应银行关系数量的显著提高。论文根据银行关系平均数量和样本期间(最近的样本被排于最右边)从左到右进行列示。第一列是变量名。其他列包含了来自各个文章的结论。文中第一行引用缩写以节省空间(使用作者的首字母):NPR 表示能伯格等人(Nenberger et al.,2008);RS 表示罗伯茨和希提奇(Roberts,G.S. and Siddiqi,2004);HSF 表示汉、斯托里和弗雷泽(Han,Storey and Fraser,2006);ST 表示施特肯和得津一郎(Sterken,E. and Tokutsu,I.,2003);UUW 表示内田浩史等人(Uchida,H. et al.,2006a);BKSZ 表示伯杰等人(Berger,A.N.,et al,2006);YH 表示余和谢(Yu and Hsieh,2003);JUY 表示江丽等人(Jiangli,W. et al.,2008)。第二行列示国家和地区代码:CH 表示瑞士;JP 表示日本;TW 表示台湾;IN 表示印度;ID 表示印尼;KR 表示韩国;PH 表示菲律宾;TH 表示泰国。第五行是平均(中间的)企业规模,S 表示样本期内最后一年企业的销售额,单位是百万美元,E 是雇员数量。第六行显示了论文所运用的具体因变量:%是多边银行关系的概率,No.是银行关系数量。其他行列出了自变量符号和系数的显著性水平。显著性水平基于所有分析和作者的评估。

0:规格之内但不显著;

+++正向且在 1%水平下显著,++在 5%水平下显著,+在 10%水平下显著;

↔↔↔负向且在 1%水平下显著,↔↔在 5%水平下显著,↔在 10%水平下显著。

4.3.1.4.2 宏观因素

正如已经提到的,实证调查中一个未预期到的方面就是强烈的国家效应,翁杰纳和史密斯(Ongena,S. and Smith,D.C.,2000b)以及钱军和斯特拉恩(Qian,J. and Strahan,P.E.,2007)做了全面记录,这反映在表 4.5 报告的许多单一国家的数据集中。表 4.7 概括了三项跨国研究结果,是将关系数量对国家特征做了回归。例如,在德特拉吉亚彻等人(Detragiache,E. et al.,2000)的研究中,位于具有法国或德国法律渊源的,司法效率或股权保护程度较低的国家企业拥有更多的银行关系,结果与多样化的动机相矛盾。

最近获得关注的一个令人感兴趣的问题是,银行关系的数量是否且如何随着时间或商业周期而改变,以及大企业如何依商业周期在市场和银行融资之间移动[见卡沙亚普、斯坦和威尔科特斯(Kashyap,A.,Stein,J.C. and Wilcox,1993)]。(能获取所需数据的少数研究产生了有趣的结论。)总体上看,关系的数量十分稳定,尤其是小企业[普鲁斯特和卡迪拉特(Proust,Y and Cadillat,D., 1996)],没有任何明显的趋势[在霍梅尔和施耐德(Hommel and Schneider,2003)]研究中数量呈向下趋势,而在迪奇[Dietsch,M.,2003)研究中呈向上趋势]。另外,似乎存在一些关于大企业在商业周期频率内维持的关系数量变化的诱人证据[莱菲利特(Lefilliatre,D.,2002);施特肯和得津一郎(Sterken,E. and Tokutsu,I,2003);德·奥里亚等人(D'Auria,C. et al.,1999)]。更多关于这方面的研究可能会有成效。

4.3.1.4.3 数量与集中度

迄今为止,大多数文献在处理多重银行业务时假设融资份额相等。然而,"不均等的"、"不对称的"或是"集中的"银行借贷普遍存在,比如企业通常从一个关系贷款人处大量借款,同时从多个正常贷款人处借入少量款项。债权人的集中可能在平衡关系型借贷的套牢问题和多重银行借贷的协调失灵中发挥着重要作用[阿尔萨斯、海涅曼和蒂雷尔(Elsas,R.,Heinemann and Tyrell,2004);休伯特和谢弗(Hubert and Schafer,2002)],但最近只有少数文章研究债权人集中度。表 4.8 概括了他们的研究成果。

例如,圭索和米内提(Guiso,L. and Minetti,R., 2005)指出,银行出于在企业重组过程中夺取资产的目的来防止这类劣质企业的违约。其结果是,拥有更多价值高、可调配资产的企业倾向于将借款分布得更不均匀,以防止关系贷款人在重组期间的这种行为(因为具有较高不对称性且消息较不灵通的银行没有动力来继续这一计划)。

欧金等人(Ongean et al.,2007b)研究发现有更多可调配资产的高质量企业倾向于集中借款[与圭索和米内提(Guiso,L. and Minetti,R.,2005)互相矛盾]。欧金等人(Ongean et al.,2007b)还发现债权人集中的程度与银行贷款的区域市场集中度是正相关的(表明企业在资金选择上有地理限制),且当关系型借贷更有利可图时债权人集中程度会提高。总的来说,这些结果预示了企业、银行和市场特征在决定融资集中时的重要性。

4.3.1.5 强度、社会互动和银行控制

除了持续时间、范围和数量(集中度),也可以考虑和度量银企关系的强度[宾克斯和恩纽(Binks and Ennew, 1997);波德弘(Bodenhorn,H., 2003)]和社会互动[莱曼和纽伯格(Lehmann,E.and Neuberge,D.,2001)]。这些因素在决定银行地理位置和组织构架时也起了作用,我们会在 5.2 部分讨论这些问题。

银行控制是广泛讨论的银企关系的另一方面。银行可以在企业中享有股权。正如马尔特—史密斯(Mahrt-Smith,2006)所述,即使是小额股份也可能与限制抽租行为相关。银行也会派遣(接收)董事会成员,即所谓的"董事银行家"。

我们在表 4.9 中概括了一些关于董事银行家决定因素的研究结果。大型实体企业的董事会中可能有更多的银行家。尤其是公司困境减少了美国企业董事会中包含银行家的可能性,因为董事会成员关系可能会削弱在违约情形下银行与其他债权人面对面的主张力度。另外,在某些国家,例如日本,银行实际上会派出董事会成员去帮助那些运行不良的企业扭转局面[米阿卡(Miarka,T., 1999)]。

最后,我们还可以研究在国内和跨境银企关系之间的选择及决定因素。我们将在5.2.3.2部分讨论伯杰等人(Berger,A.N. et al.,2003)关于这方面的研究[也可参见伯杰和

史密斯(Berger,A.N. and Smith,D.C.,2003)]。

表 4.7　银行关系的数量:跨国研究

	论文	OS	V	MSW	QS
	国家	21 个欧洲国家	16 个欧洲国家	3 个欧洲国家	60 个国家
	样本年份	1996	1996	2001	1994—2003
	观察数	1 010 企业	16 国家	305 企业	11 083
	企业销售额	750	750	大约 2	
类型	因变量	No.	No.	%	ln(No.)
贷款	信贷最高限额	0			+++
	规模				+++
关系	范围	0		++	
	距离			+++	
企业	规模	+++		++	
	年限			++	
	研发投资			↔	
银行	规模			+++	
市场	集中度	↔↔	0	↔↔↔	
	竞争性			+++	
	银行脆弱性	↔↔↔	0		
	银行脆弱性的平方	+++	0		
国家	经济发展			+++	↔
	股权市场	↔	0	↔↔↔	
	债券市场	+++	0		
	银行业			++	0
	司法效率	↔↔↔	↔↔	↔↔↔	
	债权人保护	↔↔↔	0		0
	股东保护		↔↔		
	所有权人保护				0
	法国法律渊源				+
	德国法律渊源				+
	斯堪的纳维亚法律渊源				0
	社会主义法律渊源				0
	法律形式主义				0
	缺乏腐败				+

注：本表总结了银行关系数量决定因素的跨国研究结果。正的符号意味着指示变量上的增加对应着银行关系数量的显著增加。论文从左到右依照发表时间排序。第一列是变量名称，其他列包含了各论文的结论。第一行是所引用论文的作者首字母缩写（为了节省空间）：OS 表示翁杰纳和史密斯（Ongena，S. and Smith，D.C.，2000b）；V 表示沃尔平（Volpin，2001）；MSW 表示默西卡、谢克和乌尔夫（Mercieca，Schaeck and Wolfe，2008）；QS 表示钱军和斯特拉恩（Qian，J. and Trahan，P.E.，2007）。第二行列出了数量和国家类型。第五行是平均（中间的）企业规模（样本期内最后一年），A 表示资产，S 表示销售额，单位是百万美元，E 是雇员数量。第六行显示了论文所运用的具体因变量：%是多边银行关系的概率，No.是银行关系数量。其他行列示出了文中自变量系数的符号和显著性水平。显著性水平基于所有分析和我们的评估。

0：符合设定但不显著；

+++正向且在 1%水平下显著，++在 5%水平下显著，+在 10%水平下显著；

↔↔↔负向且在 1%水平下显著，↔↔在 5%水平下显著，↔在 10%水平下显著。

表 4.8　银行关系集中度的决定因素：国内研究

	论文	GM		OTW		R	
	国家	美国		德国		法国	
	样本年份	1993—1998		1993—2003		1993—1997	
	观察数	3 628		±17 000		565	
	平均企业规模	E：30		A：44(7)		S：40(10)	
类型	因变量	%	1－HHI	%	1－HHI	No.	>1Main
关系	持续时间	↔↔↔	0				
企业	大小	+++	↔↔↔	+++	+++	+++	+++
	盈利性			0	0	0/+++	0/0
	成长性					↔↔↔/0 0/+	
	投资					0	0
	现金流/流动性	↔↔↔	↔↔↔	+++	↔↔↔	↔	↔↔↔
	风险或困境	+++		+++	+++		
	无形资产	+++	+++			0	0
	杠杆性			+++	+++	+++	+++
	贸易信贷					+++	↔↔↔
	公债					+++	↔↔↔
	所有者股份	0	0				
	城市的	↔↔	↔				
	地理范围	++	++				

注：表格总结了银行关系数量和集中度决定因素的国内研究结果。正的符号意味着指示变量上的增加对应着银行关系数量的显著提高或集中度的降低。论文从左到右依照国家规模排序。第一列是变

量名称，其他列包含了各论文的结论。文中第一行引用缩写以节省空间(使用作者和期刊的首字母以及年限)：GM 表示圭索和米内提(Guiso，L. and Minetti，R.，2005)；OTW 表示翁杰纳等人(Ongena，S. et al.，2007b)；R 表示勒费(Refait，C.，2003)。第五行是平均(中间的)企业规模(样本期内最后一年)，S 表示销售额，单位是百万美元，E 是雇员数量。第六行显示了论文所运用的具体因变量：%是多边银行关系的概率，No.是银行关系数量，1－HHI 是 1 减去贷款份额的 Herfindahl-Hirschman 指数，>1 main 是主要银行关系数量超过 1 的概率。其他行列示出了文中自变量系数的符号和显著性水平。显著性水平基于所有分析和作者的评估。0：符合设定但不显著；

＋＋＋正向且在 1%水平下显著，＋＋在 5%水平下显著，＋在 10%水平下显著；

↔↔↔负向且在 1%水平下显著，↔↔在 5%水平下显著，↔在 10%水平下显著。

表 4.9　银行控制的决定因素

	论文	Byrd and Mizruch，2005	Strahan，P. E. and Kroszner，R. S.，2001	Santos，J. A. C. and Rumble，2006	Morck，R. and (Nakamura，M.，1999)	Kaplan and Minton，1994	Gorton and Schmid，2000
	国家	美国	美国	美国	日本	日本	德国
	样本年份	1980—1991	1992	2000	1981—1987	1980—1988	1975—1986
	观察数	456	430	27 051	2 371	933	138
	企业规模	大	大	大	大	大	大
类型	度量	董事会中银行家席位和数量	单一银行家在董事会的席位	单一银行家在董事会的席位	银行家任命的概率和席位的比例	银行家任命的概率	银行占董事会席位的比例
关系	范围				＋		
	规模	0	＋＋＋	＋＋			↔
	成长性	0			↔	0	
	盈利性			＋	↔↔	↔↔	
	股票收益					↔↔↔	
	风险	↔↔	＋＋/↔↔				
	现金流	0			↔		
	无形性	0	↔↔↔				
	债务		0	＋	0		
企业	银行债务				＋＋＋	＋＋＋	
	短期债务	0	↔↔				
	最大贷方的银行债务					＋＋	
	集团成员					0	
	所有权集中度或控制权					0	0
	董事会规模	↔/＋＋＋					
银行	股权控制权			＋			＋＋＋
	投票权						＋＋

注:本表总结了银行控制决定因素的研究结果。正的符号意味着指示变量上的增加对应着显著的更多控制。论文从左到右依照国家规模和样本时期排序(最近的样本被排在最右边)。第一列是变量名称,其他列包含了各论文的结论。第五行是样本期内最后一年企业的平均资产(百万美元),E是雇员数量。第六行显示了论文所运用的具体因变量。其他行列示出了文中自变量系数的符号和显著性水平。显著性水平基于所有分析和作者的评估。

0:符合设定但不显著;

+++正向且在1%水平下显著,++在5%水平下显著,+在10%水平下显著;

↔↔↔负向且在1%水平下显著,↔↔在5%水平下显著,↔在10%水平下显著。

资料来源:更新来自底格里斯、翁杰纳和蒂默—阿尔坎(Degryse,H.,Ongena,S.and Tumer-Alkan,2007)

4.3.1.6 存款市场和银行同业市场内的关系

只有少数研究是涉及银行存款市场上客户转换成本的强度和决定因素。例如,夏伊(Shy,O.,2002)计算了1997年芬兰四家银行的存款人转换成本。他发现,最小到最大的商业银行成本接近于存款价值的0、10%和11%,提供多项政府服务的大型芬兰银行则达到存款价值的20%。

凯瑟(Kiser,2002)关注家庭与银行存款关系的时间长度和转换成本的决定因素。她采用1999年的美国调查数据。美国家庭维持与银行之间的存贷款关系时长的中位数一般为10年。家庭的地理稳定性和银行提供的客户服务质量是决定客户是否与银行联系在一起的关键因素。转换成本与收入的关系看起来是非单调的:高收入且受教育程度高的家庭和低收入的少数民族家庭通常较少转换。因此,第一组的时间机会成本和其他组家庭可利用的信息可能会在决定家庭转换中起到作用。

尽管借款人/存款人和银行之间关系的存在性和重要性已经被银行家和学者广泛讨论,科科、戈梅斯和马丁斯(Cocco,Gomes and Martins,2003)提出最新的初步证据表明即便是在匿名且高流动性的银行同业市场,银行间关系在克服信息问题和保险提供上仍起了作用。尤其是规模较小、利润较低、风险较大的银行易受频繁的流动性冲击影响,从而对关系更依赖。

令人感兴趣的还有一个市场的转换成本如何与另一市场行为相关联的问题。存款市场的转换成本可能对贷款市场的行为产生影响。例如,柏林和梅斯特(Berlin,M. and Mester,L.,1999)将银行资金与定位(关系型或交易型银行业务)相联系。特别的,柏林和梅斯特(Berlin,M. and Mester,L.)指出有良好途径获得固定利率核心存款的银行更能平滑贷款利率(关系型借贷)。换句话说,在核心存款上享有市场势力的银行能够通过平滑贷款利率将它们的借款人与不良信用冲击隔离。

4.3.2 银行关系的影响

4.3.2.1 对信贷成本的影响

关系是银行租金的一个来源吗?如果是,银行如何抽租?关系型银行仅仅是要求高贷款利率,允许更低的成本,还是施加更严格的贷款条件?银行会运用"议价后敲竹杠"策略,也就是先为新客户而激烈竞争而后在边际成本上要价[例如夏普(Sharpe,S.A.,

1990)]。为了回答这些问题，许多研究做了借款企业信贷成本对持续时间和/或银企关系数量的简单回归(研究通常控制企业、银行和市场的各种特征)。代表性的估计方程式如下：

$$信贷成本_{it}=\alpha+\beta 关系强度+\gamma 控制变量+\varepsilon_{it} \tag{4.29}$$

估计系数 $\hat{\beta}$ 度量了关系强度指标(例如持续时间和数量)对信贷成本的影响。某些研究也包括了关系范围的代理，譬如借款人从关系银行获取的其他银行产品的数量。

表 4.10A 列出了多项研究结果。[①] 结论看起来相当不一致。大多数美国的研究表明每一关系年度贷款利率实际上下降了约 3^{**}到 9^{**}个基点，而欧洲的研究则发现贷款利率要么是不受影响的，要么每年上升约 1^{***}到 10^{***}个基点(虽然在这方面可能在国家内部不同地区有所不同)。关系数量对贷款利率的影响看起来同样不一致。大多数美国研究发现每多一家银行，贷款利率增长 10^{***}到 30^{***}基点，而许多欧洲研究(有少许例外)报告称每一额外银行对贷款利率要么没有影响，要么下降约 1^{***}到 10^{***}基点。有少量美国的研究发现范围无影响或者有轻微的负效应，欧洲研究也是如此，除了少数例外(出现大的正或负系数)。

总的来看，只有欧洲的银行通过高贷款利率从它们的关系型借款人(例如那些拥有较久关系和与少数银行联系的企业)中抽租，而美国的银行事实上要求较低的利率。如何解释这些明显不同的结论？我们提供一些尝试性的解释。第一，研究中所包含的控制变量的设定和定义各不相同。然而，交叉部分之大已经足够使结果具有可比性。第二，各项研究中银企关系构成的定义不同。例如，有些例子中将频繁的借款定义为关系，在另一些例子中企业或银行的评估和报告定义了是否存在关系。

① 仅存在关系持续时间对存款利率影响的间接证据。例如，夏普(Sharpe,S.A.,1997)证明在大多数情形中，家庭移民数量可能导致存款利率的区别，会对存款利率水平产生正效应。在某些情况下，这种效应的大小依赖于市场集中度。

表 4.10　银行关系的持续时间、范围和数量以及信贷成本、抵押品、信贷可获得性和期限

面板 A 信贷成本	论文	来源 年份	观测值数 企业规模	信贷成本 （基点）	持续时间 Δ=1 年	范围 Δ=1	数量 Δ=1 银行
美国	波德弘(Bodenhorn,H.,2003)	1 银行 1855	2 616 s	贷款利率－A1 商业票据	−2.9**		
	彼得森和拉扬(Petersen,M.A. And Rajan,R. G.,1994)	NSSBF1987	1 389 s	最近贷款利率	3.7	0.8c	32.1***
	伯杰和尤戴尔(Berger,A.N. and Udell,G.F.,1995)	NSSBF1987	371 s	信贷限额－优惠利率	−9.2**		
	乌齐(Uzzi,B.,1999)	NSSBF1987	2 226 s	最近贷款利率	−1.3**	−4.2**	
	布莱克威尔和温特斯(Blackwell. D. W. and Winters,D.B.,1997)	6 银行 1988	174 s	循环贷款－优惠利率	−0.9	0.0	
	伯杰等人(Berger,A.N. et al,2002)	NSSBF1993	520 s	信贷限额－优惠利率	−5.3**		
	布里克和帕里亚(Brick,I.E. and Palia,D.,2007)	NSSBF1993	766 s	信贷限额－优惠利率	−2.4**		−18.8
	郝(Hao,2003)	LPC1988—1999	948 l	设施息票＋费用－伦敦银行同业拆借利率			8.0***g
	巴拉斯等人(Bharath,S. et al.,2007)	LPC1986—2001	9 709 l	设施息票＋费用－伦敦银行同业拆借利率		−6.6***a	
	阿加瓦尔和豪斯沃尔德(Agarwal,S. and Hauswald,R.,2007)	1 银行 2002	33 346	银行提供电子贷款	−68**	−42.1***	
				银行提供个人贷款	−34**	−30.0***	

续表

面板 A 信贷成本	论文	来源 年份	观测值数 企业规模	信贷成本 （基点）	持续时间 Δ=1 年	范围 Δ=1	数量 Δ=1 银行
美国	葛帕兰等人(Gopalan et.al,et al,2007)	LPC1990—2006	12 235 l	贷款收益率	0		
日本	温斯坦和雅菲(Weinstein, D. E. and Yafeh, Y.,1998)	JDB1977—1986	6 836 l	非债券利息开支出一债务		53***	
	米阿卡(Miarka,T.,1999)	1985—1998	12 888 s m	借款利率		−22.2***	
	式见雅代(Shikimi,2005)	JADA2000—2002	78 695	贷款利率一优惠利率			18***
	加纳正二、内田浩史、尤戴尔和渡边和孝(Kano, M, Uchida, H. Udell, G. F. and Watanabe,W.,2006)	SFE2002	1 960	<1 年最大贷款利率	No/ −3.5***h	No/ 4**a,h	
德国	哈霍夫和科亭(Harhoff,D. and Körting,T.,1998b)	调查 1997	994 s	信贷限额	1.7		−0.2
	阿尔萨斯和凯能(Elsas,R. and Krahnen,J.P.,1998)	5 银行 1996	353 m l	信贷限额一法兰克福银行同业拆借利率	0.3	−4.8	
	马乔尔和韦伯(Machauer,A. and Weber,M.,1998)	5 银行 1996	353 m l	信贷限额一隔夜拆借利率	−0.3	1.3	0.0
	埃韦特、申克和什琴斯尼(Ewert,Schenk and Szczesny,2001)	5 银行 1996	682 m l	信贷限额一法兰克福银行同业拆借利率	0.7***	−22.1	0.6
	莱曼和纽伯格(Lehmann,E. and Neuberge, D.,2001)	调查 1997	318 s m	贷款利率一再融资利率	1.8a	−5.6	
	莱曼等人(Lehmann,E. et al.,2004)	调查 1997	w:267 s m	贷款利率一再融资利率	w:1.6	w:−2.0	
			e:67 s m		e:−0.5	e:20.3	

续表

面板 A 信贷成本	论文	来源 年份	观测值数 企业规模	信贷成本 （基点）	持续时间 Δ=1 年	范围 Δ=1	数量 Δ=1 银行
法国	津因(Ziane,Y.,2003)	调查 2001	244 s	信贷利率	−20.2	20.1*	51.4
意大利	柯尼格莱尼、菲利和杰尼瑞尔(Conigliani, Ferri,G. and Generale,1997)	CCR1992	33 808 m	贷款利率	−14.1***e		−2***
	菲利和梅苏里(Ferri, G. and Messori, M., 2000)	CCR1992	33 808 m	贷款利率	nw:−19.1*		nw:−0.3
					ne:−13.5NA		ne:0.7NA
					so:9.6NA		so:9−13.6*a
	德·奥里亚等人(D'Auria,C. et al,1999)	CCR1987−1994	120 000 l	贷款利率−国库券利率	2.5***		−1.3***
	安杰利尼等人(Angelini,P.,et al,1998)	调查 1995	2 232 s	信贷限额	ccb:−1.8		−10.0***
	科斯和梅利恰尼(Cosci and Meliciani, V, 2002)	1 银行 1997	393 s	利息支付−总债务	Oth:6.4***		−0.2
	波佐洛(Pozzolo,A.F.,2004)	CCR1992−1996	52 359	贷款利率			
西班牙	埃尔南德斯−卡纳瓦斯和马汀内斯−索拉诺(Hernandez-Canovas, Martinez-Salano,P.,2006)	调查 1999−2000	184 s	银行融资平均成本−银行间	43***		60*
					5*	8.5	
	蒙托利欧·加里加(Montoriol Garriga,J.)(2006a)	SABI1990−2005	510 840	资金平均成本			3**
加拿大	马利特和森(Mallett,T. and Sen,2001)	CFIB1997	2 409 s	贷款利率	0	0	
阿根廷	斯特布等人(Streb,J.M.,et al,2002)	CDSF1999	8548	最高透支利率		−69.0***	6.9***

续表

面板 A 信贷成本	论文	来源 年份	观测值数 企业规模	信贷成本 （基点）	持续时间 Δ=1 年	范围 Δ=1	数量 Δ=1 银行
比利时	底格里斯和范·凯希尔(Degryse,H. and Van Cayseele,P. ,2000)	1 银行 1997	17 429 s	直到下次修正的贷款收益率	7.5^{***}	-39.3^{***}	
	底格里斯和翁杰纳(Degryse,H. and Ongena, s.,2005)	1 银行 1997	15 044 s	直到下次修正的贷款收益率	11.0^{***}	-40.7^{***}	
智利	雷佩托等人（Repetto, A. et al, 2002）SBIF1990—1998	20 000	已付利率	-65.1^{**e}	−26.5	-40.7^{**}	
芬兰	帕托尼米(Peltoniemi,J.,2007)	1 银行 1995—2001	279 s	有效贷款利率	-12^{***}	6.6b	
		1 非银行 576 s	-2^{*}				
泰国	门科霍夫和苏维娜波恩（Menkhoff, L. and Suwanaporn,C.,2007）	9 银行 1992—1996	416 l	贷款利率一最小透支利率	−0.9	-22.0^{**}	-6.5^{**}
玻利维亚	亚尼多和翁杰纳（Ioannidou, V. P. and Ongena,S., 2007）	CIRC1999—2003	33 084 s m	贷款利率	$>30^{**}$	−16.5	-39.6^{*}
	钱军和斯特拉恩(Qian,J. and Strahan,P.E., 2007)	LPC1980—2004	36 081	净利差(AIS)			-28.7^{***a}

面板 B 抵押品	论文	来源 年份	观测值数 企业规模	无抵押品 （%）	持续时间 Δ=1 年	范围 Δ=1	数量 Δ=1 银行
美国	波德弘(Bodenhorn,H.,2003)	1 银行 1855	2 616 s	无担保人	2.6^{**}		
	伯杰和尤戴尔(Berger,A.N. and Udell,G.F., 1995)	NSSBF1987	371 s	无抵押品	12.1^{**}		
	查克拉博蒂和胡(Chakraborty and Hu,2006)	NSSBF1993	983 s	无抵押品:信用证	2^{*a}	−7.4al	−1.2a
			649 s	无抵押品:非信用证	−1a	3^{**al}	−1.4a

续表

面板 B 抵押品	论文	来源 年份	观测值数 企业规模	无抵押品 （%）	持续时间 Δ=1 年	范围 Δ=1	数量 Δ=1 银行
美国	郝(Hao,2003)	LPC1988—1999	948 l	无担保			1g
德国	哈霍夫和科亭(Harhoff,D. and Körting,T.,1998b)	调查 1997	994 s	无抵押品	7.0**	−10.0**	
	马乔尔和韦伯(Machauer,A. and Weber,M.,1998)	5 银行 1996	353 m l	信贷额度中无担保占比	−0.1*	−9.4***	0.6**
	阿尔萨斯和凯能(Elsas,R. and Krahnen,J.P.,2002)	5 银行 1996	472 m l	无抵押品		−17.6**	
	莱曼和纽伯格(Lehmann,E. and Neuberge,D.,2001)	调查 1997 318 s m	无抵押品	−0.8a	−4.1***		
	莱曼等人(Lehmann,E. et al,2004)	调查 1997 w:267 s m	无抵押品	w:−1.6***	w:−15***		
		e:67 s m	无抵押品	e:5.2**	e:−12.9**		
法国	津因(Ziane,Y.,2003)	调查 2001	244 s	无抵押品	8.3	−2.8*	−2.3**
意大利	波佐洛(Pozzolo,A.F.,2004)	CCR1992—1996	52359	无实物担保	−17***		5***
				无个人担保	14***		1***
比利时	底格里斯和范·凯希尔(Degryse,H. and Van Cayseele,P.,2000)	1 银行 1997	17 429 s	无抵押品	4.2*	−64.5***	
芬兰	帕托尼米(Peltoniemi,J.,2007)	1 银行 1995—2001	562 s	无抵押品	−2a	50^{***b}	
泰国	门科霍夫等人(Menkhoff,L. et al,2006)	9 银行 1992—1996	4 161	无抵押品	1	−33**	23**

续表

面板 B 抵押品	论文	来源 年份	观测值数 企业规模	无抵押品 (%)	持续时间 Δ=1 年	范围 Δ=1	数量 Δ=1 银行
玻利维亚	亚尼多和翁杰纳(Ioannidou, V. P. and Ongena, S., 2007)	CIRC1999—2003	33 084 s m	贷款中无抵押(%)	16		
面板 C 信贷 可获得性	**论文**	**来源 年份**	**观测值数 企业规模**	**信贷可获得性 (%)**	**久期 Δ=1 年**	**范围 Δ=1**	**数量 Δ=1 银行**
美国	波德弘(Bodenhorn, H., 2007)	1 银行 1855	2 616 s	贷款数量	$+^{***}$	$+^{***}$	
	彼得森和拉扬(Petersen, M. A. and Rajan, R. G., 1994)	NSSBF1987	1389 s	按时支付的贸易信贷%	2.3^{**}		-1.9^{**}
	乌齐(Uzzi, B., 1999)	NSSBF1987	2226 s	信贷获取	−0.1	0.5	
	科尔(Cole, 1998)	NSSBF1993	2007 s	信贷扩张	5.0^{***}	−22.0c	-12.0^{***}
	科尔、戈德伯格和怀特(Cole, Goldberg, L. G. and White, L. J., 2004)	NSSBF1993	585 s	小银行信贷扩张	−0.0	5.9^{**c}	−1.1
	斯科特和邓克尔伯格(Scott, J. A. and Dunkelberg, W. C., 2003)	CBSB1995	520 s	单一信贷搜索	21.5^{***}		-25.7^{***}
	葛帕兰等人(Gopalan et al, 2007)	LPC1990—2006	17121 l	贷款数量	$+^{*}$		
	阿加瓦尔和豪斯沃尔德(Agarwal, S. and Hauswald, R., 2007)	1 银行 2002	33346	银行提供电子贷款	0	0	
	银行提供个人贷款	$+^{***}$	$+^{*}$				
日本	式见雅代(Shikimi, M., 2005)	JADA2000—2002	78695	债务/资产		18^{***}	
	加纳正二等人(Kano, M. et al, 2006)	SFE2002	1960	无贷款拒绝	0.0	$0.0/++^{**h}$	
德国	莱曼和纽伯格(Lehmann, E. and Neuberge, D., 2001)	调查 1997	318 s m	信贷支持	0.1^{***a}	0.9^{***}	

续表

面板 C 信贷可获得性	论文	来源 年份	观测值数 企业规模	信贷可获得性 (%)	持续时间 Δ=1 年	范围 Δ=1	数量 Δ=1 银行
法国	迪奇(Dietsch,M.,2003)	1993—2000	2530353	贷款/营业额 2.7^{***a}	10.1**	1.5^{***a}	
意大利	安杰利尼等人(Angelini,P. et al,1998)	调查 1995	2232 s	非限量供应 7.0**		−6.4**	
	科斯和梅利恰尼(Cosci and Meliciani,V.,2002)	1 银行 1997	393 s	1−信贷使用/信贷提供			23.3**
	圭索(Guiso,L.,2003)	SMF1997	3236 s	无贷款拒绝	0.8	−0.1	0.0
	蒂里(Tirri,V.,2007)	CCR1997—2004	±25000	信贷出票/保证>1			—***
阿根廷	斯特布等人(Streb,J.M. et al,2002)	CDSF1999	8548	未用的信贷限额比率		21.4	−2.7***
比利时	德·波特等人(De Bodt et al.,2005)	调查 f2001	296 s	非限量供应	20.0^{***a}		−22.0**
智利	雷佩托等人(Repetto,A. et al.,2002)	SBIF1990—1998	±20000	债务/资本 1.7**	−45.4**	11.9**	
泰国	门科霍夫和苏维娜波恩(Menkhoff,L. and Suwanaporn,C.,2007)	9 银行 1992—1996	4161	信贷限额比率(负债+信贷限额)	0.3	9.6***	0.0
	迈特克(Bebczuk,R.N.,2004)	UIA1999	139	获取信贷的概率	No		
玻利维亚	亚尼多和翁杰纳(Ioannidou,V. P. and Ongena,S.,2007)	CIRC1999—2003	33084 s m	贷款数量	+		
面板 D 期限	**论文**	**来源 年份**	**观察数 企业规模**	**贷款期限 (月)**	**持续时间 Δ=1 年**	**范围 Δ=1**	**数量 Δ=1 银行**
美国	波德弘(Bodenhorn,H.,2007)	1 银行 1855	2616 s	贷款期限	0.8***	0.8^{***i}	
	奥尔蒂斯—莫利纳和佩纳斯(Ortiz-Molina,H. and Penas,M.F.,2008)	NSSBF1993	995 s	保证期长	−0.3*	−0.7	0.0
玻利维亚	亚尼多和翁杰纳(Ioannidou,V.P. and Ongena,S.,2007)	CIRC1999—2003	33084 s m	贷款期限	−1.8**		

注：表格报告了关于银行关系持续时间、范围和数量对信贷成本（面板 A）、抵押品（面板 B）、信贷可获得性（面板 C）和期限（面板 D）的影响研究所得的系数。论文从左到右依照国家规模和样本时期排序（最近的样本被排在最右边）。第一列列示了相关企业所附属的国家，第二列则是引用的论文。第三列报告了数据来源和年份，第四列则是观测值数和指示性企业规模（小、中、大）。第五列给出了因变量的准确定义，之后的三列则表明银行关系持续时间的增加（一年）、范围的增加（从 0 到 1）及数量的增加（1 段关系）对因变量的影响。系数和显著性水平基于论文的模型设定。持续时间对数或者措施数量的系数均匀分布于区间[1,4]，以因变量的均值计算影响。CBSB 表示美国独立企业联盟关于信贷、银行和小型商业的调查；ccb 表示特许社区银行信贷；CCR 表示中央信贷登记系统；CDSF 表示阿根廷中央银行的金融系统债务人中心；CFIB 表示加拿大独立商业联盟；CIRC 表示信用风险信息交流中心；JADE 表示日本企业账目和数据；JDB 表示日本开发银行；l 表示大型；LPC 表示贷款定价公司交易浏览数据库；m 表示中型；NSSBF 表示全国小企业金融抽样调查；ne 表示东北；nw 表示西北；oth 表示其他信贷；RHS 表示右边；s 表示小型；SABI 表示西班牙公司数据集；SBIC 表示小型商业投资公司；SBIF 表示智利银行监管机构和金融机构；SFE 表示融资环境调查；SMF 表示制造业企业调查；so 表示南方。

[a]本书作者计算所得。

[b]银行服务从 10 到 20 的倍增。

[c]银行支票账户。

[d]基于虚拟。

[e]基于合同长度。

[f]说法语的部分。

[g]贷款人数量。

[h]未经审计的小银行/企业和低竞争性的银行业市场的结果。

[i]从 0 到 12 的贷款增加。

*** 1%显著性水平，** 5%显著性水平，* 10%显著性水平。

资料来源：更新自底格里斯和翁杰纳（Degryse，H. and Ongena，S.，2008）

第三，信贷成本这一因变量，在不同研究中有所区别。通常使用贷款利率水平或利差，在某些例子中参考利率作为解释变量包含在等式右侧。跟随伯杰和尤戴尔（Berger，A.N. and Udell，G.F.，1995），一些研究只考虑信贷额度，而其他的则包括所有类型的企业贷款。然而，一个先验的不明晰问题是为什么关系客户的套牢问题只被应用于一类贷款。另外，贷款费用可能是一个棘手的问题。在大多数欧洲的研究中费用是不相关的。例如，意大利的信贷额度和比利时的小额贷款是没有费用的。但费用在美国可发挥作用，尽管大多数研究数据不足以调整它［郝（Hao，2003）］。

第四，借款人池的组成可能随着（关系）时间的推移而改变，因为银行开始更好地了解它们的客户并偏好某些特定类型。横截面研究中的控制可能无法捕捉到不同研究中平均持续时间内的这些动态效应和差异，因而使对比复杂化。

4.3.2.2 对抵押品、贷款规模、信贷可获得性和期限的影响

大多数研究隐含地假定贷款抵押品要么单独确定，要么在贷款发放之后贷款利率决定之前确定。在该假设下大多数研究发现关系型借款人用较少的抵押品作抵押；也就是说，关系持续时间的增加会提高无抵押品的概率而关系数量的增加会降低这一概率（表 4.10B）。不意外的，关系范围的扩大会增加抵押品，可能会替代或覆盖产品和银行风险敞

口的增加。

大多数类似的研究发现,(较长持续时间、较宽范围、较少银行)关系型借款人有更好的途径获得信贷(表 4.10 面板 C)。但这些结果可能需要进一步认证,例如休斯顿和詹姆斯(Houston,J. and James,C.,1996)发现,高增长的单一关系企业实际上比高增长的多重关系企业使用更少的银行债务,可以潜在地帮助缓解套牢问题。

最后,奥尔蒂斯—莫利纳和佩纳斯(Ortiz-Molina,H.and Penas,M.F.,2008)研究了关系特征对贷款期限,[①]也就是对银行承诺期长度的影响(表 4.10 面板 D)。他们发现充其量只有关系的持续时间稍微重要且负向地影响贷款期限[亚尼多和翁杰纳(Ioannidou,V.P. and Ongena,S.,2007)也表明了这一结论],而关系的范围和数量没有任何效应。

4.3.2.3 联合影响

布里克和帕里亚(Brick,I.E. and Palia,D.,2007)重新使用了美国 NSSBF 数据但放松了独立性假设。他们研究了关系持续时间和数量对贷款利率、费用和抵押品(将其有关文献列于表 4.10 面板 A)的联合影响。从技术上看,他们运行以下的双方程系统,包括以前的研究并将以前研究中外生的一些变量内生化:

$$\begin{aligned}&\text{贷款利率} = \alpha_{LR} + \beta_{LR}\,\text{关系强度} + \gamma_{LR}\,\text{抵押品} + \Omega_{LR}X + \lambda_{LR}Z_{LR} + \varepsilon\\&\text{抵押品} = \alpha_c + \beta_c\,\text{关系强度} + \gamma_c\,\text{贷款利率} + \Omega_c X + \lambda_c Z_c + \varepsilon_c\end{aligned} \tag{4.30}$$

其中 X 代表共同的控制变量集,Z 为对应于每一内生变量的特定工具变量的向量。他们讨论了不同的情形,关于贷款利率是否包含费用以及企业抵押和个人抵押之间的差别。

布里克和帕里亚(Brick,I.E. and Palia,D.,2007)发现内生的抵押品和费用不一定会削弱持续时间对贷款利率的显著负面影响,尽管在他们的所有稳健性检验[②]中不存在这一效应,同时发现银行数量对贷款利率有负向的但统计上并不总是显著的影响。

因此,联合估计使得美国的结论在某种程度上比基于独立性假设的欧洲研究更具可比性。然而,不仅是费用,抵押品也可能在一些欧洲的样本中起了较小的作用,使含费用和抵押品决策的模型对那些研究的潜在影响较小。例如,在底格里斯和范·凯希尔(Degryse,H. and Van Cayseele,P.,2000)的研究中,只有 26%的贷款有抵押品,而在伯杰和尤戴尔(Berger,A.N. and Udell,G.F.,1995)的研究中达到 53%。

然而,我们认为一旦考虑贷款的交叉销售和其他商业银行产品,布里克和帕里亚(Brick,I.E. and Palia,D.,2007)提出的观点更为一般化[也可参见江丽、于纳尔和约姆(Jiangli,W.,Unal and Yom,2008)]。最近的一些论文发现了关于投资和商业银行服务之间关系型捆绑定价的确切证据[德鲁克和布里(Drucker,S. and Puri,M.,2005);巴拉斯、达西亚、桑德斯和斯里尼瓦桑(Bharath,S, Dahiya,S., Saunders,A. and Srinivasan,A.,2007)],同时记录了客户经理层面向大企业交叉销售行为的重要性[利伯蒂(Liberti,

① 也可见伯杰、埃斯皮诺萨—维加、弗雷姆和米勒(Berger,A.N., Espinosa-Vega, Frame,W.S. and Miller,N.M.,2005a)贷款期限中风险和信息不对称的作用。

② 布里克和帕里亚(Brick,I.E. and Palia,D.)论文[布里克、凯恩和帕里亚(Brick,I.E.、Kane and Palia,D.,2005)]中一个较早期版本包括 1998 年 NSSBF 全国小企业金融调查样本,显示贷款利率的持续时间效应实际上是被排除的,原因在于联合估计。

J.M.,2004)]。

总结一下,关系特征对贷款利率(或其他任何贷款合同条款)影响的单方程估计可能是有问题的,特别是当贷款费用、抵押需求和交叉销售机会很重要时。

亚尼多和翁杰纳(Ioannidou,V.P. and Ongena,S., 2007)最近的一篇文章旨在解决到目前为止提出的这些令人担忧的事实,他们将玻利维亚样本中 1 062 笔贷款的借款人(这些借款人正更换银行,即转换贷款)与其他的 33 084 笔新贷款相匹配,共享大量的银行、借款人、贷款和关系特征。转换贷款具有低 80 基点的贷款利率(更大的规模和更长的期限),但在一段初始宽限期之后,新的贷款银行不可避免地开始提高贷款利率(并在某种程度上提高其他贷款条件)。在他们的样本中,银行似乎运用了"议价后敲竹杠"策略。

金姆等人(Kim,M. et al.,2007)通过建立理论模型,预测银行利率加成在借款企业寿命期内遵循生命周期模式,从而得出一个相关的论点。由于竞争性银行的内生性监管,借款企业最初面临一个低的利率加成,此后由于信息锁定利率加成提高,直到信息锁定解除,利率加成再次为时间长且透明度低的企业降低。金姆等人(Kim,M. et al.,2007)研究了挪威非上市小企业的大样本和信息不对称的新度量。他们发现面临显著信息不对称问题的企业具有更明显的生命周期式的利率加成。具体来看,对于最透明的企业来说,早期为摆脱束缚会以 35 个基点提高它们的贷款加成,不透明企业则是 93 个基点。对于能摆脱束缚和可转换的透明企业,加成降低基点,降幅比消除了初始增长还多。另外,对于最不透明的企业来说,加成在持续增长。[①] 这些结论与亚尼多和翁杰纳(Ioannidou,V.P. and Ongena,S., 2007)是一致的,即使后者强调的是关系持续时间而非企业寿命。

4.3.2.4 其他关系特征的影响

许多文章已经在回归中包含了银行关系的持续时间、范围和/或数量(集中度)来解释信贷成本和可获得性,最近有一些研究也包含了银企契约强度的其他度量方法。

表 4.11 社会互动对信贷条件的影响

论文,国家	来源,年份样本,企业规模	社会互动的测度(从低到高)	对信贷的影响	
			成本	可获得性
Scott, J. A., 2003, Scott, J. A. and Dunkelberg, W.C., 2003 美国	CBSB1995 ±2 000 小	客户经理流动 (从低到高) 社会联系的质量		+++ +++
Harhoff, D. and Körting, T., 1998b 德国	调查 1997 994 小	企业回应者认为企业和最重要的(信贷)机构之间互相信任	↔↔	+

① 金姆等人(Kim,M. et al.,2007)控制抵押品、集中度度量以及破产可能性。

续表

论文,国家	来源,年份样本,企业规模	社会互动的测度(从低到高)	对信贷的影响	
			成本	可获得性
Lehmann, E. and Neuberge, D., 2001 德国	1997 318,SMEs	社会互动的四种测度方式(经验、义务、信息和稳定性)	0	++
Hernandez-Canovas,G. and Martinez Solano,2006 西班牙	调查 1999 153 小	贷款负责人对企业管理者的信任	0	+++
Coleman, Esho and Sharpe, S. A., 2004 澳大利亚	SDC1995—1999 3 694 大	监管工作: 投入:薪水支付 产出:贷款绩效	+++ 0	+ +++

注:本表总结了社会互动程度对银行信贷成本和可获得性影响的研究结果。正的符号意味着更多的社会互动对应着一个显著的更高的利率或信贷可获得性。论文根据国家规模和样本时期(最近的样本排在最右边)从左到右进行列示。第一列第一行是所引用的论文,第二行是有关企业所属的国家;第二列第一行是数据来源和年份,第二行是样本大小和企业规模。第三列是社会互动方式的定义。第四列和第五列表明对信贷成本和可获得性影响的符号和显著性。显著性水平基于所有分析和我们的评估。0:符合设定但不显著。CBSB 表示美国独立企业联盟关于信贷、银行和小型企业的调查数据的收集;SDC 表示证券数据公司;SMEs 表示中小型企业。

+++正向且在 1%水平下显著,++在 5%水平下显著,+在 10%水平下显著;

↔↔↔负向且在 1%水平下显著,↔↔在 5%水平下显著,↔在 10%水平下显著。

例如,莱曼和纽伯格(Lehmann,E. and Neuberge,D.,2001)考虑了四种银行和企业间社会互动的度量方法,体现在经验、义务、信息和银企关系的稳定性上。他们发现更多的社会互动会提高信贷的可获得性,但对信贷成本没有影响。这一结论大体上看起来与表 4.11 列示的调查互动与信贷关联性的其他研究是一致的。

其他文章关注银行对企业的控制与信贷的联系(表 4.12)。银行控制可通过是否在企业董事会有代表席位来度量。银行控制对信贷可获得性的影响大多数是正向的,而当银行控制更强时,信贷成本似乎会下降。

表 4.12　银行控制对信贷条件的影响

论文 国家	来源,年份样本,企业规模	银行控制的测度(从低到高)	对信贷的影响	
			成本	可获得性
Ciamarra,2006 美国	S&P 企业 2002 和 2004 403 上市企业	董事会中银行家	↔↔	+++

续表

论文 国家	来源，年份样本，企业规模	银行控制的测度(从低到高)	对信贷的影响	
			成本	可获得性
Agarwal,R. and Elston,J.A.,2001 德国	波恩 1970—1986 1 600 最大	银行影响:所有权控制或董事会主席	+	↔↔
Laeven,L.,2001 俄罗斯	WB 调查 1994 161 大	企业是银行的主要股东	0	0:% ++:大小
Garcia-Marco and Ocana,1999 西班牙	调查 1991—1994 129 大	金融家多于 10%股份(或 80%股份的最大所有者)		++
La Porta,R.et al, 2003 墨西哥	1995 1 470 大	银行(家庭成员)股东、董事或官员是借款者(的高级职员或董事)	↔↔↔	+++

注:表格总结了银行控制程度对银行信贷成本和可获得性影响的研究结果。正的符号意味着更多的银行控制对应着显著更高的利率或信贷可获得性。论文根据国家规模和样本时期(最近的样本排在最右边)从左到右进行列示。第一列第一行是所引用的论文,第二行是有关企业所属的国家;第二列第一行是数据来源和年份,第二行是样本大小和企业规模。第三列是银行控制方式的定义。第四列和第五列表明对信贷成本和可获得性影响的符号和显著性。显著性水平基于所有分析和笔者的评估。0:规格之内但不显著。S&P 表示标准普尔 500 指数中包含的企业;WB 表示世界银行。

+++正向且在 1%水平下显著,++在 5%水平下显著,+在 10%水平下显著;

↔↔↔负向且在 1%水平下显著,↔↔在 5%水平下显著,↔在 10%水平下显著。

4.3.2.5 对其他融资的影响

银行关系也可能影响其他融资条件。例如,优先和同业银行信贷可能会降低保险费用[德鲁克和布里(Drucker,S.and Puri,M., 2005);詹姆斯和威尔(James,C. and Wier,1990)],减少 IPO 折价[斯罗文和扬(Slovin,M.B. and Young,1990);森诺内(Schenone,2005)],且一般情况下会有利于进入股权市场[忽那、史密斯和史密斯(Kutsuna,Smith,D.C. and Smith,D.C., 2003)]。类似的,如果企业拥有优先银行关系,公债就会更便宜[达塔、伊斯坎德尔—达塔和帕特尔(Datta,Iskandar-Datta and Patel,1999)],尽管公债产生的效果并不明确[罗滕和穆林奥(Roten and Mullineaux,2002)]。最后,银行信贷可能会影响贸易信贷的可获得性,正如彼得森和拉扬(Peterson and Rajan,R.G.,1994)的实证检验所述。①

① 伯卡特、埃林森和詹内蒂(Giannetti,Burkart and Ellingsen,2011)发现在美国拥有更多商业信用的企业能从更多的无信息银行处借款。这个发现对企业使用商业信用不能获得银行贷款的观点提出挑战。

4.3.2.6 对企业绩效的影响

稳固的银行关系会通过更便宜且更易获取的银行贷款或其他融资来直接改善企业的业绩,但也会通过事前拓宽合同灵活性[布特和塔科尔(Boot,A.W.A. and Thakor,A.V.,1994)]或者增强控制以减少代理问题[拉扬(Rajan,R.G,1992)],从而间接地影响企业业绩。① 紧密的关系可能会进一步使声誉作为一种树立诚信的方法以从公债市场上最终获取借款[戴蒙德(Diamond,D.W.,1991)]。尤其是在双边关系中,银行借贷的保密性[坎贝尔(Campbell,1979)]可能会限制专有信息的泄漏,从而提高从事研究与开发企业的业绩[巴恰塔亚和奇萨(Bhattacharya and Chiesa,1995)]。

表 4.13 概括了一些研究,这些研究主要分析了银行关系的关键特征对各种企业绩效度量的影响,例如盈利性、成长性、投资状况和创新。② 除了底格里斯和翁杰纳(Degryse,H. and Ongena,S.,2001),福克斯、常和李(Fox,Chang and Lee,2004)以及蒙托利欧·加里加(Montoriol Garriga,J.,2006a),大多数研究都忽略了企业绩效对最优融资安排选择的潜在效应。

更长久、宽泛、少数且更紧密的银企信贷关系通常会带来更优的企业绩效(即使是考虑到潜在的双向因果关系),但也存在局限和例外。例如,关系银行可能在创新中并不发挥任何特殊的作用[意大利,赫瑞拉和米内提(Herrera,A.M. and Minetti,R.,2007)];当项目较大时,与更多银行建立关系可能会降低对现金流的投资敏感性[美国,休斯顿和詹姆斯(Houston,J. and James,C.,2001)],③增加额外的外国银行可能会使企业资产回报率提高[霍等人(Fok,R.C.W. et al.,2004)]。另外,通过股份所有权和/或董事会席位进行的较强银行控制,④似乎并不均匀地增强企业绩效。

比如在日本,银行也有可能成功地帮助企业合并和投资[康、史弗达萨尼和山田(Kang,J.K.,Shivdasani,A. and Yamada,2000)]。但自从 20 世纪 80 年代以来[鹤(Tsuru, 2001)]随着银行本身的低绩效和企业不转换,银行对企业绩效总体正效应可能减弱了。⑤ 例如施皮格尔和家森信善(Spiegel and Yamori,N.,2003)发现即使是在银行绩效低下许多年后的 1997 年,日本企业的股票收益仍依赖于主银行收益。

4.3.2.7 对企业援助的影响

银行关系不仅仅对企业绩效有影响,当企业需要帮助时也是至关重要的。表 4.14 简要摘录了一些研究所提供的估计符号和统计显著性,说明主要的关系特征对银行给予企

① 也可见布里托和梅洛(Brito and Mello,1995),他们通过企业生存率和企业增长率研究资金紧缩对企业事后表现的影响。

② 早期研究分析了银行总的借款对企业盈利性的影响。例如,卡朗和里佐(Calem.P.S. and Rizzo,1992)发现从银行借款的医院,盈利能力更强。

③ 也可见埃尔斯顿(Elston,J.A.,1995)和摩根(Morgan,D,2000),他们提供进一步证明。

④ 也可见阿尔平(Arping,2002)、阿加瓦尔和埃尔斯顿(Agarwal,R.and Elston,J.A.,2001)、凯能和阿尔萨斯(Krahnen,J.P. and Elsas,R.,2004),他们就此解释提供进一步的见解。

⑤ 银行市场集中度可能关系到,例如,关系—绩效的相关性[沈中华和黄(Shen,C.H. and Huang,2003)]。

业“援助”的影响。直接和间接度量援助的因素包括贷款利率平滑性、流动性供应、金融恐慌时期贷款续期的可能性、债务重组成功和最终企业生存。

与银行之间长久、宽泛、双边的控制关系几乎总是能在企业特殊时期或经济体系出现金融危机时对企业起到帮助作用。例如，阿尔萨斯和凯能(Elsas，R. and Krahnen，J.P.，1998)发现当企业依赖于往来银行时重组的发生率会提高。另外，他们的结论也表明只有当企业状况恶化到某一点时，往来银行才愿意帮助企业，罗森菲尔德(Rosenfeld，C.M.，2007)关于美国的调查数据也表明了这一结果。这一点之后处于困境的企业来说如果拥有许多未清偿的银行债务，那么实际上可能面临更大的清算可能性[瑞特克斯(Rauterkus，2003)]。

4.3.2.8 市场和宏观影响

现存的银行关系也可能对其他银行行为有影响，例如新市场的进入[乔戈尔(Tschoegl，A.E.，2001)]，且在货币政策的传导中起作用。例如，卡沙亚普(Kashyap，A.，1993)等指出，关系利益使得银行贷款和公共债券对企业来说是不完美的相互替代品，从而使关系利益通过信贷渠道在货币中起作用。另外，债权关系的破裂在登・哈恩、雷米和沃森(den Haan，W.J.，Ramey and Watson，2003)研究中能成为一种放大机制。

表 4.13　银行关系对企业绩效的影响

研究国家和地区	来源,年份 样本,企业规模	绩效的度量	对企业绩效的影响				
			持续时间	范围	数量	社会互动	控制
Byrd and Mizruchi,2005	1980—1991	市场权益/资产					↔↔
美国	456 最大						
Houston,J. and James,C.,2001	1980—1993	投资无现金流敏感性			0/+++		
美国	250 大			大型项目			
Korkearmaki and Rutherford,2006	NSSBF1998	杠杆性	↔		++		
美国	1 729 小						
Agarwal,S. and Hauswald,R.,2007	1 银行 2002	无不良信用记录	+++	+++			
美国	14 613						
Gopalan,R. et al.,2007	LPC1990—2006	资本支出或杠杆性	↔↔				
美国	30 582						
Hoshi,Kashyap,A.and Scharfstein,1991	1977—1982	投资无现金流敏感性					↔↔↔
日本	145 上市						
Suzuki and Wright,1985	1974—1978	企业不违约		++			
日本	56 上市						
Weinstein,D.E. and Yafeh,Y.,1998	JDB1977—1986	普通收入/销售额		↔↔↔			↔↔↔
日本	6 836 大						
Morck, R., Nakamura, M and Shivdasani, A.,2000	数据 1986	托宾 Q					↔↔↔
日本	373 大						

续表

研究国家和地区	来源,年份 样本,企业规模	绩效的度量	对企业绩效的影响				
			持续时间	范围	数量	社会互动	控制
Morck,R. and Nakamura,M.,1999	数据 1981—1987	多样性					0/↔
日本	2 371 大						
	1980—1988	决策者流动					+++
Kaplan and Minton,1994	119 大						
Gibson,M.S.,1995	NN1992	投资		0/↔			0/↔
日本	1 355 上市		弱势银行			弱势银行	
Gibson,M.S.,1997	JDB1995	投资		0			0
日本	1 682 大						
Hiraki,lto and Kuroki,2003	NLI1991—1998	资产回报		↔↔↔	+++		
日本	10 344 上市						
Fohlin,1998	1903—1913	投资缺乏流动敏感性	0				
德国	75 较大						
Agarwal,R. and Elston,J.A.,2001	波恩 1970—1986	营业收入/销售额					0
德国	1 660 最大						
Gorton and Schmid,2000	1975+1986	股票市值与账面值之比					++
德国	283+280						
Edwards and Nibler,2000	1992	股票市值与账面值之比					++
德国	156 大						

续表

研究国家和地区	来源,年份 样本,企业规模	绩效的度量	对企业绩效的影响				
			持续时间	范围	数量	社会互动	控制
Seger,1997 德国	1990—1992 144	ROA,ROE 及其他		↔			0/+
Franks and Mayer,C.,2001 德国	1980—1994 75 大	业绩不佳企业的董事会流转率					+
Lehmann,E. and Weigand ,2000 德国	1991—1996 361	资产回报					++
Mayer,C. and Prilmeier,2006 德国	1997—2006 1992 大	银行股权出售的异常收入					+++
Refait,C.,2002 法国	BdF1994—1998 170 中	企业不违约			++		
Braggion,2004 英国	1895—1900—1904 270+430	账面资产增长				++ 接近	++
Pawlina and Renneboog,2005 英国	1992—1998 985 上市	投资无流动敏感性					+
Foglia,Laviola and Marullo Reedtz,2003 意大利	CCR1991—1995 579+1 295	企业不违约			↔↔		

续表

研究国家和地区	来源，年份 样本，企业规模	绩效的度量	对企业绩效的影响				
			持续时间	范围	数量	社会互动	控制
Herrera，A.M. and Minetti，R.，2007 意大利	MC2001 3 494>10 雇员	产品创新 过程创新	++++ +		0 0		
Castelli，A. et al.，2006 意大利	MC1998—2000 10 764(30)雇员	ROA，ROE 等	0/+		↔↔		
Carmignani，A. and Omiccioli，M.，2007 意大利	CCR1997—2003 ±42 000	利息偿付率>1			+++ HHI		
Azofra-Palenzuela， López Iturriaga and Tejerina-Gaite，2007 西班牙	1999—2002 142 上市	资产回报					2 银行：↔↔ 0.5 银行：++
Montoriol Garriga，J.，2006a 西班牙	SAB I2001/2003 41 593 小	7 种盈利性度量 4 种成长性度量	+++	↔↔↔	↔↔↔ +++		
Fok，R.C.W. et al.，2004 中国台湾	TT 1994－1998 大 534+356	资产回报 （联立方程）		↔↔↔b	Dom：↔↔↔ For：+++		
Shen，C.H. and Wang，A.H.，2003 中国台湾	TT 1991—2000 373 大	投资			↔		
Yu et al.，2007 中国台湾	TT 1991—2000 579 大	资产回报			↔↔↔		
Maurer，N. and Haber，S.H.，2004 墨西哥	1888—1913 642	每单位工人产出					↔↔↔

续表

研究国家和地区	来源,年份 样本,企业规模	绩效的度量	对企业绩效的影响				
			持续时间	范围	数量	社会互动	控制
Van Ees and Garretsen,1994 荷兰	JNO1985—1990 456 上市	投资低流动敏感性				+++	
Degryse,H. and de Jong,2006 荷兰	1993—1998 132 上市	投资低流动敏感性		0 到+++ 低 Q 企业			0
Van Overfelt, Annaert, Dc Ceuster and Deloof,2006 比利时	RF 1905—2009 569 大	股需市值与账面值之比 ROA,ROA 标准离差			↔		++
Fuss and Vermeulen,2006 比利时	1997—2002 1 448 中/大	投资缺乏流动敏感性			0		
Farinha,L.A. and Santos,J.A.C.,2006 葡萄牙	BoP 1985—1996 6 485 新	企业不违约			↔		↔↔↔
Degryse,H. and Ongena,S.,2001 挪威	KH 1979—1995 1 897 上市	盈利多样化 (联立方程)	++		↔↔↔		
Lim,C.W.,Paphayom and Polwitoon,2004 泰国	SET 1990—1996 1 340	托宾 Q 投资		↔↔↔ +++a			+++ +++

注:本表总结了银行关系的各种度量对企业绩效影响的研究结果。正的符号意味着更高水平的各个度量对应着更好的企业绩效。论文根据国家规模和样本时期(最近的样本排在最右边)从左到右进行列示。第一列第一行是所引用的论文,第二行是有关企业所属的国家;第二列第一行是数据来源和年份,第二行是样本大小和企业规模;第三列是银行控制方式的定义;第四列到第八列表明持续时间、范围、数量、社会互动和控制对企业绩效影响的符号和显著性水平。显著性水平基于所有分析和我们的评估。0 表示符合设定但不显著。BdF 表示法兰西银行;CCR 表示中央信贷登记系统;JDB 表示日本开发银行;JNO 表示荷兰企业年鉴;KH 表示 Kierulfs 手册;MC 表示意大利中央中期信贷银行的调查;NLI 表示日本生命保险公司;NSSBF 表示全国小企业金融抽样调查;NN 表示日经指数中期;RF 表示财政集;SET 表示泰国证券交易所;TT 表示台湾经济新报和台湾证券交易委员会。

＋＋＋正向且在 1%水平下显著,＋＋在 5%水平下显著,＋在 10%水平下显著;

↔↔↔负向且在 1%水平下显著,↔↔在 5%水平下显著,↔在 10%水平下显著。

[a]银行贷款/企业资产;[b] 银行贷款/总贷款。

表 4.14 银行关系对企业援助的影响

研究国家	来源、年份 样本、企业规模	援助的度量	对企业援助的影响				
			持续时间	范围	数量	社会互动	控制
Bodenhorn, H., 2003 美国	1 银行 1855 2 616 小	金融恐慌时的贷款续期	++				
Rosenfeld, C.M., 2007 美国	LPC1982—2005 1 431	企业生存	+++a				
Garcia-Appendini, 2005 美国	SSBF 2000 634 小	延迟贸易信贷偿付后的贷款	+				
Morck, R. and Nakamura, M., 1999 日本	数据 1981—1987 2 371 大	多样流动性					+
Helwege and Packer, F., 2003 日本	数据 1988—1992 172	重组的可能性					0
Ewert et al., 2000 德国	数据 1996	企业不受破产/重组影响	0	0			
Elsas, R. and Krahnen, J.P, 1998 德国	5 银行 1996 353 较大	企业困境中的融资共享		+++			
Elsas, R. and Krahnen, J.P., 2002 德国	5 银行 1996 62 较大	债务重组发生率		+++			
Brunner and Krahnen, J.P., 2008 德国	6 银行 1999 100 较大	企业破产时债务重组成功		0	↔↔		

续表

研究国家	来源、年份 样本、企业规模	援助的度量	对企业援助的影响				
			持续时间	范围	数量	社会互动	控制
Ferri,G. and Messori,M.,2002	数据 1997	货币紧缩下的利率平滑	0	↔↔↔			
意大利	33 808						
Carmignani,A. and Omiccioli,M.,2007	CCR1997—2003	无清算			↔↔↔		
意大利	±42 000				低 HHI		
Ferri,G. et al.,2002	KCB1999	金融危机时期的信贷获取	↔↔				
韩国	4 590 小						
Maurer,N. and Haber,S.H.,2004	1888—1913	存活的可能性					++
墨西哥	642						
Alem,M.,2003	数据 1999	不景气时期的小企业融资	+		↔↔		
阿根廷	4 158 所有						
Thomsen,S.,1999	绿党 1900—1995	企业生存	+++				
丹麦	138 最大						

注:本表总结了银行关系的各种度量对企业援助影响的研究结果。正的符号意味着更高水平的各个度量对应着更多的援助。论文根据国家规模和样本时期(最近的样本排在最右边)从左到右进行列示。第一列第一行是所引用的论文,第二行是有关企业所属的国家;第二列第一行是数据来源和年份,第二行是样本大小和企业规模。第三列定义了企业援助的方式。第四列到第八列表明持续时间、范围、数量、社会互动和银行控制对企业援助影响的符号和显著性水平。显著性水平基于所有分析和笔者的评估。0:符合设定但不显著。KCB 表示韩国信贷局;SSBF 表示小企业金融调查。+++正向且在 1%水平下显著,++在 5%水平下显著,+在 10%水平下显著。↔↔↔负向且在 1%水平下显著,↔↔在 5%水平下显著,↔在 10%水平下显著。[a] 如果任一主贷款人曾是企业的优先贷款人,那么关系指标为 1。指标结果用于经营状况尚可的企业。

4.3.3 策略：银行定位和专业化？

4.3.3.1 理论

4.1.4 部分讨论了转换成本在市场结构如何决定银行策略和市场形象这一问题上起了关键作用。关于银行间竞争与银行定位（关系型或交易型银行业务）和专业化之间的关系的研究结论众说纷纭[也可参考底格里斯和翁杰纳（Degryse，H. and Ongena，S.，2008）]。一些理论认为竞争和关系是不相容的。梅尔（Mayer，C.，1988），彼得森和拉扬（Petersen，M.A. and Rajan，R.G.，1995）假设，只有当银行在关系中享受日后获取利润的可能性，也就是说，当借款企业转换银行的灵活性被限制时，才会出现长期关系使企业能够与银行共担风险的情形。

另外，布特和塔科尔（Boot，A.W.A. and Thakor，A.V.，2000）认为更多的银行间竞争会导致更多的关系型借贷。在他们的模型中，提供关系贷款的银行会增强其借款人成功的可能性。关系型借贷允许从借款人处抽取高额租金。激烈的银行间竞争促使银行提供更多的关系型借贷，因为这一行为准许银行更好地保护租金。①

4.3.3.2 本地市场：间接和直接证据

4.3.3.2.1 美国

目前为止，许多实证研究分析了银行间竞争对银行定位的间接度量的影响。表4.3A概括了关于竞争和银行定位的主要实证研究结果。在彼得森和拉扬（Petersen，M.A. and Rajan，R.G.，1995）的论文中，他们发现相对于在竞争更激烈的银行业市场，年轻企业在比较集中的银行业市场（HHI＞0.18）中能获得较低的贷款利率和提前（交易信贷）偿付折扣（即更容易获取银行信贷）。银行在集中的市场似乎会平滑贷款利率，从而提供更多的资金，这与他们对理论模型的预测是一致的。②

布莱克和斯特拉恩（Black，S.E. and Strahan，P.E.，2002）再度分析了当地竞争性银行的定位问题，探索当地信贷可获得性的可替代度量。特别的，他们分析了美国新商业企业的比率。他们发现对银行分支机构限制的放松会正向地影响新企业，更重要的是，这与彼

① 也可见弗雷塔斯（Freixas，X.，2005）、格里克（Gehrig，1998）和维萨拉（Vesala，2007）的有关模型。在丁奇（Dinc，2000）、雅菲和约莎（Yafeh，Y. and Yosha，2001）中，关系型贷款与银行市场集中度的进一步非单调相关性。

② 吉拉思科（Zarutskie，R.，2006）、博格斯特莱斯（Bergstresser，2001a，2001b）以及斯科特和邓克尔伯格（Scott，J.A. and Dunkelberg，2001）最近的工作分析了其他美国数据集，大部分证实了这些发现。在精神上最接近于彼得森和拉扬（Petersen，M.A. and Rajan，R.G.，1995）研究的文章由吉拉思科（Zarutskie，R.，2006）写作。她采用了一个包含近 200 000 个小企业的数据集，该数据集是年度观察值。她发现当集中度（在本地存款市场中）高时，小企业利用银行债务的可能性增加，尽管影响似乎较小。类似地，博格斯特莱斯（Bergstresser，2001a）发现在更集中的市场中，存在更少的受限消费者借款人，同时，博格斯特莱斯（Bergstresser，2001b）用文件证明在更集中的市场中，银行提高资产贷款的平均份额。斯科特和邓克尔伯格（Scott，J.A. and Dunkelberg，2001）发现更多的竞争不仅提升信贷的可获得性，而且降低贷款利率，增强银行服务绩效（包括商业、工业知识，建议的提供等）。

得森和拉扬(Petersen,M.A. and Rajan,R.G.,1995)的放松管制减少了银行业务市场集中对新企业的负向影响形成对照。他们还发现小型银行的普遍存在减少了新企业数量。[①]

最后,阿加瓦尔和豪斯沃尔德(Agarwal,S. and Hauswald,R.,2007)直接分析了企业从一家美国银行申请个人贷款的概率,该概率是分行和竞争银行数量的单调函数。他们发现附近地区分行和竞争银行数量的增加并不影响这一概率(尽管该数量降低了最终获得贷款的概率)。

4.3.3.2.2 其他国家

费雪(Fischer,K.H.,2000)和阿尔萨斯(Elsas,R.,2005)运用德国数据分析了当地竞争性和银行定位的相关性(见表 4.15)。费雪(Fischer,K.H.,2000)关注了信息交换和信贷的可获得性,且发现更集中的市场上两者都更高。阿尔萨斯(Elsas,R.,2005)研究了用往来银行状况度量的关系型借贷的决定因素。他发现在 HHI 约为 0.2 的中间水平的市场集中度下往来银行状况的发生率是最低的,尽管他注意到 HHI 的观测值大多数是处于低等级的。然而,他们的研究大体上表明在具竞争性的市场上有更多关系型银行业务的存在。

底格里斯和翁杰纳(Degryse,H. and Ongena,S.,2007)利用银企关系和超过 13 000 家比利时企业产业分类的细节信息,来研究市场结构对银行定位和专业化的影响。他们发现面临当地激烈竞争的银行分支机构会从事相当多的关系型借贷(在 HHI 上的效应是凸的,但对于大多数 HHI 的观测值是递减的)且在某一特定行业的专业性较弱。这些结论说明了竞争和关系并不必然是敌对的。

---

① 切托雷利(Cetorelli,N.,2001,2003a,2003b)以及切托雷利和斯特拉恩(Cetorelli,N. and Strahan,P.E.,2006)也发现银行市场势力可能象征进入产品市场的财务壁垒。然而,博纳科尔西·迪·佩蒂和戴尔·阿里西亚(Bonaccorsi di Patti and Dell'Ariccia,2004)针对意大利发现相反的结论,厄金戈(Ergungor,2005)发现没有证据表明,在美国,市场集中对小型企业贷款价值有影响。

A:本地市场

论文	样本	银行业部门竞争程度		
		高←→低		
		0	本地市场存款 HHI	1
Petersen,M.A.、Rajan,R.G.,1995	美国 NSSBF 1988 3 404 小企业	交易型银行业务	关系型银行业务:低贷款利率 & 年轻企业早期获取更多贸易信贷优惠	
Black,S.E. and Strahan,P.E.,2002	美国 Dun&Bradstreet1976—1994 823 州/年	交易型银行业务:业务形成的概率		交易型银行业务
		许多	银行(分支)数量	1
Agarwal,S.and Hauswald,R.,2007	1 个美国银行 2002 33 346	交易型银行业务	关系型银行业务:企业决定申请个人贷款的概率	
		0	本地市场 HHI,采用银行分行数量	1
Fischer,K.H.,2000	德国 IfO 1996 403 企业	交易型银行业务	关系型银行业务:更多信息传递 & 更多信贷	
Elsas,R.,2005	德国 IfK－CFS 1992—1996 122 企业	关系型银行业务:往来银行占比较高	交易型银行业务	关系型银行业务:往来银行占比较高
Degryse,H. and Ongena,S.,2007	1 个比利时银行 1995—1997 13 098 企业	关系银行业务占比较高	交易型银行业务	关系型银行业务占比较高

B:全国市场

论文	样本	银行业部门竞争程度（高←→低）	
		许多	新银行的进入　　无
Farinha,L.A. and Santos,J.A.C.,2002	葡萄牙 1980—1996 ±2 000 个小企业	多边银行关系	单一银行关系
		高	外资银行份额　　低
Steinherr,A. and Huveneers,C.,1994	18 个国家 1985—1990 88 个最大银行	交易型银行业务	关系型银行业务:银行较高股权投资
		高	H 统计量　　低
Weill,2004	12 个国家 1994—1999 1 746 银行	银行成本效率低下	银行是成本高效型的
		0%	三家最大商业银行的资产百分比　　100%
Cetorelli,N. and Gambera,M.,2001	41 个国家 1980—1990 36 个产业	“交易型银行业务”	依赖外部融资的行业较少受银行集中的伤害
Ongena,S. And Smith,D.C.,2000b	18 个欧洲国家 1996 898 个最大企业	多边银行关系	单一银行关系

图 4.3　竞争对银行定位的直接和间接度量的影响的实证研究:论文、样本与结论

资料来源:更新自 Degryse and Ongena(2007)。

表 4.15　关于竞争性和银行定位的实证研究

	论文	SK	UUW	E	DO
	国家	日本	日本	德国	比利时
	样本年份	1995—1997	2002	1992—1996	1996
	企业数量	1 225	1 863	122	13 098
	企业规模	NA	雇员:75	销售额:100	雇员:(1)
类型	范围度量	主要银行	5 个交易型	往来银行	主要银行,关系
关系	持续时间	+++		0	
	数量	↔↔↔		↔↔	
	控制	++			
企业	年龄	++	+++		
	年龄的平方		↔↔↔		
	规模	↔↔↔	+++	+	0
	盈利性	0	0		++
	风险	↔↔		↔↔	
	现金流		0		
	成长性	0			
	Q	+++			↔
	无形性	+		0	
	债务		0	0	
	债券/总债务	0			+++
	审计		+		
银行	分行规模				↔↔↔
	银行规模		↔↔		
市场	集中度指标			↔↔↔	↔↔↔
	集中度指标的平方			++	+++

注:本表总结了银行关系范围决定因素的研究结果。正的符号意味着指示变量上的增加对应着银行关系范围的显著扩大。论文依据国家规模从左到右进行列示。第一列是变量名称,其他列包含了各论文的结论。第一行是所引用论文的缩写(为了节省空间):SK 表示申因和科拉里(Shin and Korali,J. W.,2004);UUW 表示内田浩史等人(Uchida,H. et al.,2006a);E 表示阿尔萨斯(Elsas,R.,2005);DO 表示底格里斯和翁杰纳(Degryse,H. and Ongena,S.,2007)。第五行报告了平均(中位)企业规模,以样本期最后一年企业销售额(百万美元)或雇员数量表示。第六行是文章中运用的具体因变量。其他行列出了文中自变量符号和系数的显著性水平。显著性水平基于所有分析和笔者的评估。0:符合设定但不显著;+++正向且在 1%水平下显著,++在 5%水平下显著,+在 10%水平下显著;

↔↔↔负向且在 1%水平下显著,↔↔在 5%水平下显著,↔在 10%水平下显著。

4.3.3.3 国别和跨国研究

其他论文研究了全国性的竞争对承诺和关系型银行业务的影响(图 4.3B)。例如,法里尼亚和桑托斯(Farinha,L.A. and Santos,J.A.C.,2002)研究了葡萄牙新企业从单一银行关系向多重银行关系的转换。他们发现新银行的到来可能导致更不集中且更具竞争性的银行业市场,并提高转换率。也存在一些跨国研究。例如,施泰因赫尔和胡弗尼尔斯(Steinherr,A. and Huveneers,C.,1994)证明了 18 个国家中外国银行份额与银行股权投资之间的负相关性。切托雷利和甘贝拉(Cetorelli,N. and Gambera,M.,2001)发现严重依赖外部融资的产业在那些拥有更集中的银行体系的国家内成长更快(相对于在具有竞争性体系的国家内),而翁杰纳和史密斯(Ongena,S. and Smith,D.C.,2000b)得出国家银行业市场集中度对单一银行关系发生率有正向影响。后面的两项研究通过计算最大的三家商业银行的资产百分比来度量集中度。

5.信贷市场的均衡和配给

5.1 引言

斯蒂格利茨和韦斯等人(Stiglitz and Weiss et al.,1981)曾提出,信贷市场上的信息不对称导致了逆向选择和普遍的信贷配给。大量的文献从理论方面研究了严格意义上的信贷配给发生时的条件[贾非和斯蒂格利茨(Jaffee and Stiglitz,1990);比艾和戈利耶(Biais and Gollier,1997)],但是也有一些值得注意的例外[如:伯杰和尤戴尔(Berger,A.N. and Udell,G.F.,1992);克拉瓦蒂和斯科特(Chakravarty and Scott,J.A.,1999)]。大部分的实证分析(在4.3.2.2中进行讨论)关注的是具有特殊且可观察特征的公司的贷款可得性——这种贷款可得性是由贷款额度量的,而不是其他类似公司得不到贷款的可能性。这是令人惊讶的,因为信贷配给的动态变化从本质上而言,对完全理解银行和某些部门、经济和社会之间的关系是非常重要的[布雷弗曼和斯蒂格利茨(Braverman and Stiglitz,1989)]。

然而,最近的实证分析开始关注银行贷款可得性(以及定价)的地理位置因素(作为决定因素之一)。地理配给尽管是系统性的,但是位置给予了其额外的动因。

5.2 基于地理位置的证据:行为和策略

5.2.1 距离与边界

本书使用底格里斯和翁杰纳(Degryse,H. and Ongena,S.,2004,2008)的方法区分"距离"和"边界"。"距离"是可以通过汽车或者火车等达到物理上的接近。在支付了与距离相关的成本之后,银行或者其顾客可以跨距离交流并参与交易。对于指定地方的银行和借款方而言,距离从本质上而言是外生的。缩短该距离(即贷款方访问借款方和/或者借款方访问贷款方)对贷款方而言,可使其能够解决信息问题,做出批准贷款和贷款定价的决定。因此,竞争性的银行在仅由距离刻画竞争的模型中并不起(或者更确切的是机制上的)作用。

而"边界"则不是仅仅通过汽车或者火车就能够缩短的,哪怕是使用更先进的互动方式。"边界"导致了"不连续性":它由贷款者之间相互竞争的行为内生地产生,或是由司法实践及外生的规则导致的人为差异产生[布赫(Buch,C.M.,2002)]。在这一关于地理位置和信贷配给的部分,我们只讨论由于逆向选择、关系形成或者(缺少)银行之间的信息共享而导致的信息的内生边界的影响。第9章讨论了外生边界,该外生边界可以由法律、管理以及公司治理条例方面的不同以及政治、语言或者文化壁垒组成,也可以是仅仅阻止“国外”银行参与借款、建立分支和/或合并当地银行的“监管边界”。

我们首先讨论将距离/边界与银行行为(银行贷款的可得性、定价、市场分割)联系起来的实证结果,然后回顾距离/边界与银行政策的实证工作。本节介绍与银行贷款可获得性相关的研究。

5.2.2 行为

5.2.2.1 空间配给(spatial rationing)

近年来的理论强调距离对银行贷款可获得性和定价的重要性。借贷条件可能取决于借款者和贷款者的距离以及借款者与最近的竞争银行之间的距离。我们在这一部分讨论空间配给,在下一部分再讨论空间定价。

距离会影响贷款的可获得性。例如,斯坦(Stein,J.C.,2002)曾模型化处理了不同类型的信息在组织中传播的难易程度和速度对组织层面的影响。“硬”的信息(例如会计数字、财务比率)在组织中传递起来很容易,而“软”的信息(例如特征评估、信任程度)传播起来很困难。因此,如果组织使用的大部分是软信息,那么简单和平面的结构以及根据当地情况作出决策是比较合理的。最近的实证分析,例如利伯蒂(Liberti,J.M.,2004)和小仓(Ogura,2006),他们提倡银行中心化和提高硬信息的使用强度两者齐头并进。

为了做出最佳的借贷决策所需要知道信息的种类——硬信息或者软信息,也会转化为距离和信贷配给之间的一致性。例如,内嵌在信用卡里面的信用额度的提高仅仅依赖对硬的以及很容易证实的信息的定量分析(例如,年龄、职业以及申请者的地址)。因此在美国信用卡通过邮寄并且跨越远距离来提供[奥苏贝尔(Ausubel,L.M.,1991)]。

另外许多小的商业借贷仍旧是“质化”的借贷。为了成功地甄别借款者类型,贷款工作人员需要与借款者联系,建立信任,并且在当地社区中展业。这是软信息,很难传达给组织中的其他人。[①] 因此,小(不透明)公司从较近的小银行借款[彼得森和拉扬(Petersen,M.A. and Rajan,R.G.,2002);桑德斯和艾伦(Saunders,A. and Allen,L.,2002)],而大的银行主要贷款给远距离的大型公司,其决策主要使用硬信息[伯杰等人(Berger,A.N. et al.,2005b);科尔、戈德伯格和怀特(Cole,Goldberg,L.G. and White,L.J.,2004);内田浩史、尤戴尔和渡边和孝(Uchida,H.,Udell,G.F. and Watanabe,W.,2006a);斯特拉恩(Strahan,P.E.,2008)]。然而,公司大小与银行大小的匹配程度并不一定在所有的大小等级里都相同,匹配程度可能取决于银行所有权[德尔加多、萨拉斯和绍里纳(Delgado,

① 然而,内田浩史、尤戴尔和家森信善(Uchida,Udell,G.F. and Yamori,2006b)使用日本最近的调查数据并没有得出此结论。

Salas and Saurina,J.,2007)]。[①] 小公司可能在寻求远距离融资的过程中屈从于信贷配给。

然而,从实际角度出发,信贷配给的严苛对小公司的影响程度不是很明确(见表5.1)。例如,彼得森和拉扬(Petersen,M.A. and Rajan,R.G.,2002)的研究结果表明,在美国,该影响程度从经济的角度看是相当小的。而卡林和伦德博格(Carling,K. and Lundberg,S.,2005)及内田浩史等人(Uchida,H. et al.,2006a)认为,瑞典和日本的银行部门似乎缺少与距离相关的信贷配给。

对于这些结论有两种互补的解释。每一笔贷款的交通成本可能是固定的,即不会随着贷款规模的变化而变化,这解释了为什么大额贷款通常会跨越远距离被大公司获得。底格里斯和翁杰纳(Degryse,H. and Ongena,S.,2005)赞成该观点。此外,底格里斯、拉文和翁杰纳(Degryse,H.,Laeven,L. and Ongena,S.,2007)的理论模型和实际结果都表明,贷款银行的地理影响范围不仅由自身的组织结构决定,而且还受其竞争对手组织选择的影响。具体来说,他们发现当对手银行较大且组织上是分等级的时候,贷款银行的地理足迹范围就会较小。这些对手银行可能主要依靠硬信息。当对手银行的沟通技术较差,组织跨度更宽,并且进一步取消有贷款权限的决策部门时,银行的地理影响范围会更广。

总的来说,决定资金可获得性的是距离,而信贷配给的严格程度可能受公司、贷款、贷款银行以及/或者竞争银行的特性影响。下一部分,我们将讨论距离对贷款定价的影响。

---

① 对这些外国银行与大公司而言,匹配程度相同[米安(Mian,2006);詹内蒂和翁杰纳(Giannetti and Ongena,S.)];但是证据看上去并非一致的[例如,德·哈斯、费雷拉和塔西(De Haas,Ferreira and Taci,2007)]。

表 5.1 物理距离对银行贷款的可得性和成本的影响

文献、国家	来源、年份样本、公司规模	因变量	与贷款者的距离	与最近的竞争银行的距离
Petersen, M.A and Rajan, R.G., 2002 美国	NSSBF 1993 3 523	贷款批准的概率	+++	
Korkearmaki and Rutherford, 2006 美国	NSSBF 1998 1 729 small	杠杆率	+++	
Agarwal, S. and Hauswald, R., 2006 美国	One Bank 2002—2003 12 823	贷款批准的概率	↔↔ to 0^c	0^c to +++
Carling, K. and Lundberg, S., 2005 瑞典	One Bank 1994—2000 54 881	没有信贷配给的概率		0
Petersen, M.A. and Rajan, R.G., 2002 美国	NSSBF 1993 3 523	贷款利率(loan rate)	-37^{**}bp/proj.mile	
Bharath, S., Dahiya, S., Saunders, A. and Srinivasan, A., 2007 美国	LPC 2086—2001 9 709 1	贷款利率	-25^{***}bp/state	
Agarwal, S. and Hauswald, R., 2006 美国	One Bank 2002—2003 12 823	贷款总费用(APR)	0^c to -6^cbp/mile	4^c to 13^{***}bp/mile
Casolaro, L. and Mistruli, 2007 意大利	CCR 2004:06>370,000	贷款利率	-3^{**}bp/province	
Mallett, T. and Sen, 2011 加拿大	CFIB 1997 2 409 small	贷款利率		50 to 75^{**}bp/mile
Degryse, H. and Ongena, S., 2005 比利时	One Bank 1995 15 044	贷款利率	-18^{***}bp/mile	-18^{***}bp/mile

注：本表汇总了研究距离对贷款可得性（上半部分）的影响以及银行贷款的成本（下半部分）的相关文献，且按照国家大小和样本期间（最近的研究排在最后面）进行排序。第一列是引用的文献以及相关的公司所在的国家，第二列则是数据的来源、年份以及样本和公司的规模。第三列是因变量。第四列和第五列则是与贷款者的距离及与最近的竞争银行的距离对贷款可得性或者成本的影响。符号、大小和显著水平是根据所有论文所报告的运算过程。0，是指符合设定但是不显著。CCR，是中央信贷注册（Central Credit Register）。CFIB，是加拿大独立商业联合会（Canadian Federation of Independent Business）。NSSBF，是国家小型企业财务调查（National Survey of Small Business Finances）。

*** 表示 1%的显著性水平，** 表示 5%的显著性水平，* 表示 10%的显著性水平。

＋＋＋表示在 1%的显著性水平上为正，＋＋表示在 5%的显著性水平上为正，＋表示在 10%的显著性水平上为正。

↔↔↔表示在 1%的显著性水平上为负，↔↔表示在 5%的显著性水平上为负，↔表示在 10%的显著性水平上为负。

[a]由本书作者计算。

[c]对样本选择偏差的修正。

[p]由初始的信用评级代理。

5.2.2.2 空间定价(spatial pricing)

距离影响贷款的定价，因为借款者导致的交通费用［莱德雷尔和赫特（Lederer and Hurter，1986）；蒂斯和维维斯（Thisse，J.F. and Vives，X.，1988）］、贷款者导致的监管费用［萨斯曼和泽拉（Sussman and Zeira，1995）］和贷款者获得的信息的质量［豪斯沃尔德和马奎兹（Hauswald，R. and Marquez，R.，2006）］都与距离相关。大部分涉及距离导致的成本或者信息质量的理论引出了空间定价：贷款利率随着借款者和贷款者之间的距离的增加而下降，但随着借款者和最近的竞争银行之间的距离而增加（这些贷款利率表适用于一定数量的银行），贷款者信息可获得性、经验以及其他产品特征会减少距离和贷款利率之间关系的强度。

彼得森和拉扬（Petersen，M.A. and Rajan，R.G.，2002）是首先为空间贷款定价提供证据的论文之一（见表 5.1）。例如，他们发现，在其他条件相同的情况下，距离贷款银行一英里远的小企业比在贷款银行附近的借款者平均少付 38***bp。底格里斯和翁杰纳（Degryse，H. and Ongena，S，2005）还将与最近的竞争者的距离包括进来。他们发现的物理距离对贷款利率的影响小于彼得森和拉扬（Petersen，M.A. and Rajan，R.G.，2002）的研究结果。但是影响在统计学上是显著的，并且在经济学上是有关的。与贷款者的距离和与最近的竞争银行的距离这两者对贷款利率的影响，在绝对值上相差不大，但是符号相反，这是支持空间定价歧视的证据。贷款利率对借款者的距离每英里减少 18***bp，同时对最近的（四分位数）竞争者则是每英里增加 18***bp。接下来，他们推导，在交通成本和差旅的机会成本给定的情况下，第一次借款者为了取得贷款平均需要访问贷款者 2 至 3 次。

空间定价歧视是由（借款者的）交通成本、（贷款者的）监管成本以及信息不对称导致的，这可能解释了彼得森和拉扬（Petersen，M.A. and Rajan，R.G.，2002）及底格里斯和翁杰纳（Degryse，H. and Ongena，S，2005）的结论。交通成本一致和全面地解释了底格里斯和翁杰纳（Degryse，H. and Ongena，S，2005）的结论。预计贷款技术的变化可能使解释彼得森和拉扬(Petersen,M.A. and Rajan,R.G.,2002)的结论更加困难。

底格里斯和翁杰纳(Degryse,H. and Ongena,S,2005)也进行了一系列实验,但是没有发现有关逆向选择随信息不足的借款者之间的距离(公认地短)增加而增加的任何证据。最近阿加瓦尔和豪斯沃尔德(Agarwal,S. and Hauswald,R.,2006)及卡索拉罗和密斯图里(Casolaro,L. and Mistrulli,P.E.,2007)的证据提高了由距离导致的逆向选择的可能性,如果控制公司内部信用评级或者用与银行总部的距离作为近似度量(显然,前者也可由距离决定)。

在两种情况下,底格里斯和翁杰纳(Degryse,H. and Ongena,S.,2005)的结果都表明,与最近的竞争银行的距离是很重要的竞争条件,银行分支的实际位置可能与竞争程度相关。他们的研究也表明,空间定价歧视针对的是在贷款银行分支附近的借款者,并平均减少了4%(最多9%)的银行边际成本。仅就表面上看,他们的发现证实了金融中介的一个基于地理位置的重要租金来源。

5.2.2.3 边界和分割(segmentation)

接下来研究边界对行为的影响。最近有文献研究不同的边界如何形成贷款条件,并且导致贷款市场的分割。与许多外生经济边界一致的国家边界仍然在全世界起着重要的作用。例如,布赫、德里斯科尔和厄斯特高(Buch,C.M.,Driscoll and Ostergaard,2003)提出,欧洲的国家边界仍然阻碍着跨境银行投资。因此,欧洲银行在国内"过度投资",这是特定国家风险,没有在银行间利率中充分反映出来。

但是其他类型边界也会导致信贷市场分割。实证分析表明,"市场外"的贷款者将贷款范围拓展到主要的小型当地公司时,通常面临困难(或犹豫不决)[谢弗(Shaffer,S.,1998);伯杰、克拉珀和尤戴尔(Berger,A.N., Klapper,L. and Udell,G.F.,2001);哈尔姆(Harm,2001);圭索、萨皮恩扎和津加莱斯(Guiso,L., Sapienza,P. and Zingales,L.,2004)]。当在位银行与借款者的关系很紧密时[格斯特龙、恩瓦尔和沃勒斯特德(Bergstrom,Engwall and Wallerstedt,1994)],或者当地的债权人司法保护很弱时[法布里和帕杜拉(Fabbri and Padula,2004);比安科、杰派利和帕加诺(Bianco,Jappelli and Pagano,M.,2005],这种情况很容易发生。在这些情况下,边界会导致市场分割,并且境外银行很难吸引当地的借款者。因此,市场分割阐明了外部银行致力于在目标市场上确立一种市场形象的重要性。

5.2.3 策略

5.2.3.1 距离和分支

只有很少的文献研究了距离对银行决策的影响,即决定通过建立分支来打开市场或者在某些领域提供服务。德·胡安(De Juan,2003)是个例外。她研究在西班牙,已有分支之间的距离如何影响银行分支的建立。她发现,在特定的(分)市场,已有分支的数目对未来要在本市场建立的分支有正(但是很小的)影响。因此,她提出,分支扩展受到同个银行其他分支的距离的影响[费利奇和帕尼尼(Felici and Pagnini,2005);杰拉斯、切兹尼尼和伊瓦尔迪(Cerasi,V.,Chizzolini and Ivaldi,2002)]。

伯杰和德·扬(Berger,A.N. and De Young,R.,2001)的结论为此提供了解释。他们

证明了随着分支与总部之间的距离增加，银行分支的效率下滑[博斯和科拉里(Bos and Korali,J.W.,2005)]。因此，为了保证银行分支之间的服务是一致的，银行可能选择在特定地方有条不紊地逐步扩展，而不是建立孤立的分支。

5.2.3.2 边界和进入

长期以来，学者和银行家都意识到边界是推动银行进入以及跨行并购的重要因素。戈德伯格和桑德斯(Goldberg,L.G. and Saunders,A.,1981)及金德伯格(Kindleberger,C.P.,983)宣称，银行在决定跨境进入其他市场时，通常采用"跟随顾客"的策略[格罗斯和戈德伯格(Gross and Goldberg,L.G.,1991)；特·温格(Ter Wengel,1995)；布里厄利和卡普利斯(Brealey and Kaplanis,1996)；布赫(Buch,C.M.,2000)；布赫和戈尔德(Buch,C.M. and Golder,2002)；博尔—克里斯马斯、雅各布森和乔戈尔(Boldt-Christmas,M.,Jacobsen and Tschoegl,A.E.,2001)]。然而，最近的研究质疑"跟随顾客"策略是否是唯一的规则[波佐洛和佛卡利(Pozzolo,A.F. and Focarelli,D.,2005)]。特别是进入美国市场的银行，最初没有跟随家庭—国家—顾客的动机，但是显然吸引了很多当地借款者[赛斯、诺勒和莫汉蒂(Seth,Nolle and Mohanty,1998)；斯坦利、罗杰和美尼斯(Stanley,Roger and McManis,1993)；布赫和戈尔德(Buch,C.M. and Golder,2001)]。

然而，在美国以外的银行，很难通过跨境分行这种方法来介入当地的公司。例如，德·扬和诺勒(De Young and Nolle,1996)及伯杰、德·扬、格纳伊和尤戴尔(Berger,A.N., De Young,Genay,H. and Udell,G.F.,2000)证实，大部分国外的分支机构比本地的银行效率更低，除了美国的银行在其他国家的国外分支，以及大部分在东欧和南美的国外分支。后者通常比本地的银行财力雄厚[克里斯特尔、达吉和戈德伯格(Crystal,Dages and Goldberg,L.G.,2002)]。

为什么大部分的国外银行分支比本地要低效？[伯杰(Berger,A.N.,2007a)]布赫(Buch,C.M.,2003a)证实，国外分支的低效是由经济边界(语言、文化等)，而不是由物理距离引起的。① 同样，戈比和洛蒂(Gobbi and Lotti,2004)发现只有金融服务的条款看起来是有利可图时，并且这些金融服务不需要大量使用专有信息时，外面的银行才进入新的市场。

除了担心建立的分支低效，还有第二个原因使得银行不采用跟随顾客策略。伯杰等人(Berger,A.N. et al.,2003)认为，顾客没有兴趣被跟随！② 他们发现跨国公司的国外分支进行现金管理时，相对母国和第三方国家的银行，更偏好选择东道国的银行。这个结果与所谓的"看门人"的利益支配着"家庭烹饪者"的利益相一致。这是令人惊奇的，因为这些大的跨国公司可能是母国银行优先服务的主要目标。另外，设立国外分支对公司而言

① 马格里、莫里和罗西(Magri,S.,Mori,A. and Rossi,P.,2005)发现，1983 年至 1998 年之间，在意大利，物理距离对国外银行的进入有负影响。然而，他们认为距离是导致国家之间地理差异和文化差异的原因。他们还发现，国家之间的风险差别也影响进入。

② 另外，大银行很可能面临与其他大的本地银行竞争顾客[布赫和里伯纳(Buch,C.M. and Lipponer,2005)]，这使得银行可能为了避免与另一个银行竞争而选择不进入[例如，梅里特和乔戈尔(Merrett and Tschoegl,A.E.,2004)]。

可能是逃离在本国被"敲竹杠"的好机会。因此,在国外建立新的工厂或者分支机构是增加新的(国外)银行关系的好机会。

伯杰等人(Berger,A.N. et al.,2003)也发现银行的影响范围(全球的或者地方的)与银行的民族性有很大关系。例如,如果由于民族原因选择了东道国的银行,那么公司就不大可能选择国际银行。最后,他们也发现,银行的民族性和银行范围都因东道国的法律和金融发展而不同。例如,在早期东欧的社会主义国家,跨国公司更倾向于选择国际银行而较少地选择东道国的银行。

伯杰等人(Berger,A.N. et al.,2003)总结道,未来银行全球化的进程会受到较大限制,因为许多公司仍然由于当地的或者特定地区的银行提供的一些服务而选择他们[伯杰和史密斯(Berger,A.N. and Smith,D.C.,2003)]。当然,这一结论是在特定的金融结构下得出的,并且预言持续的(以及内生的)缺乏外国直接投资以及可能发生更多重要的跨行合并[德敏(Dermine,J.,2003)]。如果更多的外国直接投资和合并发生,那么公司的偏好可能发生改变。

克莱森斯和范·霍伦(Claessens,S. and Van Horen,2007)发现了国外银行进入受到限制的另一个原因。他们证实,竞争对手银行所在国相对于母国的制度质量,以及东道国相对于其他东道国的制度质量,两者一起决定了银行的进入决策。换言之,银行在一定的制度环境中工作的能力比它的竞争者更好,使它得以进入某个市场。因此,在某些国家,竞争者的存在会最终阻碍未来银行的进入。

5.2.3.3 边界以及合并与收购

跨境银行的合并与收购在全球许多地方都是很少见的。例如,佛卡利和坡佐洛(Focarelli,D. and Pozzollo,A.F.,2001)证实,银行的跨境合并相比界内合并而言较少见,且在其他条件都相同的情况下低于其他行业的跨境合并,而伯杰、德姆塞茨和斯特拉恩(Berger,A.N.,Demsetz,H. and Strahan,P.E.,1999)认为,跨境的银行合并比国内的银行合并更少发生[丹斯尼、贾瓦齐、维维斯和塔登(Danthine,Giavazzi,Vives,X. and Thadden,1999)]。同样,是因为经济边界[1],而不是距离,使得跨境的银行合并发生的可能性降低[布赫和德隆(Buch,C.M. and DeLong,2004)]。

总而言之,这些文献表明,外生的经济边界(这也影响其他行业)和银行业专属的内生经济边界(评估目标银行的证券组合时的信息不对称性)都使得跨境银行合并变得困难。

银行管理层显然在参与跨境并购时意识到了这些困难并努力避免。但是,投资者也意识到这些问题。最近,贝特、谢瑞科和瓦尔登堡(Beitel,P.,Schiereck and Wahrenburg,2004)证实,出价者和目标银行的合并累计超额收益率实际上是0甚至为负,目标银行是最近几十年欧洲的跨境合并银行!这一发现与其他行业绝对是相反的,典型的其他跨境合并行业累计超额收益率一般是正的。因此,投资者将跨境银行合并评估为降低价值。贝特等人(Beitel,P. et al.,2004)的结论与德隆(DeLong,2001)的结论相同。她说,在美

① 规制边界明确禁止银行合并已在欧洲废除。然而,国家和政治的利益通常导致动员全国反垄断或者银行的安全设备阻止跨境银行合并。这些行为处于明确禁止跨境银行合并(监管边界)和固有的政治和文化隔膜之间的灰色地带,使得跨境银行合并不可能(经济边界)。

国，只有地理上集中的跨境银行合并的联合累计超额收益率是正的，虽然导致这一实证结果的原因不完全清楚。

目前为止的证据并没有说明是外生的还是内生的（信息）经济边界导致了跨境银行合并中的问题。坎帕和赫尔南多（Campa and Hernando，2004）提出，这可能是外生的经济边界导致的。他们的研究显示，有些行业（例如银行）直到最近才不在政府控制下或者仍然（或者曾经）被严格监管，它们并购的累计超额收益率通常更低。这些行业的跨境合并的累计超额收益率实际上是负的，贝特等人（Beitel，P. et al.，2004）的观点与此一致。一种可能的原因是，监管的持续影响导致了更坚固的经济边界。

银行业的观察者指出，银行组织和公司治理可能受到阻止合并活动的影响。尤其是法国与德国的国内主要银行（例如法国农业信贷银行与德国州主银行）的互助企业特性，成为这些银行在发起和进行成功并购的一个主要障碍［赖顿（Wrighton，2003）］。但是外生的经济边界也可能使跨境银行合并导致复杂的控股结构［德敏（Dermine，J.，2003）］，以及未来合并活动复杂化［巴罗斯、伯格洛夫、富尔吉耶里、瓜尔、梅尔和维维斯（Barros，P. P.，Berglof，Fulghieri，Gual，J.，Mayer，C. and Vives，X.，2005）］。

关于内生（信息）经济边界对跨境银行合并的影响方面的研究更少。目前为止，在欧洲观察到的国内合并行为，产生的所谓“全国冠军”，部分是由于存在信息边界［可能除了通过有利的合并扩大规模和市场份额，卡博·巴尔韦德、汉弗莱和洛佩兹·德·帕索（Carbó Valverde，S.，Humphrey，D.B. and López del Paso，R.，2007）］。试图合并一个当地银行的外地银行比在位银行更难评估潜在目标银行的贷款组合的价值。因此，外地银行不再涉足，大部分合并行为受（收益和成本）规模以及范围条件的制约而发生在国内银行之间。然而，随着国内的银行在规模上变大，有可能重新将资金借给大公司，它们自己成了更易于估值的目标。而且，国家层面的竞争政策条件可能阻止进一步的国内合并。因此，信息边界可能部分地并且内生地自毁，“全国冠军”将不可避免地变成“欧洲冠军”。全国竞争可能在阻止未来的国内合并中起着重要作用［维维斯（Vives，X.，2005）］，并增加银行合并决策的透明度［卡莱蒂、哈特曼和翁杰纳（Carletti，E.，Hartmann and Ongena，S.，2006）］。

一个自然的问题是，借款者如何受到跨境银行合并的影响。得到国内目标银行提供首轮服务的当地小型公司可能受到国内并购的影响［萨皮恩扎（Sapienza，P.，2002）；博纳科尔西·迪·佩蒂和戈比（Bonaccorsi di Patti and Gobbi，2007）；卡瑟斯基、翁杰纳和史密斯（Karceski，J.，Ongena，S. and Smith，D.C.，2005）］。最终，利基银行会出现并接管部分因合并银行而停止的贷款活动［伯杰、桑德斯、斯卡利塞和尤戴尔（Berger，A.N.，Saunders，A.，Scalise and Udell，G.F.，1998）］。

总之，潜在的信贷配给，是物理距离、现存的行为边界以及银行家的决策的产物。这些产物在不同维度的差异为未来实证研究提供了一个有意思的课题。

6.金融缺陷的宏观效应

6.1 引言

本章评述金融中介和实体经济之间的实证联系。银行处理和减轻不完全资本市场中的信息不对称问题，因此增强了贷款的供给和分配能力。故此，金融中介可能决定经济增长。例如卡尔、戴维斯、拉莫若和罗森塔尔(Cull, Davis, Lamoreaux, N. R. and Rosenthal, 2005)证明，在19世纪北大西洋中心经济出现的金融中介能"利用当地信息网"，并因此将贷款拓展到那些太年轻或者规模太小，以至于不能从大的地方性或者全国性机构获得资金的企业。通过提高当地家庭的储蓄回报，它们拓展了经济增长的新来源。

鉴于金融中介与增长关系的重要性，最近涌现许多研究，这些研究试着实证地确定金融和经济增长之间的联系和因果关系。[①]莱文(Levine, R., 2005)、阿津(Aghion, P., 2006)和帕帕约安努(Papaioannou, E., 2008)对结论加以综合总结，表明金融，尤其是金融中介，通过解决不完全资本市场中的固有问题，在促进和带来经济增长中发挥着重要作用。

6.2 方法

6.2.1 增长回归

研究金融和增长之间的实证研究一般使用以下方程：

$$G = \alpha + \beta F + \gamma X + \mu, \tag{6.1}$$

其中，G 代表一个国家的平均增长率，F 代表该国金融发展，X 代表控制其他与增长有关因素的条件变量，μ 代表扰动项。很多研究的主要区别是模型估计的细化程度、金融发展的度量指标(F)、在处理可能存在的内生性问题和金融发展指标度量误差时计量的精确程度，以及使用的数据类型。

细化的程度从国家水平[金和莱文(King, R.G. and Levine, R.), 1993]，到地区水平[圭索、萨皮恩扎和津加莱斯(Guiso, L., Sapienza, P. and Zingales, L., 2004)]，到行业水平[拉扬和津加莱斯(Rajan, R.G. and Zingales, L., 1998)]，再到公司水平[德米尔居斯—

① 并不是所有的理论模型都表明金融中介导致了经济增长[例如，本奇文加和史密斯(Bencivenga and Smith, B.D., 1991)]。我们在本章结尾讨论影响增长的其他金融可能性时再回来讨论这一点。

孔特和马克西莫维(Demirgüc-Kunt,A. and Maksimovic,V.,1998)]。数据类型包括横截面数据、时间序列数据和面板数据。

实证研究有关银行和金融发展的各种变量对经济增长的影响时,我们会面临遗漏变量或者度量误差这样的复杂问题。由我们的实证分析所得结果的一个潜在问题是,驱动因素可能是无法观察的行业结构的变化,或者与一般的金融市场和一些银行业固有结构的变化相关的条件因素。因此,也有可能我们的发现只是一种虚假的关系。

例如,熊彼特对于金融规制、金融发展和增长之间关系的看法是,发达的金融部门能更有效地重新配置资本,使其得到最好的利用。当然也有可能银行市场各种形式和特征是更高水平的经济活动——包括企业家精神——的回应,而不是原因。增长本身可能会导致更好的金融机构、放松规制等等。因此,这种联立性偏差问题或者因果关系方向会影响我们估计金融和银行业的发展及深化对所关注的变量(例如增长)。另外,度量误差问题会使参数估计有偏,且当变量被错误地度量时,使参数估计不一致,当我们使用的变量仅仅是对那些理论上看无法观察或难以计算的变量的替代时尤其如此。

联立性偏差、遗漏变量以及度量误差问题,都会导致在使用普通最小二乘法(OLS)进行相关的参数估计时产生衰减偏误(attenuation bias)。衰减偏误是因为回归元与回归的扰动项之间不是正交的。

到目前为止,修正衰减偏误的传统方法是使用工具变量(IV)的方法。这种方法使用一系列的工具变量提取关系系统的外生部分。因此,一个工具变量是与所关注的内生变量相关但是与回归的残差项正交的变量。Hansen 检验[戴维森和麦金农(Davidson and MacKinnon,1993)]被用于检验确定约束,是一种检验工具变量有效性的方法。检验的假设是使用的工具变量与残差不相关。如果无法拒绝原假设,那么使用的工具变量是恰当的。使用的特定工具变量是依研究而定的,并依赖于特定研究。

6.2.2 工具变量估计

为了更精确,最小二乘法斜率的估计量(当独立变量 x_i 是以离差的方式表示时)为

$$\hat{\beta}=\frac{\sum_i x_i y_i}{\sum_i x_i^2}, \tag{6.2}$$

其中

$$y_i=\beta x_i+\mu_i, \tag{6.3}$$

μ_i 是独立同分布的扰动项。将(6.3) 带入(6.2) 可得

$$\hat{\beta}=\frac{\beta\sum_i x_i^2+\sum_i x_i\mu_i}{\sum_i x_i^2}=\beta+\frac{\sum_i x_i\mu_i}{\sum_i x_i^2}, \tag{6.4}$$

众所周知,只有当(6.4) 中第二个等式的右边那一项为 0 时,$\hat{\beta}$ 才是 β 无偏估计。然而,只要独立变量和扰动项之间存在任何关系,$\hat{\beta}$ 对 β 的估计就是不一致的,且是有偏的。当度量 x_i 有误差时就是这种情况。

假设

$$x_i^* = x_i + \xi_i \tag{6.5}$$

其中,x_i 是真实值,而 x_i^* 是我们实际使用的变量。真实的回归模型是等式(6.3),而我们进行的回归是

$$y_i = \beta x_i^* + u_i - \beta\xi_i = \beta x_i^* + u_i^* \tag{6.6}$$

可以看到,扰动项 μ_i^* 和变量 x_i^* 的协方差不为零,这意味着它们是相关的。尤其是

$$\mathrm{Cov}(\mu_i^*, x_i^*) = E[(u_i - \beta\xi_i)(x_i + \xi_i)] = -\beta\sigma^2\xi, \tag{6.7}$$

因此,回归变量的 OLS 估计是有偏而且不一致的,偏差和不一致的程度与度量误差的方差相关。

工具变量(Ⅳ)估计给大家提供了纠正这个问题的方法。这种方法如今是标准的方法,需要找一个变量,例如 z,该变量与错误度量且有可能是内生的独立变量高度相关,但是与回归扰动项以及度量误差正交。在我们的例子中,合适的工具变量估计量是

$$\beta^* = \frac{\sum_i y_i z_i}{\sum_i x_i^* z_i} \tag{6.8}$$

因此,工具变量估计量与真实的斜率参数之间的关系为

$$\beta^* = \frac{\sum_i y_i z_i}{\sum_i x_i^* z_i} = \frac{\beta\sum_i x_i^* z_i + \sum_i \mu_i^* z_i}{\sum_i x_i^* z_i} = \beta + \frac{\sum_i \mu_i^* z_i}{\sum_i x_i^* z_i}, \tag{6.9}$$

工具变量 z 的选择保证了 β^* 渐近接近 β,即

$$\mathrm{Cov}\underset{n\to+\infty}{(z, \mu^*)} \to 0 \tag{6.10}$$

n 是观察值的数量,因此 β^* 是 β 的一致估计。

实际的困难在于发现和描述这样的工具变量,而这通常考验研究者的聪明才智。一旦确定了一个合适的工具变量,就可以使用工具变量方法进行一致估计。

具体而言,在描述金融与增长关系的这一部分,当我们使用跨国数据时,一定要找到工具变量 z,它能解释金融发展的跨国差异,但是除了与金融发展以及其他影响增长的因素之间存在关系之外,不与经济增长相关。

例如,莱文、洛艾萨和贝克(Levine,R.,Loayza and Beck,T.,2000)使用拉·波尔塔、洛佩斯—德—赛兰斯、施莱弗和维什尼(La Porta,R.,Lopez-de-Silanes,F.,Shleifer,A. and Vishny,1998)度量法律来源的方法,这种工具变量的创意来源是,大部分国家通过被占领和殖民的方式获得法律体系,法律来源变量看起来是外生的,与扰动项无关。因此,这些工具变量意味着法律来源只能通过金融发展指标以及条件变量 x 影响增长。

另一个例子是莱文(Levine,R.,1999),他使用影响金融发展的法律和监管因素作为工具变量。他的结论与以下观点是一致的,即,债权人权利、合约力度以及公司财务状况的信息等方面的进步会改善金融中介的功能,而这又会促进经济发展。

圭索等人(Guiso,L. et al.,2004)最近发明了一种鼓舞人心的方法,他们在研究金融发展与增长的关系时,在当地/地区的环境中使用意大利的地方数据。他们将 1936 年描述银行系统的地方特征的变量作为金融发展(贷款的可获得性,这显然是个内生变量)的工具变量,例如 1936 年被区别应用于储蓄银行和国民银行的分支机构进入限制,结果是

导致在20世纪90年代贷款可得性的差序结构(differential composition),而当时行业已经完全解除管制。他们的工具变量与所关注的变量(贷款的地方途径)相关,但是与经济表现和金融发展的回归扰动项无关。他们表明1936年每个居民的银行分支的数目与当地经济发展水平并不十分相关,以此来证明上述观点。接下来讨论金融与增长之间关系的进一步证据。

6.2.3 交互变量(interaction variables)

将金融发展 F 和其他变量 K 的交互项加入到(6.1)中,可得

$$G = \alpha + \beta F_i + \gamma X + \delta F_i K + \mu \tag{6.11}$$

拉扬和津加莱斯(Rajan, R.G. and Zingales, L., 1998)使外部独立性和金融发展交互,阿津(Aghion, P., 2006)在金融发展和技术或宏观变量中引入交互效应,而戴达和法图赫(Deidda, L. and Fattouh, B., 2007)则使银行发展的度量指标和证券市场发展的度量指标交互。①

由拉扬和津加莱斯(Rajan, R.G. and Zingales, L., 1998)首先提出来的方法随后被应用到伯川德、舍布尔和泰斯玛(Bertrand, M., Schoar and Thesmar, 2007)使用的公司数据中。在另一个应用中,吉安尼提和翁杰纳(Giannetti and Ongena, S.)(2009)认为像东欧地区更依赖外部金融的国家的公司,应该从外国银行的进入中获益更多(如果外国银行的确改善了贷款政策)。他们分辨出外国银行的出现对金融依赖性不同的行业中的公司的影响。另外,他们还用短期贷款和长期贷款占总负债的比重度量部门的银行依赖性[伯川德等人(Bertrand, M. et al., 2007)]。他们使用英国数据[sic]度量金融依赖性,(1)确保他们的金融依赖性是外生的,(2)度量金融发达的国家使用银行贷款的倾向,这些国家的金融管制是较少的。最后,他们通过引入银行依赖性与外国贷款的交互项,检验处于对银行依赖性较强的经济部门的公司,外国银行贷款的影响是否更大。

6.3 证据

6.3.1 银行和增长

金和莱文(King, R.G. and Levine, R., 1993)进行了一次影响力很大的研究,他们根据77个国家从1960年到1989年的数据建立了一个面板数据模型,证明在等式(6.1)中,所有的 β 都是显著为正,且在经济学意义上是相关的。他们度量金融中介发展的指标是金融中介的规模、分配贷款时商业银行与中央银行的相对重要性、金融中介以何种程度在私营企业、政府和公营企业中分配贷款。

德米尔居斯—孔特和马克西莫维(Demirgüc-Kunt, A. and Maksimovic, V., 1998)证明,金融体系发达的国家的公司比没有这样条件的公司发展得更快。贾亚拉特纳和斯瑞

① 当交互项是几个连续变量交互时,应该尽可能将这些变量均值中心化。这个步骤使各参数估计能通过另一个参数的均值有条件地影响独立变量。

安(Jayaratne,J. and Sreahan,1996)也证实,金融中介和增长之间存在关系。他们提出,当美国个别州放松了州内的分支管制,银行贷款的质量会上升,并且人均 GDP 的增长率也会提高(其他关于国内地区的研究,见卡泊—巴尔韦德、罗德里格斯·费尔南德斯和尤戴尔[Carbó-Valverde, Rodriguez Fernández, F. and Udell, G.F., 2005);卡泊—巴尔韦德、洛佩兹·德·帕索和罗德里格斯·费尔南德斯(Carbó-Valverde, López del Paso, R. and Rodriguez Fernández, F., 2007)]。

科尔和南达(Kerr, W. and Nanda, R., 2007)研究银行业竞争的变化如何影响进入率、进入规模的分布和公司的存活率,即他们研究金融市场的变化如何影响产品市场的非金融公司的进出。科尔和南达(Kerr, W. and Nanda, R., 2007)证明,美国的分支管制解除会减少金融限制,尤其是对小的新兴公司,在整个公司的规模分布中会提高配置效率。[①]而且,令人感兴趣的是,他们强有力地证明了,解除管制会减少金融约束,使大部分新兴公司从中获利。这些公司的外部金融的来源较少,因此对利率或者信贷配给的提高非常敏感。这一证据非常重要,因为它提供了一个额外的机制,通过这个机制,金融部门(改革)有利于并扩大了产品市场[关于银行和意大利公司的创新,见本弗拉特罗、夏塔瑞利和赛贝内利(Benfratello, Schiantarelli and Sembenelli, 2008)]。

6.3.2 因果关系:银行带来增长?

虽然上述提到的研究和许多其他人都证明金融中介与增长之间存在紧密的关系,但是他们都没有解决因果关系这个问题。莱文(Levine, R., 1999)不仅拓展了金和莱文(King, R.G. and Levine, R., 1993)的研究,而且进一步研究了因果问题。莱文(Levine, R., 1999)使用法律和规则环境作为金融发展的工具变量。他使用 GMM(广义矩阵法),检验过度识别的限制,试图发现工具变量在对金融中介发展中的跨国变量的影响之外是否与增长相关。法律和规则环境对金融发展和增长是重要的。尤其是法律和规则关注影响金融发展的债权人的权利、契约的力度以及信息披露,更重要的是,这些因素还与经济增长正向联系。例如,莱文等人(Levine, R. et al., 2000)使用 GMM 动态面板估计方法证实了该观点。这种方法可以降低联立性偏差以及缺失变量偏倚,包括源于不可观察特定国家的效应。

就我们所知,只有卢梭和瓦赫特尔(Rousseau, P.L. and Wachtel, P., 1998)在文献中明确地检验了银行和增长之间的因果关系。他们检验了 1870 年至 1929 年,美国、英国、加拿大、挪威和瑞典的金融中介密度和增长之间的关系的实质。他们使用误差向量修正模型分析时间序列数据,揭示了金融密度的度量指标与实际和名义的人均产出的增长之间的长期关系可量化的重要性。作者明确指出,格兰杰的因果检验表明金融中介在解释实体经济部门活动中起着重要的作用,而反向效应看起来是非常不显著的。这些结果表明金融中介在增长中起着很重要的作用。

克莱森斯和拉文(Claessens, S. and Laeven, L., 2003)使用不同部门的增加值数据,

---

① 科尔和南达(Kerr, W. and Nanda, R., 2007)使用 1976 年至 1999 年美国人口调查局的纵向业务数据库(LBD)的数据。面板数据的特征使得他们能追踪私人企业,差别分析进入率和进入规模的变化。

确认在金融发展和实际增长中产权的重要性。他们表明，公司内最佳资源配置的关键是依靠产权的力量。资产配置是产权影响公司增长的重要渠道。他们的研究很有趣的一个地方是有形资产和无形资产的区分。无形资产从定义出发需要产权保护。因此，如果“新经济”增长是“无形资产密集型”，那么有效的金融中介在决定未来的增长中仍然是重要的。

克罗兹那、莱文和克林格比尔(Kroszner，R.S.，Laeven，L. and Klingebiel，2007)对金融中介与经济增长的因果关系本质进行了进一步研究。他们分析金融冲击和实体经济活动的关系。他们的理论原理是直观的：如果银行放松了贷款限制，那么一个对银行所在环境的(负向)冲击会对依靠金融中介发展的部门产生不相称的紧缩影响。使用 38 个经历过银行危机的发达和发展中国家的数据，作者证实了上述理论与案例。他们发现，在非危机时期，中介密集部门从有着“深的金融系统”的国家发展中获利[拉扬和津加莱斯(Rajan，R.G. and Zingales，L.，1998)]，但是在危机时期，结论相反。还有很重要的一点是，他们的发现只有在银行危机时适用，在其他例如货币危机或者一般的萧条时期并不适用。作者对此的解释是，他们的结果与银行系统内运行的信贷渠道是一致的。

6.3.3 银行、金融市场和增长

正如我们从前述的论文中所见，目前为止大部分的实证研究认为银行和实体经济增长之间有正的关系，并认为是银行业的活动导致了增长。然而，这种关系可能是非线性的。例如，艾伦和盖尔(Allen，F. and Gale，D.，1997)宣称，银行的有效性依赖于它们面临的与其他金融机构的竞争。而布特和塔科尔(Boot，A.W.A. and Thakor，A.V.，1997)认为，均衡的金融结构是银行以及市场金融(market finance)的最佳组合。随着金融市场发展，市场金融相对于银行金融将有所扩展。[①]

卢梭和瓦赫特尔(Rousseau，P.L. and Wachtel，P.，2000)对 1980 年至 1995 年期间 47 个国家的数据使用向量自回归(VARs)模型分析。他们的数据表明，传统的中介活动强度增加以及在交易所交易的股票市场价值的上升都对产出有巨大的影响，而市场资本化对其的影响较弱。该研究实际上指出了金融部门(银行和证券市场)的各部门之间重要的相互影响以及它们对增长有所差别的(或许是非线性的)影响。[②]

戴达和法图赫(Deidda，L. and Fattouh，B.，2007)建立了一个理论模型，预期在银行发展、股票市场发展和经济增长之间存在非线性关系。他们预期，从基于银行的系统转移到基于结合银行和市场的系统会对银行发展有负面影响。他们采用德米尔居斯—孔特和莱文(Demirgüc-Kunt，A. and Levine，R.，2001)建立的跨国数据集(该数据集在研究中经

① 可能存在三种主要的信息不对称：(1)关于项目质量的不对称，(2)贷后道德风险，以及(3)个人贷款者的道德风险。第三种不对称性通过金融市场能得到较好地解决，相反，前面两者由银行更好地控制。因此，银行和金融市场两者可能同时存在于均衡中。

② 莱文和塞沃斯(Levine，R. and Zervos，1998)使用 1976 年至 1993 年之间 42 个国家的数据证明，股票市场发展与长期经济增长之间存在正的关系。他们认为股票市场、银行和增长之间的联系是生产率增长，而非物质资本聚集。

常使用)检验他们的模型。另外,他们发现,银行和股票市场发展的交互项是显著为负的,这意味着,随着股票市场的发展,银行发展对增长的影响虽然仍为正,但是影响变小。从这个意义上讲,金融与增长的联系受到各种各样的非线性关系的影响。而且,该结论的成立受限于工具变量估计以及各种常规控制的调节。

西科恩和帕帕约安努(Ciccone,A. and Papaioannou,E.,2006)讨论了金融和增长之间的非线性关系的概念。他们推测,一些国家总的生产增长比较快,是因为他们较高的金融发展水平使资本能迅速再分配到投资机会较好的行业中。他们把这一资本再分配的假设应用到多行业均衡模型中,并使用国际数据检验工业增加值的增长。

因此,西科恩和帕帕约安努(Ciccone,A. and Papaioannou,E.,2006)使用两阶段最小二乘法检验了在资本再分配假设下的跨国行业增长。在回归第一阶段,他们将金融业发达国家(美国)的实际行业资本增长率与被估计的世界平均行业机会(美国除外)相联系。第二阶段,他们使用全球行业投资机会(从第一阶段得到的预期工业资本增长)检验金融发展对行业增长的影响,用全球投资机会去检验金融发展对具有全球投资机会的行业的影响。

他们的实证分析仅使用美国代表全球投资机会,用20世纪80年代期间67个国家的28个行业的数据,结果表明金融发展对具有投资机会的行业的发展起了显著的正作用。当他们使用两阶段最小二乘法观察全球机会如何影响行业增长时,金融发展对具有投资机会行业的增长影响变得更大而且统计上更显著。

西科恩和帕帕约安努(Ciccone,A. and Papaioannou,E.,2006)的研究与菲斯曼和拉夫(Fisman and Love,2004a,2004b)的结论一致,后者强调金融发展在行业间资源再分配中的作用,并用行业数据进行检验。菲斯曼和拉夫(Fisman and Love,2004b)证明,工业增加值增长模式与有相近金融发展水平的国家联系更紧密,即使他们控制了经济发展和其他因素。

菲斯曼和拉夫(Fisman and Love,2004a)检验,在金融发展水平较高的国家,具有全球增长机会——以美国销售额增长率为代表——的行业是否发展得更快。他们的结果表明,具有全球增长机会的行业在金融业发达的国家中发展较快,且这一结论在他们控制了行业外部的金融强度时仍然成立。贝克特、哈维、伦布拉德和西格尔(Bekaert,Harvey,A.,Lundblad and Siegel,2007)发现,国家水平的增长机会影响产出和投资增长,这种关系在资本账户、证券市场以及银行系统自由化的国家中最紧密[吉安尼提和翁杰纳(Giannetti and Ongena,S.),正在出版]。

前述研究中可得,金融和发展的关系是相当复杂的,并且存在许多重要的影响因素。当考虑到像通货膨胀这样基础的宏观因素时,情况变得更复杂。例如,卢梭和瓦赫特尔(Rousseau,P.L. and Wachtel,P.,2000)发现,影响经济发展的金融发展和通货膨胀之间存在复杂的关系。[①]他们的主要发现是相当令人震惊的:金融与增长的关系只有在通货膨胀下降到低于某个值时才存在,大约是5年的平均通货膨胀率在13%到25%之间,这取

① 卢梭和瓦赫特尔(Rousseau,P.L. and Wachtel,P.,2000)使用的数据覆盖1960年到1995年之间84个国家。

决于金融深度的度量。当通货膨胀率下降到6%至8%左右时,影响是显著为正的。

这个研究的重要意义是,虽然深化金融中介可能是经济增长的重要原因,但是人们不能认为任何中介行为的扩张都是好的。瓦赫特尔(Wachtel,P.,2001)简洁地指出:“源于通货膨胀式的流动性创造或者借贷标准降低的金融部门扩张不会促进长期的增长。”(p. 357)

拉·波尔塔、洛佩斯·德·赛兰斯和施莱弗(La Porta,R.,Lopez-de-Silanes,F. and Shleifer,A.,2002)的发现支持了瓦赫特尔(Wachtel,P.)关于金融深度的类型和形式对经济增长的不同影响的警告。前者证明,银行的国有程度越高,银行的发展水平就越低,增长越慢。[①]这一结论印证了早期贾亚拉特纳和斯瑞安(Jayaratne,J. and Sreahan,1996)提出的观点,即在进行解除管制的改革后,银行贷款组合的质量显著地提高了。此外,贷款质量和效率的提高,而非绝对的信贷数量是金融促进增长的机制的关键因素[金和莱文(King,R.G. and Levine,R.,1993)]。[②]这与理论内生增长模型一致,更高质量的投资有助于长期增长[卢卡斯(Lucas),1988;罗默(Romer),1986]。

这些金融与增长的关系在欠发达国家以及快速发展的经济体中也成立吗?只有少量的研究考虑了发展中国家。例如,哈勃(Haber,S.H.,1991,1997)检验了在巴西和墨西哥金融自由化对经济增长的作用,他认为金融自由化允许大量的公司接触到外部资金。他提出,政治制度在决定金融自由化程度中发挥重要作用,巴西比墨西哥在金融自由化过程中表现得更好是因为巴西有更好的政治制度。

中国的金融和发展最近才引起人们的注意,因此关于金融发展的影响没有一致的结论。一种观点是,金融促进了中国的发展。李和刘(Li and Liu,2001)使用1985年至1998年期间的省份数据,发现省份总产出的增长与最大银行以及自筹基金贷款的增长正相关。陈晓强和底格里斯(Cheng and Degryse,H.,2007)认为,只有银行发展促进了中国省份增长,但是非银行的金融机构的发展并没有此影响。他们把这归因于金融改革只对银行有效。

哈桑、瓦赫特尔和周明明(Hasan,I.,Wachtel,P. and Zhou,2006)使用1986年至2002年期间中国31个省份的面板数据,对此进行更广泛地分析。他们发现,金融市场的发展程度与增长(以及法律环境、产权的意识、政治多元化)相关。阿雅盖瑞、德米尔居斯—孔特和马克西莫维(Ayyagari,Demirgüc-Kunt,A. and Maksimovic,V.,2007)使用微观层面数据检验中国金融和增长的关系。他们使用世界银行2003年涵盖2 400家公司的调查数据,发现公司的增长与从正式金融体系融资的关系虽然很微弱,但仍是相关的,而从其他渠道筹得的资金则并没有这种关系。

其他文献则认为中国是金融与增长关系的反例。例如,艾伦(Allen,F.)、钱军(Qian,J.)和钱军(Qian,J.,2005)观察到,中国在法律和金融体系较弱的情况下仍实现了经济的

---

① 因为国有银行在公司治理、风险管理和收集信息上的表现更差。

② 贾亚拉特纳和斯瑞安(Jayaratne,J. and Sreahan,1996,1998)提供了一些证据表明,在对分支行限制解除管制后,筛选和监督借款者的水平上升,所以不良贷款明显下降。不良贷款占总贷款的比例下降了0.24~0.77个百分点。

快速发展，因此他们质疑金融制度的发展是否真的影响中国的发展[另见博伊奥—德布雷(Boyreau-Debray，2003)]。通过仔细分析中国法律、金融和增长之间的关系，他们得出的结论是，较为落后的法律体系和欠发达的金融部门对私人部门的增长几乎不起作用，而私人部门的增长被称为中国增长的引擎。艾伦等人(Allen，F. et al.，2005)总结，私人部门必须有除了金融部门以外的融资渠道。

大量的文献证明金融中介部门的发展与经济增长之间存在正的相关关系。因果关系应是金融促进了经济增长。然而，未来的工作需要拓宽和加深研究是什么决定金融中介发展。应该思考另外的度量法律、监督以及管理环境的方法，这三种因素都会影响金融中介的发展。金融部门的发展对在高效和低效公司之间进行信贷配给的影响以及它对公司进出行业的影响是很有趣的，因为这可能对增长的重要途径有所影响。此外，分析金融和增长之间的非线性关系，金融中介的市场结构和非中介的金融部门之间的交互影响，以及它们对实体经济部门绩效的影响都是非常有意思的。

7.私人银行挤兑和系统风险

7.1 引言

目前为止，本书已经详细讨论了市场结构、竞争、效率，以及与上述名词相关的多维特征。接下来的问题对政策制定者而言很重要，即银行系统潜在的不稳定性。这种不稳定性的根源是各种各样的市场失灵，例如信息不对称、道德风险、逆向选择、规模和范围经济以及大量的外部性，但是也可能发轫于传染效应。

市场结构和效率因素与系统稳定性是相左的吗？竞争和脆弱之间存在单向的因里关系吗？银行系统本身伴随着银行挤兑和传染效应这些不稳定的吗？在银行危机以后银行部门和经济整体发生了什么？在分析各种各样的管理、规制干预和政策时，对于前面这些问题的深入思考，甚至只是简单的回答都是至关重要的。但是这样的探索可能只触及了这个复杂的问题的表面。①

下面简要介绍一些文献。米隆(Miron,1986)估计，在 1890 年至 1908 年之间，在给定的年份内银行恐慌的概率最多是 1/3。然后，当他把发生银行恐慌的年份去掉，GNP 的每年平均增长率从原来的 3.8%上升到 6.8%。如果这些年主要的异常是由银行恐慌导致的，那么实际上对该重要现象加以重视是必要的。

弗雷塔斯和罗切特(Freixas,X. and Rochet,J.C,1997)提出，恐慌的强烈负效应是美联储、英国央行以及其他欧洲国家的中央银行成立以前的最典型特征。这意味着这些机构的重要性在于负责管理这些经济部门，因为如果没有管理，由于银行本身固有的性质及其依赖的分散储蓄系统，银行挤兑和银行恐慌是不可避免的。

区分银行挤兑和银行恐慌很重要。银行挤兑影响单个银行及传染效应，银行恐慌涉及部分或者整个部门，因此最后影响整个支付系统甚至有可能波及实体经济。②在过去的 20 年里，虽然中央银行和相关机构进行了监管，但是仍然发生了许多次金融危机。在 20

---

① 艾伦和盖尔(Allen,F. and Gale,D.,2007)非常卓越并且是特别彻底地对这个理论问题进行了处理。克莱森斯和福布斯(Claessens,S. and Forbes,K.J,2001)提供了一个很广的实证综述。

② "传染效应"可能描述这样一个情形，即经济现象变化的比其他情况下更密切相关。不存在更详细一致的定义。瑞格本(Rigobon,2002)及福布斯和瑞格本(Forbes,K.J and Rigonbon,2002)对此进行了讨论。

世纪 90 年代早期，斯堪的纳维亚发生了银行危机，首先在挪威，[①]接下来在瑞典和芬兰；1992 年秋天发生了欧洲汇率机制危机，1994/1995 年发生了墨西哥危机，1997 年发生了东亚危机，1998 年俄罗斯和巴西发生了金融危机。在过去的几十年里，阿根廷发生了严重的危机，巴西发生了金融危机，这里主要列举的仅仅是一些美国之外的国家。[②]

20 世纪 80 年代对美国的银行系统而言也是问题非常多的时期。例如，德米尔居斯—孔特(Demirgüc-Kunt，A.，1989)算出，自从 1933 年建立了美国联邦存款保险公司(FDIC)之后，超过 1 500 家银行官方宣布破产，其中超过 800 家银行破产发生在 20 世纪 80 年代，而在 1988 年一年内就有 200 家银行倒闭。

迄今为止，预防银行危机的措施难以令人满意，因为银行危机发生的频率和数目似乎一直在上升。因此，我们厘清银行挤兑和恐慌的原因和结果是非常重要的。[③]

这一章探索银行挤兑、传染性和银行恐慌的基本信息。由此，我们试着解释私人银行挤兑的原因，以及市场结构和传染性之间的联系及因果关系。最后，我们希望估算银行危机对经济整体的影响，并估计它对经济衰退的传导及持续的影响。

银行挤兑的传统解释是，当存款人观察到他们的银行资金被大量提取时，他们会害怕破产，因此也会从自己的账户中取走钱[戴蒙德和迪布韦格(Diamond，D.W. and Dybvig，P.H.，1983)；弗雷塔斯和罗切特(Freixas，X. and Rochet，J.C，1997)]。当提取量超过当下预期的对流动资金的需求时，会导致处于流动资金短缺的银行产生负的外部性，因为这些取款意味着银行破产的可能性上升。但是，如果机构将破产看成是行业正在经历困难的标志，取款也可能使整个银行系统产生外部性。在这种情况下，银行挤兑可能导致传染并发展成银行恐慌[弗雷塔斯和帕里吉(Freixas，X. and Parigi，1998)；弗雷塔斯、帕里吉和罗切特(Freixas，X.，Pargi and Rochet，J.C.，2000)；艾伦和盖尔(Allen，F. and Gale，D.，2000b)；阿津、博尔顿和德瓦特里庞(Aghion，P.，Bolton，P. and Dewatripont，M.，2000)]。

将非流动性资产转化为流动性资产是银行对经济活动的主要贡献之一。通过提供活期存款合约，使得存款者在受到流动资金冲击时提取资金而完成这个"任务"。只要流动资金冲击只发生在部分存款者身上，即"特殊的"，这个任务就是可持续的。然而，提款不再是特殊的情形下，冲击要么是市场化的，即卡尔沃和莱因哈特(Calvo and Reinhart，C.，1996)提出的"基本面传染"，要么就是由于投资者对于银行部门的恐慌类型的信息协调失败，银行不得不以亏损清算长期投资，这也可能导致银行破产。

在他们开创性的贡献中，戴蒙德和迪布韦格(Diamond，D.W. and Dybvig，P.H.，1983)证明，活期存款合约使得银行能提供流动资产，同时使得银行面临基于银行恐慌的银行挤兑。然而，可能得在从流动资产中获得的利益和银行挤兑导致的成本之间权衡。

---

① 莫伊、索尔海姆和韦尔(Moe，Solheim and Vale，B.，2004)对挪威银行危机、解决方法以及对纳税者的支付进行了全面和仔细的描述。

② 卡普里奥(Caprio，J.，2003)整理了自 20 世纪 70 年代晚期在 93 个国家发生的 117 次系统性银行危机的范围和估计的损失或代价。

③ 多恩布什、帕克和克莱森斯(Dornbusch，Park and Claessens，S.，2000)对传染现象提供了全面概括。

实际上,戈德斯坦和坡兹那(Goldstein and Pauzner,2005)在最近的研究中修正并拓展了戴蒙德和迪布韦格(Diamond,D.W. and Dybvig,P.H.,1983)的成果,并发现了银行能增加总体福利的条件,建立了能权衡从流动资产中得到的利益和挤兑的成本的活期存款合约。

7.2 证据

7.2.1 银行危机的决定因素:市场和经济条件

政策制定者有一个广泛认可的观点,即降低银行业的竞争可能是好的,因为缓和竞争可能会使系统具有更高的稳定性。这个广泛认可的观点可能源自"特许权价值假说",即竞争性的银行系统可能会导致不稳定和破产率上升。虽然都考虑到竞争对破产的影响,但理论文献的结论是不一致的。早期的贡献者提出,当面临竞争加剧时,道德风险恶化,银行会遭受更大的风险[例如,艾伦和盖尔(Allen,F. and Gale,D.,2000a,2000b,2000c)]。

然而,最近的一些基于"最优契约假说"的理论模型提出了相反的观点。例如,博伊德和德·尼科罗(Boyd,J. and De Nicolo,2005)建立了一个道德风险模型,模型中随着银行部门的竞争变得更激烈,银行破产风险会明显地下降。原因是,银行和借款者之间的最优契约应该留下足够多的现金来降低借款者的道德风险。足够激烈的银行竞争降低了利率,从而抑制了道德风险。

博伊德、德·尼科罗和贾拉(Boyd,J.,De Nicolo and Jalal,2006)对博伊德和德·尼科罗(Boyd,J. and De Nicolo,2005)进行拓展,允许在贷款市场和存款市场上竞争,且允许银行持有一定的无风险债券。他们的模型预测,银行的数目和银行破产的风险之间存在反向关系,这与"特许权价值假说"所预计的结论相反。然而,马汀内斯·米尔拉和瑞普罗(Martinez Miera.D. and Repullo,2008)提出,当考虑到更低的贷款利率对从非违约贷款中所得利益的影响时,竞争和银行破产的风险之间的关系是 U 形的。

文献中也有出现众说纷纭的理论结果。有大量实证证据,但结论是五花八门的。例如,基利(Keeley,1990)认为,在 20 世纪 80 年代放松州的分支行约束增加了竞争,减少了垄断地租和"特许权价值",并导致了美国大型银行控股公司承担更多的风险。[①]这一上升的风险导致 20 世纪 80 年代银行破产的数目上升。同样,迪克(Dick,A.,2006)提出,在 20 世纪 90 年代解除管制之后,贷款损失准备金增加。另外,贾亚拉特纳和斯特拉恩(Jayaratne,J. and Strahan,P.E.,1998)证明,在解除管制之后贷款损失突减。

对银行合并,以及对银行集中度、银行竞争和银行系统的脆弱性这三者关系相互矛盾的理论预期,产生了关于公共政策的争论,受此启发,贝克、德米尔居斯—孔特和莱文

① 这个现象可能源自已知的代理问题。银行所有者以及他们的代理人/管理者有动机增加额外的风险:如果他们的选择是成功的,他们可以拿到更多的回报,反之,损失则由存款保险基金(或者是纳税人)承担。

(Beck,T.,Demirgüc-Kunt,A. and Levine,R.,2006a)研究了国家银行集中度、银行管理和国家机构对国家遭受系统性银行危机的可能性的影响。使用1980年至1997年69个国家的数据,他们发现,银行系统集中度越高,发生危机的可能性就越低(即使控制了商业银行的规制政策、影响竞争的国家制度、宏观经济条件以及对经济的冲击这些方面的差异)。而且,他们使用的数据表明,阻碍竞争的规制政策和制度与更大的银行系统脆弱性相关。

博伊德等人(Boyd,J. et al.,2006)使用两组不同的数据,一组是2003年包括2 500家美国的银行的数据,一组是从1993年到2004年间134个非工业化国家的18 000个银行面板数据,检验"特许权价值假说"与"最优契约假说"哪种有效。在详细分析有关集中度的因素与度量指标和破产风险度量指标的回归,贷款与资产的比率的回归之后,他们证实,破产的可能性与集中度是显著正相关的,并且该结论在两组数据中都成立。因此,他们的结论更倾向于"最优契约假说",而不是"特许权价值假说"。总结竞争和稳定性的关系是很复杂的,很难确定市场结构和脆弱性之间的关系。

此外,相互矛盾的结论可能来源于(1)使用不同的替代品代表破产的风险,(2)使用赫芬达尔—赫希曼指数(HHI)或者其他集中度的指标度量一般竞争程度和特定市场力量,或者(3)抽象化时间序列数据中可能存在的非平稳性。

早期部分实证文献的另一个有趣的分支是宏观经济环境对出现银行危机可能性的影响。例如,德米尔居斯—孔特和德特拉吉亚彻(Demirgüc-Kunt,A. and Detragiache,E.,1998)研究与系统性银行危机有关的主要宏观经济因素。他们使用多变量的对数模型研究1980年至1994年间45至65个市场经济(包括转型中的市场经济)的面板数据。[①]他们发现,银行危机和较低的GDP增长、较高的通货膨胀、较高的实际利率、明确的存款保险以及较弱的法律力量有很强的关系。他们的研究并没有揭示市场结构的影响、协调问题以及其他导致银行挤兑的特殊因素。

7.2.2 银行危机的含义

除了需要研究危机的影响因素之外,理解危机的含义也非常重要,换言之,在危机发生以后,银行部门和经济体发生了什么。例如,对由银行系统提供的贷款和借款的企业有负面影响的货币冲击,可能增强危机对整体经济的负面影响[伯南克(Bernanke,B.S.,1983)]。

卡洛米利斯和梅森(Calomiris,C.W. and Mason,2003)检验了在大萧条期间银行困境对实体经济的影响,以此来确定银行是否通过贷款供给扩大需求冲击。他们发现,银行贷款供给的变动的确解释了大部分收入增长的变动。

银行危机可能不仅限于国内经济体,也有可能通过提供贷款将负面影响传导到国外。例如,皮克和罗森格伦(Peek and Rosengren,2000)证明,20世纪90年代,日本证券和房地产价格的大幅下降对日本银行的资本有很大的负面压力,这最后导致他们减少借给美国的资金。这一事实使得作者可以检验(国外)贷款供给冲击影响(国内)实体经济活动的

---

① 3.2.2.4中的结构需求模型对多变量对数模型进行了详细描述。

程度。由于冲击对美国信贷市场而言是外生的，在同一时间通过日本银行的大量渗透传导到美国商业房地产贷款，这使得可以鉴别外生贷款供给冲击，并且将其与美国的主要商业房地产市场的建设活动联系起来。皮克和罗森格伦(Peek and Rosengren，2000)总结道，日本的贷款供给冲击对美国的经济活动有影响。

德米尔居斯—孔特、德特拉吉亚彻和古普塔(Demirgüc-Kunt，A.，Detragiache，E. and Gupta，2006)使用35个国家36次银行危机的银行面板数据，研究银行危机发生以后银行系统发生了什么。①作者试着探究金融危机发生后一些银行业务和宏观经济变量受到的影响。

德米尔居斯—孔特等人(Demirgüc-Kunt，A. et al.，2006)首先解决的问题是，银行困境是否会扩大负向冲击，从而延长萧条期[伯南克(Bernanke，B.S.，1983)]。他们的第二个问题涉及存款者挤兑。即，他们研究存款是否会在危机以后减少。在他们使用的最小二乘法中，关注的每个利率变量都对四个时间虚拟变量进行了回归，即危机发生的当年与之后的三年，国家虚拟变量也包括在内。正如德米尔居斯—孔特等人(Demirgüc-Kunt，A. et al.，2006)发现的，他们的结果发现的可能是危机与后果的联系而不是两者的因果关系。

而且，他们的结论(以及该领域的其他结论)可能是由于错误地设定模型导致的，因为没有考虑到变量的时间序列通常是非平稳的。众所周知，数据的非平稳使统计推断无效，因此得出的结论可能是错的。

虽然有前述的问题，但是德米尔居斯—孔特等人(Demirgüc-Kunt，A. et al.，2006)证明的结论仍然是具有启发性的，因为银行危机通常伴随着产出增长率的剧降(4个百分点)，但是危机后的第二年，增长率返回到危机前的水平。因此，危机对实体经济的影响可能是短期的，这证实了早期卡明斯基和莱因哈特(Kaminsky and Reinhart，C.，1999)的猜想。

进一步，相对于GDP大幅下降，银行总存款并没有出现这种情况，虽然存款者选择实力强大的银行来代替较弱小的银行——净化作用。这个结果是相当鼓舞人心的，因为这可能意味着功能良好的安全网起着作用，或者市场是自律的，并且会出现一个更健康和更有效的后危机时代。贷款的速度放慢，但是贷款与GDP的比率在危机以后上升。危机后的第二年，产出开始恢复，而贷款仍然停滞不动。包括健康的银行在内，所有的银行会重新配置资产组合并减少贷款，这意味着缺少贷款需求或者担保。

科尼特、麦克纳特和特瑞尼安(Cornett，M.M.，McNutt and Tehranian，2005)证实了"危机后的净化效应"，他们检验了银行破产对竞争银行的长期表现的影响。②他们证明，后危机效果是异质的，取决于银行破产是由于特殊的原因还是一般的经济下滑。如果破

① 他们认为如果不良贷款达到了总贷款的10%或者如果清理营运成本至少是GDP的2%，那么危机就是全面的。

② 他们拓展了阿哈诺尼和斯瓦瑞(Aharony and Swary，1996)的模型，后者没有区分破产的类型。阿哈诺尼和斯瓦瑞(Aharony and Swary，1996)发现，(1)竞争银行与破产银行的距离越近，(2)竞争银行越大，以及(3)竞争银行的杠杆率越高，传染效应越明显。

产银行的破产原因是很特殊的，那么它对竞争银行的经营表现具有正的影响，但是如果破产是因为一般的经济下滑，该结果并不成立。因此他们的结论意味着，基于恐慌的行为导致的传染效应可能不会出现在他们的数据中，而且理论上所强调的"协调问题"对"基于基本面的传染效应"之间的区别确实很重要。

上述的结论与博伊德、夸克和史密斯（Boyd，J.，Kwak and Smith，B.D.，2005）的证明结论不一致。他们试图评估现代危机导致的实际产出损失。这些作者批评之前的研究，他们指出，实际产出损失是被低估的，因为通常只考虑到危机发生时以及发生后产生的产出损失。相反，博伊德等人（Boyd，J. et al.，2005）证明存在很大的产出损失，大约是人均GDP的63%至302%，这反映在了非常缓慢的复苏时期中。然而，在更广泛的意义上他们的确支持之前的研究结果，即在成熟和高度发达的国家，危机与显著的人均实际GDP的下降无关。[①]这与其他国家形成鲜明对比，后者由危机导致的产出损失可能相当于几年的GDP。[②]

为了强调之前发现的危机的不同影响，最近戴尔·阿里西亚、德特拉吉亚彻和拉扬（Dell's Ariccia，G.，Detragiache，E. and Rajan，R.G.，2007）重新研究了"银行危机的实际影响"问题，试着发现银行部门的问题是否有独立的（根据同时发生的经济衰退）负面实际影响。他们控制行业—年、国家—年以及行业—国家的固定效应，将倍差法（我们将在第九章中详细说明）用于1980年至2000年41个国家的面板数据。他们使用以下公式，其中 i 代表国家，j 代表行业，t 代表时间：

$$\text{Real out put growth}_{ijt}=\sum_{i,j}a_{ij}d_{ij}+\sum_{i,t}\beta_{it}d_{it}+\sum_{j,t}\gamma_{jt}d_{jt}+ \delta\text{FINDEP}_j\times\text{Bank crisis}_{it}+\lambda\text{Controls}+\varepsilon_{ijt}, \tag{7.1}$$

其中，growth度量实际产出增长率，FINDEP则代表外部金融的独立程度，Bank crisis_{it} 是一个虚拟变量，当国家it年发生金融危机时取值为1。引入三组交互的固定效应用于控制公司绩效的冲击。

戴尔·阿里西亚等人（Dell's Ariccia，G. et al.，2007）提出的假设是，如果银行危机外生地阻碍实体经济，那么对外部融资具有更强依赖性的部门应该在银行危机期间表现得更差。他们发现这是事实，尤其是在发展中国家，对国外金融准入限制较低的国家，以及银行危机更加严重的国家中特别明显。而且，他们发现，相较于外部金融依赖性位于第25百分位数的行业，依赖性位于第75百分位数的行业在危机年份的附加值增长率会低1.1%。当控制了衰退、货币危机和银行依赖性的各种代理变量时，他们的结论是稳健的。因此，银行危机的反向影响相对于同时发生的普遍的经济衰退是独立存在的。

总而言之，结论表明，危机对产出和增长有显著的负效应，而且在较不发达的国家中更严重，因此强大有力且健康的制度环境是很重要的，它能促进建立较好的国家安全网和做好规制审查（这两者在欠发达地区通常都是欠缺的）。

---

① 例如，挪威就是一个例子，见翁杰纳等人（Ongena，S. et al.，2003）。

② 他们的结论是基于具有发达金融市场的国家。他们排除了像贫穷的东欧转型期国家，只考虑至少有10年股票市场历史的国家。

7.2.3 规制和银行危机

我们提出,对于政策和干预的目的而言,协调失败和依托于基本面的危机扩散的区分是非常重要的,这种区分有可能导致不同的干预而且可能受到它们的影响。如前所述,关于市场结构和银行固有的特征对脆弱性、破产、恐慌和危机扩散传染效应的影响的实证文献的结论,会影响或受制于适合银行部门的国家政策干预出现(或者缺席)。缓解破产问题的政策实际上很有可能起到反作用。

政策制定者已经使用存款保险这样的政策,从而在经济学家间争论很大,因为存在道德风险问题,这可能促使银行启动更多有相关风险的项目,从而又会引起更多的银行破产。戴蒙德和迪布韦格(Diamond,D.W. and Dybvig,P.H.,1983)在一篇很有影响力的文献中证明,存款保险是最优的选择,然而自我实现的存款者挤兑行为带来了不稳定性。另外,马图特斯和维维斯(Matutes and Vives,X.,1996)表明,当市场结构是内生时,存款保险会带来模棱两可的收益。

因此,要求实证分析确定存款保险对银行系统的稳定性的真实贡献。最近德米尔居斯—孔特和德特拉吉亚彻(Demirgüc-Kunt,A. and Detragiache,E.,2002)使用 1980 年至 1997 年 61 个国家的面板数据。目标是从其他潜在"贡献"中解开存款保险对稳定性的作用,这是非常困难的。而且,存款保险方案可能在不同国家和不同时间在特征和安排上发生显著变化(实务上和理论上),这为实证分析提供了机会,但是也使得得出统一的结论变得更加困难和有挑战。

为了探寻这些问题,德米尔居斯—孔特和德特拉吉亚彻(Demirgüc-Kunt,A. and Detragiache,E.,2002)使用了几种方法。在早期的工作中,德米尔居斯—孔特和德特拉吉亚彻(Demirgüc-Kunt,A. and Detragiache,E.,1997)首先使用了多变量对数法,在这种方法中,因变量是一个代表危机的虚拟变量,自变量则包括代表存款保险的虚拟变量(有或者没有存款保险)以及各种控制变量。接下来,作者用具有存款保险系统各种特征的更精练的一系列变量代替存款保险虚拟变量。为了得到更有效结论,他们加入各种体现制度质量和法律环境的变量。最后,他们处理了保险决策受到系统的脆弱性影响时可能会发生的联立偏误。

这些作者的结论是令人震惊的,明确的存款保险不利于稳定性,并且当解除对利率的管制且制度环境较差时,影响更大。而且,如果保险范围越大,且由政府而不是私人部门经营,那么存款保险的负效应越强。这些结论指出了健康和良好的制度环境非常重要,因为这可以在处理道德风险和其他相关问题时更有效。

7.2.4 传染性

正如我们所知,同业拆借市场通过在银行间提供流动资产,在运行良好及和谐的金融市场中发挥重要作用。但是,同业拆借市场上,银行间固有的相互连接和不同类型的披露也可能是传染的途径:影响一个银行的问题可能传导到其他银行甚至跨境的银行系统。

这个问题由罗切特和梯若尔(Rochet,J.C.and Tirole,J.,1996)、艾伦和盖尔(Allen,F. and Gale,D.,2000b)以及弗雷塔斯等人(Freixas,X. et al.,2000)进行研究。现代银行

和金融市场在创造新的金融工具和开发新市场方面很有创造力，因而为提升流动性、风险分担与风险敞口提供了新的渠道。然而，流动性的提高以及较好的多样性通常伴随着贷款风险转移的增多，特别是在发明和推广了大量的贷款结构和衍生工具，以及可能恶化传染的抵押贷款契约之后。正如最近艾伦和卡莱蒂(Allen，F. and Carletti，E.，2006)所示，当银行面临特别的流动性风险并在银行间市场上回避它时，传染效应就会发生。

我们应该关心银行间传染的可能性吗？不同的银行间市场结构倾向于导致更多的银行间传染吗？这些问题的答案在于这一现象是否有经验规律，从而导致不同的处理和限制银行间传染性的监管和干预措施。

银行间市场有四个最基本的市场结构[艾伦和盖尔(Allen，F. and Gale，D.，2000b)]：

1.完全结构，银行与其他银行对称连接；

2.不完全结构，银行仅与相邻银行连接；

3.不连接的不完全结构，存在两个不连接的市场；

4.货币中心，与所有银行对称连接但是本身之间没有连接[弗雷塔斯等人(Freixas，X. et al.，2000)]。

研究银行间市场结构与传染性风险之间关系的文献主要关注的是国家银行系统，表7.1列出了这些结果。最近两篇关于这一重要问题的文献突出了一些方法上的困难。底格里斯和阮(Degryse，H. and Nguyen，G.，2007)使用1993年至2002年比利时系统里个人银行的同业敞口时间数据，调查该市场传染风险的演化和影响因素。他们发现，从完全市场转移到多元的货币中心结构会降低传染的风险和影响，这与弗雷塔斯等人(Freixas，X.et al.，2000)的预期一致。接下来，他们证明了，跨境同业敞口的相对重要性上升会降低当地的传染风险。对跨境敞口依赖的上升，通过同业敞口，对潜在的全球传染会产生什么影响？这是一个开放性的问题。

密斯图里(Mistrulli，P.E.，2007)根据2003年的数据进行模拟，估计意大利同业系统传染的风险。得出的结论是，从一个安全结构转移到多元的货币中心结构会增加传染的风险，这与底格里斯和阮(Degryse，H. and Nguyen，G.，2007)得出的比利时系统结论相反。然而，这个差别的原因可能是密斯图里(Mistrulli，P.E.)的分析没有考虑到国际化水平的下降使得意大利银行间市场具有地方性，因此增加了传染的风险。未来的研究在使用微观银行数据时需要解决这些看起来互相矛盾的结论。

前述的实证结果都提出，估计银行间市场传染的风险是非常困难的。不同国家的银行间市场结构发展不同，因此实际管理可能是很难的，监管者很有必要加强日常监管。

总之，在看了那么多理论论据以及实证证据后，关于市场结构和稳定性关系的问题，最安全的方法是小心并仔细考虑在这复杂的关系中所有已知的因素。艾伦和盖尔(Allen，F. and Gale，D.，2004b)指出，市场结构和金融稳定之间的关系有很多可能性。由于效率和稳定都很重要，并且银行系统在这两方面上存在权衡问题，我们需要各种形式和强度的谨慎监管和干预。这些干预在和有效且谨慎的监管结合在一起时，能更有效地减少不稳定性问题及监管的副作用，而有效且谨慎的监管依靠健康的法律环境及政治制度。我们将在第九章讨论银行监管。

考虑到不同的冲击，传染也可以用更宽泛的方式度量。埃尔辛格、莱哈尔和萨默

(Elsinger,Lehar and Summer,M.,2006a)模拟利率冲击、汇率冲击和股票市场冲击对澳大利亚银行的同业支付的总影响。这些情况共同决定了银行的净值以及同业支付的可能性。他们区分了由相关的敞口导致的破产和由多米诺骨牌效应导致的破产。他们的模拟结果表明,虽然传染性欺诈概率相对于总的概率而言很低,但是有75%的欺诈是由传染效应引起的。

考虑到各种各样的冲击,另一种估计传染效应的方法是研究银行的股价变动。例如,莱哈尔(Lehar,2005)估计银行的资产组合之间的关系,用以计算系统风险。格罗普和维萨拉(Gropp,R. and Vesala,2003)使用违约距离的尾部性质研究传染风险,发现在欧洲、国内和跨境的传染都存在,但是国内的比跨境的更重要。

表 7.1 银行间传染和金融稳定

文献	国家、时间	同业敞口多重来源	包含的敞口	对于100%LGD而言传染的重要性(如果允许)
阿蒙森和昂特(Amundsen and Arnt,2005)	丹麦 2004	大规模支付系统	国内同业间隔夜贷款利率到期少于一年	丹麦的1%～4%银行资产
布拉瓦格和尼曼德(Blavarg and Nimander,2002)	瑞典 1999/9—2001/9	监管报告中4个最大银行的15个敞口	存款、安全性和衍生品;外汇结算风险	108件案例中16件有潜在的传染
底格里斯和阮(Degryse,H. and Nguyen,G.,2007)	比利时 1992/12—2002/12	集中敞口与大量敞口的登记	都是有关资产负债表内项目的敞口	银行资产总量的3%～85%(取决于时间和市场结构)
埃尔辛格等人(Elsingeret al.,2006a)	澳大利亚 2001/9	ME与信贷登记	国内银行贷款	当LGD为100%时所有银行的70%
埃尔辛格、拉哈和萨默(Elsinger,Lehar and Summer,M.)(2006b)	美国 2003	监管报告和股票市场价格	包含资产负债表外工具的大量敞口	传染性违约的可能性接近于零
福法音(Furfine,2003)	美国 1998/2—1998/3	联储电信支付	联邦基金交易	少于总资产的3.5%
卢布罗伊(Lublóy,2005)	匈牙利 2003年50天	监管报告	非抵押	受限

续表

文献	国家、时间	同业敞口多重来源	包含的敞口	对于100%LGD而言传染的重要性(如果允许)
密斯图里(Mistrulli, P. E., 2005)	意大利 1990/12—2003/12	监管报告	除去股本的所有的资产负债表内敞口	银行业总资产的16%左右
穆勒(Müller, 2006)	瑞士 2003/12	监管报告	所有敞口包括信用额度	约银行业总资产的3%/20%破产/非流动性
谢尔顿和莫勒(Sheldon and Maurer, N., 1998)	瑞士	有关银行类别的ME(非私人银行)	国内银行贷款	首轮效应有限
厄珀和沃尔姆斯(Upper and Worms, 2004)	德国 1998/12	ME,通过到期和类似方式使用破产	国内银行贷款	总资产的85%
范.莱利维德和来多尔普(Van Lelyveld and Liedorp, 2006)	荷兰 2000/12	ME,大量敞口,对于大银行的监管报告	资产负债表内项目敞口,按照区域组合的国外银行	总资产的96%
韦尔斯 Wells, 2004)	英国 2000/12	ME和20个最大敞口的监管报告	包含资产负债表外大量敞口	总资产的25%

注:本表总结了银行间市场的传染研究成果。前面两列是文献出处、国家和研究时期。第三列是同业敞口模型的来源。第四列是包括的敞口。第五列是研究中可得的,传染的重要性高达LGD的100%(如果允许)。

FX指外汇,LGD指违约时的损失,ME表示中等规模的企业。

资料来源:厄珀(Upper,2006)。

8.银行业的风险管理

8.1 引言

为了利润以及股东财富的最大化，银行也需承担风险。银行进行风险管理不仅是为了自己的利益，也是为了客户的利益。他们在风险上充当做市商，承担库存风险[托马斯.S.Y.侯和桑德斯(Ho and Saunders，A.，1981)]。金融机构在度量和管理风险方面是专家。金融中介应该谨慎地度量并管理面临的风险，因为这些风险会通过常见冲击的传染和敞口威胁金融机构的支付能力，进而影响银行和整个经济系统的稳定性。

在本章，我们讨论在银行中度量和管理风险最重要的方法和发现。本章的目的不是提供所有银行用于管理风险的具体产品概述，例如远期、互换、利率上下限和期权。我们推荐读者参考桑德斯和科尼特(Saunders，A. and Cornett，M.M.，2002)的著作，他们对银行如何使用衍生品来管理银行风险做了一个广泛的回顾。

在第7章中，我们提到，银行可能破产，而这会给整个银行系统带来压力，例如通过银行间的联系和通过常见的冲击导致的敞口。在本章中，我们讨论在金融机构中风险是如何度量及管理的；我们不再关注一个机构的破产如何传导到其他机构或者传导到整个金融系统。潜在的溢出效应表明，银行业中的谨慎是非常必要的。

银行管理者不仅处理反映在表内的项目，还要处理表外项目。第一，他们应该管理他们的资产，或者实行资产管理。银行会在资产组合中最优化选择多元资产及低风险资产。第二，银行债务管理的目的应该是降低资金成本，并且没有严重的期限错配。后者反映公司管理债务流动性的能力，包括银行的资产和负债。第三，银行应该保持足够的资本以应对突发的损失。这种资本管理反映了银行自愿持有的经济资本和监管机构要求的监管资本。最后，金融机构对资产负债表内及表外的活动进行决策。对银行来说，资产负债表外的管理也是很重要的，因为资产和负债通常是或有的，这意味着许多风险隐藏在报表，在报表上是看不见的。

银行有不同种类的风险。我们采用弗雷塔斯和罗切特(Freixas，X. and Rochet，J.C，1997)的方法区分银行违约风险和信用风险、流动性风险、市场风险。[①]在方法部分，我们讨论度量市场风险最常用的方法，即在险价值法，同时也讨论信用风险的度量。

---

① 桑德斯和科尼特(Saunders，A. and Cornett，M.M.，2002)提供了处理其他风险的方法，例如操作和技术风险。

8.2 方法:在险价值法和信用风险度量

银行引领着风险管理技术的发展。这一领导作用源自其工作的本质。银行开发了许多(内部的)模型度量银行风险。例子包括 JP 摩根的信用度量模型、瑞士信贷金融产品的信用风险模型及信用监控的穆迪 KMV 模型。

银行部门通常用来度量市场风险的方法是在险价值法(VaR)。VaR 的目的是计算下一个交易日资产组合收盘价可能产生的亏损。根据巴塞尔协议的"内部模型法"对资本的要求,金融机构有权制定和开发自己的在险价值模型。

VaR 是一种概率的或者说统计学的方法,确定银行由于资产组合价值的变化导致的潜在损失,而资产组合价值的变化是由市场价格(例如利率、汇率或者股票价格)的变化导致的。资产组合的在险价值就是,在给定的置信区间里,最差情况下一段时间内的预期损失。

为了更正式定义在险价值,回顾正态分布的基本性质,它由两个参数决定,即均值 μ 和标准差 σ。VaR 也取决于选择的置信区间,即在一天中结果比 VaR 更糟糕的情况出现的概率为 α。我们把 VaR 的 α 分位点标记为 $VaR_{\alpha\%}$。例如,$VaR_{1\%}$ 表示超过该损失的概率仅为 1%。

为了阐述 VaR 的应用,考虑一个持有基于标普 500 指数的 10 亿美元的市场资产组合的银行,假设每天的平均回报是 0,而每天的标准差是 100bp。例如,$VaR_{5\%}$ 意味着,$VaR_{5\%}=100\ 000$万美元$\times 1.645\times 100bp=16\ 450$万美元,其中 1.645 是标准正态分布中 5%分位数。所以 10 亿美元的资产组合,损失超过16 450万美元的概率只有 5%。

目前为止,我们只考虑了每天的 VaR,而且 VaR 只应用到一种证券中。根据清算时间、持有时间和其他决定因素,银行和监管机构可能想知道一段时间——一周、一个月或者一年的 VaR。所以,N 天的 $VaR_{\alpha\%}$ 变成了 $\sqrt{N}\times VaR_{\alpha\%}$,隐含的假设是,回报是不可预测的(或者是随机游走的),波动率不是随着时间变化的。VaR 也可以简单地扩展成包括几种通过多元化获利的证券。例如,对于利率的变化,VaR 需要考虑到持续时间 D 的影响,即利率 1 个基点的变化会导致债券价值 D 个基点的变动。

上述在险价值方法从一系列的假设开始,而这些假设可能并不成立。此外,为了获得无偏的 VaR,需要使用恰当的估计方法估计输入变量。下面我们阐述一些有关 VaR 的输入变量及其应用。

8.2.1 假设

VaR 从资产收益的正态分布开始。然而,现实中资产收益可能偏离正态分布。一种偏离表现为资产收益厚尾——相对标准正态分布而言尾部的概率比重更大。因此虽然真实的分布有相同的均值和方差,但概率分布在尾部区域的概率密度会更大。这对风险管理者而言是很重要的,因为当分布出现厚尾时,正态分布低估了极端事件的真实影响。一个相关的问题是分布可能是有偏度的:资产价格的下降比上升幅度更大,以致分布并不对称。最后,描述正态分布的参数可能是不稳定的,例如源自不同的市场条件。以机制一转换波动模型为例，条件波动率是正态的，但是会表现出不同的形态。因此，资产收益是条件正态分布的。

8.2.2 估计方法

可以使用不同的方法来估计 VaR。我们对方法进行下面的分类[艾伦、布多克和桑德斯(Allen，L.，Boudoukh and Saunders，A.，2004)对此有更详细的讨论及相同的分类]。第一种重要的类型是基于历史的方法。该方法使用历史时间序列数据来推导条件分布的形状。可以通过参数方法推导出形状，这对条件资产收益强加了专门的分布假设。例如，波动率服从随着时间变化的正态分布。因此要使用最近的数据并作出许多参数假设来估计波动性和相关系数。使用非参数方法也是可能的，即直接使用历史数据，而不需要更进一步的参数估计和限制。历史模拟和反馈模拟就是这种情况。主要的想法是采用目前的资产组合并根据观察到的过去的价格重新估计这些资产。在此基础上，$VaR_{\alpha\%}$ 可以通过在最差情况下进行计算：基于最近的历史金融数据，只有 α %的时间，资产组合的价值会低于此值。最后，在基于历史的方法中，我们使用将参数和非参数的方法结合起来的混合方法。

第二个重要的类型是隐含波动率方法。与使用历史数据相反，这种方法使用衍生产品价格来推断隐含波动率。隐含波动率是由 Black-Scholes 期权定价模型推算出来的。所以这种隐含波动率方法使用所有可得的市场信息，因此也包含了前瞻性信息。

8.2.3 不可交易贷款、羊群效应及 VaR 的使用

虽然对可交易证券而言 VaR 很简单且适用，但是在不可交易贷款或者交易频率较低的贷款中，较少直接使用 VaR。原因是，像贬值或者违约这样的信用事件是很少的。除了传统的专家系统、评级系统及信用评分模型，当时间区间很长时，银行仍然选择 VaR 模型来度量信用风险敞口。

使用一系列的传统方法和更现代的方法度量信用风险可以用来估计违约概率(PD)。目前有一系列的不同的传统方法。专家系统就是第一种方法，例子包括 5C：品德(名声)、资本(杠杆率)、经营能力(盈利波动)、抵押，以及经济环境。这些 5C 可以由人工计算，也可以通过使用神经网络评估。

第二种方法是使用内部评级系统。自从巴塞尔新资本协议公布以后，许多银行设置了内部评级系统。每笔贷款都会基于违约概率得出个人评级，通常也可估算出违约损失率(LGD，等于 1－回收率)[崔西和凯里(Treacy and Carey，2000)对美国进行了概括]。第三种方法是由阿特曼(Altman，1968)首先提出的信用评级模型。金融变量通过不同的方法(例如判别分析或者 logit 模型)与违约联系起来。

信用风险的度量可由两种更现代的理论方法来获得，这两种理论方法可获取违约概率并将其作为 VaR 模型的输入变量。第一种建立在违约概率基础上的现代方法是度量信用风险的期权理论结构模型。该理论模型是莫顿(Merton，1974)提出的，他将公司的股票模型化为对公司资产的看涨期权，同时行权价与偿付额相同。莫顿证明，均衡的违约风险溢价可以表示为

$$r_l - i = \left(\frac{-1}{\tau}\right) \ln\left[N(h_2) + \left(\frac{1}{d}\right) N(h_1)\right] \tag{8.1}$$

r_l 是风险债务要求的收益率，i 是具有相同期限的债务的无风险收益率，τ 是贷款的到期时间，d 是“准”债务资产比率(等于债券 B 的贴现值除以资产 A 的市场价值，即 $Be^{-i\tau}/A$)。$N(h_2)$ 表示在 T 时刻根据风险调整的生存概率(从标准正态分布的统计表中得出)。

为了应用这个模型，我们需要关于公司资产 A 的市场价值及资产风险的信息，而这两者都不能直接观察到。不同的假设可以得到对资产风险和公司资产的估计(例如，KMV 的信用监控使用包括历史经验的数据库)。

第二种现代方法是信用风险度量的简化形式。简化形式没有将导致违约的经济过程模型化，而是将违约模型化为一个点过程。观察到的信贷息差是违约的预期损失，而这是由违约概率(PD)和违约损失(LGD)决定的。正式的形式是：

$$r_l = i + \mathrm{PD}_t \times \mathrm{LGD}_t \tag{8.2}$$

其中，时间下标 t 表明 PD 和 LGD 都是与时间相关的。

几乎所有的金融机构都使用相似的量化方法来管理风险，例如 VaR。这一广泛应用的方法引起了人们的关注，因为类似的模型可能在银行之间引起羊群效应。这意味着在困难时期会有较高的波动性，并最终导致银行之间同时发生破产或者系统性的风险(巴斯克和夏皮罗[Basak and Shapiro，2001)阐述了理论基础]。

VaR 有许多限制和缺点。VaR 度量受限模型化风险，因此 VaR 方法需要进行回溯测试，即将历史的 VaR 度量值与实际损失做比较。如上所述，过去的收益和波动率并不能较好地反映未来的价值，因为存在异常冲击或者结构变化等因素。回顾监管的过程中，监督使用内部模型的巴塞尔委员会(见巴塞尔协议Ⅱ第二支柱)，提出将内部模型进行回溯测试和压力测试[坎贝尔(Campbell，2005)，介绍了回溯测试和压力测试的过程]。

虽然 VaR 是使用最多的标准方法，但是它对于经济资本的定义存在缺陷。例如，它没有提供在分布尾部发生的事件产生的损失规模。期望损失(ES)给出了该估计值，它等于分布尾部的条件期望损失。监管者本身对预期的超额损失感兴趣，即超过银行的经济资本的那部分损失。

8.3 证据

我们将根据银行面临的不同类型的风险：违约风险、信用风险、流动性风险、市场风险，分别讨论银行的风险管理证据。

8.3.1 违约或者信用风险

贷款损失或者交易对手的损失是银行部门损失最常见的来源。银行使用一系列的标准方法管理信用风险，例如对个人借款者设置风险敞口上限(以避免借款的个人集中化)，以及对单个部门或者高度相关部门设置敞口上限(以避免部门集中化)。在债券、期权、远期及证券产品这些非贷款金融工具中，银行也面临着信用风险。

在贷款的“批发”市场，信用风险模型可以使用关于公司财务健康的大量信息，但是对于“零售”的借款者而言，信息是相当不透明的。因此，这些贷款通常是无法流动的，而且在二级市场也较少交易。虽然“零售”的借款者在银行贷款组合中占有相对较高的比重，但是只有少量的学术研究估计了零售借款者和中小企业的贷款风险。例外的有：迪奇和皮蒂（Dietsch，M. and Petey，2004），他们提供了一种方法用于估计这种类型的信用风险；杜尔曼和马斯切雷恩（Dullman and Masschelein，N.，2006）研究了集中化风险；希门尼斯、翁杰纳、佩德罗和绍里纳（Jiménez，Ongena，S.，Peydró and Saurina，J.，2007）；亚尼多、翁杰纳和佩德罗（Ioannidou，V.P. and Ongena，S. and Peydró，2007）使用时变久期模型研究个人银行贷款的绩效，以评价货币政策对银行风险承担的影响。

8.3.2 流动性风险

银行根据需求提供流动性，因此要应对突然的流动资产提取及银行挤兑[例如戴蒙德和迪布韦格（Diamond，D.W. and Dybvig，P.H.，1983）]。银行根据需求向资产方和负债方都提供流动性，例如，通过贷款承诺的方式。卡沙亚普、拉扬和斯坦（Kashyap，A.，Rajan，R.G. and Stein，J.C.，2002）认为，资产负债表的两边具有协同效应：如果存款者提款与贷款承诺的执行不是高度相关的，则这两种活动都承担持有充足的流动资产的成本。他们的模型预测，相对于其他机构，银行应该有更多的贷款承诺；而在银行内部，有更高的存款需求的银行应该有更多的贷款承诺。

卡沙亚普等人（Kashyap，A. et al.，2002）提供了证明这些理论推测的依据。他们使用 1993 年 NSSBF 数据和财政报告，将承诺率[贷款承诺/（贷款承诺＋贷款）]用常数和存款率（活期账户存款/总存款）进行回归。他们发现，存款率上升 1 个标准差可解释承诺率约 18％的 1 个标准差。当研究证券/资产的比率时，相似的结论仍然成立。

格特福、舒尔曼和斯特拉恩（Gatev，Schuermann and Strahan，P.E.，2007）对卡沙亚普等人（Kashyap，A. et al.，2002）的理论进行了更进一步的研究，尤其是对于源自资产端的流动性风险与负债端的流动性风险会不会产生多元化的利益。他们关注上市银行，并研究影响银行股票回报波动的决定因素。他们发现，银行股票回报的波动会增加未使用的贷款承诺，但这对活期存款水平很高的银行而言并不成立。这种现象表明了套期保值的协同效应是存在的。他们更进一步发现，当市场的流动性（由商业票据和短期国库券的价差来代表）很低时，套期保值的协同效应更强。当企业想要使用闲置的信贷额度时，银行会获得活期存款的流入[格特福和斯特拉恩（Gatev and Strahan，P.E.，2006）]。

8.3.3 市场风险

虽然 VaR 在金融和非金融公司中被广泛应用，但数据和风险模型的固有特征阻碍了实证文献的公开发表。伯克威茨和奥伯里恩（Berkowitz，J. and O’Brien.，2002）首次给出了将 VaR 模型应用到六家美国大银行的效果的直接证据。他们掌握了从 1998 年 2 月到

2000 年 3 月之间每天盈利和损失数据，报告了估计出的每日 VaR 值。[①]银行保存了这些估计值以便进行回溯测试。

伯克威茨和奥伯里恩(Berkowitz,J. and O'Brien.,2002)发现，六家银行中的五家，平均 VaR 值落在每天盈利和损失的 99%分位数之外。这表明，VaR 估计是相当保守的。当实际的损失比预期的 VaR 更大时，平均的偏离是相当大的(例如，有两个银行的偏离超过 VaR 的两个标准差)。为了评估预测的效果，偏离不仅应该在 1%的时间里发生，而且这些偏离应该是独立同分布的(i.i.d)。伯克威茨和奥伯里恩(Berkowitz,J. and O'Brien.,2002)将银行内部产生的 VaR 与基于 ARMA+GARCH 模型测算的 VaR 时间序列进行比较并研究预测效果。虽然 ARMA+GARCH 模型并没有考虑到现存的资产组合信息及证券之间的关系，但是它仍为时刻变化的波动性提供了一些信息。

他们的结论显示，时间序列 VaR 的平均值与 VaR 的 99%分位数相近，消除了内部 VaR 的一些保守性，而且没有产生更大(最大)的偏离。因此，时间序列 VaR 对资本需求量可以比内部产生的 VaR 对资本的需求量更低，并且同样有效。总之，这证明了准确度量考虑到上千种市场风险因素的结构 VaR 是很有挑战性的。而且，结构 VaR 并没有考虑到依时而变的波动率。

通过使用从一家大的国际商业银行的柜台级别数据估计 VaR 模型，奥伯里恩和伯克威茨(O'Brien and Berkowitz,J.,2006)对伯克威茨和奥伯里恩(Berkowitz,J. and O'Brien,2002)进行了补充。他们获取了涉及证券交易的四条业务线的每天盈利和损失数据，以及前一天的 $VaR_{1\%}$ 预测值。他们运用广泛使用的工具研究 VaR 的运作状况。尤其是，他们提出了 VaR 预测的偏离是无法预期的。他们使用一系列的鞅检验方法来评估这一无法预期性。例如，他们通过估计样本的自协方差及使用 Ljung-Box 检验来检验无关性。在原假设下，所有的自协方差都是 0：

$$H_0: \gamma_k = 0, k > 0, \tag{8.3}$$

其中 k 是自协方差的滞后阶数。与其对应的备择假设是

$$H_1: \gamma_k \neq 0, \text{对于某些 } k, \tag{8.4}$$

Ljung-Box 统计量是一个联合检验，检验前 m 个自协方差是否为 0：

$$LB(m) = T(T+2)\sum_{k=1}^{m}\frac{\gamma_k^2}{T-k} \tag{8.5}$$

这个统计量渐近服从自由度为 m 的卡方分布。

他们也研究了偏离/非偏离是否取决于其滞后值和滞后变量，例如以前的 VaR 预测值[参考坎贝尔和希勒(Campbell and Shiller,1987)]。而且他们还检验了偏离之间相隔的天数是否可以预测[克里斯托弗森和佩尔蒂埃 Christoffersen and Pelletier,2004)]。

伯克威茨和奥伯里恩(Berkowitz,J. and O'Brien,2006)发现了四条业务线的波动率的动态变化及盈利和损失的非正态性的强有力证据。他们发现，虽然 VaR 预测值变化得

① 培里依、邓和王(Perignon,Deng and Wang,A.H.,2008)使用加拿大银行的样本数据证实了这一保守特征。他们发现历史的 VaR 夸大风险的范围在 19%到 79%之间。他们将此归因于加总所有的业务线时的极度谨慎及对多样化的收益的低估。

相当快,但还是出现了 VaR 偏离的集聚。伯克威茨和奥伯里恩(Berkowitz,J. and O'Brien,2002)认为 GARCH 模型可能是有效移除 VaR 偏离集聚的方法。

但是公开披露的 VaR 的用途有多大呢？自从 1995 年,在巴塞尔银行监督委员会及之后的巴塞尔协议的压力下,银行在财务报告中通常都提供 VaR 的估计值。乔瑞(Jorion,2002)使用美国主要的 8 个银行的数据,研究了在财务报告中 VaR 披露的真实性。他使用季度和年度财务报告研究这些公开披露的 VaR 和交易收入的波动性之间的关系。他的结论是,VaR 度量值可以用于预测银行交易收入的变动率。

显然,从上述可知,在过去的几十年里,度量风险的方法已经有了很大的进步。同时,学术研究通常面临着缺乏具体的银行数据和柜台级别数据用以进行独立分析的窘境。银行本身已经从定义上发展了内部模型。次贷危机时的市场混乱及 2007 年法国兴业银行的流氓交易员事件说明,在这个领域不断地进步是很重要的,并且需要将内部模型进行更深入的学术研究和监管考查。

9.银行规制

9.1 引言

大多数国家都对银行有一系列严格的规制[维维斯(Vives,X.,1991);费雪和法伊尔(Fischer,K.H. and Pfeil,2004)]。一些规制会弱化竞争。例如,对新进入银行及银行竞争性工具的限制。其他的规制如在空间和规模上限制银行活动,限制银行多元化及利用规模/范围经济。最后,严格的规制能改变银行与其他非银行机构的竞争地位[迪瓦崔普提夫和梯若尔(Dewatriptive and Tirole,J.,1994)]。

在过去的20年,包括欧盟和美国的一些国家,为了促进竞争和加强金融整合,已经实施了一系列宽松的变革措施。

我们首先回顾用于研究规制效果的关键方法,并重点关注倍差法(DD)。然后我们研究监管对(1)市场结构,(2)银行产品,(3)银行战略,以及(4)金融稳定与发展的影响。

9.2 方法:倍差法

倍差法(difference-in-difference approach,DD)的目的是识别某种处理手段的影响,例如,放松规制的影响。原理是,观察在两个时期的两组数据的结果。第一组在第一期不进行处理但在第二期进行处理,第二组则完全不进行处理。

定义A是控制组,而B是对照组,y是我们关注的变量。那么,我们可以写出:

$$y=\beta_0+\beta_1 d_B+\delta_0 d_2+\delta_1 d_2 d_B+u, \tag{9.1}$$

其中,d_B是虚拟变量,捕捉对照组B和控制组A在政策变化之前的不同。d_2也是虚拟变量,代表在第二期政策没有变化的情况下发生的变化。我们关注的系数是δ_1。DD估计等于

$$\hat{\delta}_1=(\bar{y}_{B,2}-\bar{y}_{B,1})-(\bar{y}_{A,2}-\bar{y}_{A,1}), \tag{9.2}$$

当超过两期时,可以对DD方法进行简单的扩展,即把时间虚拟变量加入方程中。那么,潜在的假设是,处理手段的影响每年都是一样的。

更进一步的扩展称之为三重差分法(difference-in-difference-in-differences,DDD)。三重差分法需要对对照组和控制组进行进一步的改进。假设在A组和B组之间,存在一组E,E组在处理后是有效的。定义d_E为E中的某一个虚拟变量。那么,我们有

$$y=\beta_0+\beta_1 d_B+\beta_2 d_E+\beta_3 d_B d_E+\delta_0 d_2+\delta_1 d_2 d_E+\delta_3 d_2 d_B d_E+u, \tag{9.3}$$

我们现在关注的是含三个变量的交互项 $d_2 d_B d_E$ 的系数，该估计值为

$$\hat{\delta}_3 = (\bar{y}_{B,E,2} - \bar{y}_{B,E,1}) - (\bar{y}_{A,E,2} - \bar{y}_{A,E,1}) - (\bar{y}_{B,N,2} - \bar{y}_{B,N,1}), \tag{9.4}$$

其中，N 是不在 E 组中的。

贾亚拉特纳和斯瑞安(Jayaratne, J. and Sreahan, 1996)研究了美国的州内银行分支行的改革，20 世纪 70 年代早期，大约有 35 个州放松对州内分支行的限制。他们使用一般的 DD 方法研究分支行改革前后每一个没有受到改革影响的州的经济增长率变化。他们使用了以下的固定效应模型：

$$y_{i,t} = \alpha_t + \beta_t + \gamma D_{it} + \varepsilon_{it}, \tag{9.5}$$

其中，i 代表州，t 代表年份，y 代表人均经济增长。

这里所做的处理是放松对分支行的管制。D_{it} 是代表分支行的指标，当分支行所在的州允许合并和收购时等于 1，否则等于 0。固定时间效应和固定州效应应该控制州和时间的增长冲击。因此控制组是所有州的平均水平，而不是没有放松管制的州。参数 γ 表示放松银行分支管制导致的增长。他们发现，在银行放松分支管制之后，经济增长率提高了 0.94%**。

黄(Huang, 2008)更进一步使用 DD 方法。尤其是，他创造了一种自然的"断点回归法(regression discontinuity)"，来比较不同州的边界处相邻县的经济状况，其中只有一个州放松了银行分支管制。这一地理匹配可能会增强控制组的可观察特征，在这种情况下控制组和对照组差异会更小。在不可观察的特征中，地理匹配可能是个进步，因为相邻国家的差异会更小。他的实证结果表明，23 个放松管制的事件中，只有 5 个显著地促进了经济增长。

9.3 证据

9.3.1 规制和市场结构

许多文献研究放松管制是否影响竞争。例如，安杰利尼和切托雷利(Angelini, P. and Cetorelli, N., 2003)通过分析 1983 年至 1997 年之间的数据，研究欧洲银行第二指令对意大利银行业竞争的影响。通过使用推测变差模型(conjectural-variations model)，他们推算出银行 i 的勒纳指数 L：

$$L \equiv \frac{p_i - MC_i}{p_i} = \frac{-\theta_i/\varepsilon}{p_i}, \tag{9.6}$$

其中，θ_i 是整个行业产出关于银行 i 的产出的推测弹性，且 $\tilde{\varepsilon} = \frac{\partial Q/\partial p}{Q}$ 是市场需求对价格的半弹性。在 1983 年至 1992 年之间，勒纳指数保持不变，但在那之后就稳定地下降，这意味着 1993 年之后竞争程度上升。

切托雷利和安杰利尼(Angelini, P. and Cetorelli, N., 2003)更进一步探讨了 1993 年以后的勒纳指数的变动是否可以归因于第二指令。他们控制了市场结构的变化(HHI、地方市场营业中的银行数目和人均分支行数量)和一些其他外生变量，发现代表 1993 年

至1997年的虚拟变量,解释了大部分勒纳指数的下降。勒纳指数从1992年以前的14%下降到1992年之后的6%。代表放松管制的虚拟变量解释了这一下降的5%。

瓜尔(Gual,J.,1999)研究了1981年至1995年欧洲银行放松管制对欧洲银行市场结构的影响。他计算出了集中度对竞争(通过放松管制直接度量)的弹性:用样本均值来评估,发现放松管制程度上升10%会导致CR5(前五大企业集中度)上升0.86%。

最后,引用率很高的斯皮勒和法瓦罗(Spiller,P.T. and Favaro,E.,1984)一文,研究了解除进入壁垒对乌拉圭的寡头银行之间相互影响的效应。在1978年6月之前,进入完全是不可能的。他们发现,解除进入壁垒的管制以后,在领军银行中寡头之间的相互影响实际上降低了,即竞争程度下降。

9.3.2 规制和银行行为

银行规制如何影响银行利差?贾亚拉特纳和斯瑞安(Jayaratne,J. and Sreahan,1998)发现,在美国允许在全州设立分支行以及跨州开展银行业务会降低营业成本和贷款损失,并最终会以降低贷款利率的形式影响借款者。德米尔居斯—孔特、拉文和莱文(Demirgüc-Kunt,A.,Laeven,L. and Levine,R.,2004)用72个国家的银行数据,研究了银行监管对银行净利差的影响。商业银行监管的数据来自巴特、卡普里奥和莱文(Barth,J,R.,Caprio,J. and Levine,R.,2001)。监管变量包括禁止进入的部门,银行在证券市场、投资银行领域的经营活动受限程度的代理变量和法定准备金率要求的度量变量。他们也使用传统基金会的"银行自由"指标,该指标度量了银行业的开放程度及银行能自由经营的程度。每次回归中加入一个不同的监管变量,同时也加入了银行特有的和宏观的控制变量。

德米尔居斯—孔特等人(Demirgüc-Kunt,A. et al.,2004)的结论表明,有约束的银行监管从本质上会使净利差上升。例如,进入限制、活动限制、法定准备金率或者银行自由度上升1个标准差,现有银行净利差分别提高50***、100***、51**和70***bp。然而,当加入除了银行特有的和宏观的控制变量之外的产权指标后,监管限制变为不显著,而且没有提供任何额外的解释力。德米尔居斯—孔特等人(Demirgüc-Kunt,A. et al.,2004)对此的解释是,银行监管反映了某种程度上更为宽松的竞争环境。他们的解释与克罗兹那和斯特拉恩(Kroszner,R.S. and Strahan,P.E.,1999)及加勒特、瓦格纳和惠洛克(Garrett,Wagner and Wheelock,2004)的结论是一致的,后者研究美国放松银行分支管制的政治和经济动力。

9.3.3 规制和银行战略

外国银行的出现如何影响竞争呢?外资银行可能不仅与国内银行以不同的方式竞争,而且也可能受到不同国内规制的影响。莱文(Levine,R.,2003)区分了国外银行和国内银行的进入壁垒的不同[他进一步改善了德米尔居斯—孔特等人(Demirgüc-Kunt,A.

et al.,2004)的分析]。他证实,外国银行的进入壁垒决定了利差,[①]而国内银行的进入壁垒并不如此。例如,比国内银行通常更有效率的国外银行可以进入许多转型国家或者发展中国家,因为政府官员不会试着通过延迟或者禁止国外银行进入,来鼓励民营的国内机构联合成为"国内冠军"[伯杰(Berger,A.N.,2007b)]。在这些国家,和外资控股的国内银行在银行效率上的贡献相比较,由国外银行持有的国内银行并不决定银行利差。

国有银行也可能与民营机构以不同的方式进行竞争。政府持有银行在世界上仍然是普遍的,尤其是在发展中国家[拉·波尔塔、洛佩斯—德—赛兰斯和施莱弗(La Porta,R.,Lopez-de-Silanes,F. and Shleifer,A.,2002)]。跨国的例子表明,银行部门中国家持有的比重越大,竞争性越弱[巴特、卡普里奥和莱文(Barth,J,R.、Caprio,J. and Levine,R.,2004)],并且金融发展越慢[拉波尔塔等人(La Porta,R.et al.,2002)]。然而,从国有银行借款实际上比从私人银行借款支付的利息更少[萨皮恩扎(Sapienza,P.,2004)]。如果这个相对更低的利率实际上是针对生产力较低的公司,那么国有银行可能导致了信贷配置不当,最后导致经济不景气并负面影响经济增长。[②]

银行监管政策通常会影响贷款的可获得性。例如,贝克,德米尔居斯—孔特和莱文(Beck,T.,Demirgüc-Kunt,A. and Levine,R.,2006b)指出,委托监管机构直接监督、处罚和影响银行,实际上会使得银行更加腐败,使之成为公司获得外部融资的绊脚石。另一方面,通过加强公众对银行真实信息的披露来促进私人监督,可以减少腐败。

9.3.4 规制、金融稳定性和发展

规制约束在其他方面会带来好处吗?贝克、德米尔居斯—孔特和莱文(Beck,T.、Demirgüc-Kunt,A. and Levine,R.,2004)检验了其与金融稳定性的关系。他们研究了银行集中度、银行监管和国内机构的扶持——例如竞争和产权——对银行危机可能性的影响。他们发现,更少的监管限制、更低的银行进入壁垒和对银行活动更少的限制,会导致更低的银行脆弱性,这表明监管限制对金融稳定是不利的。布莱克和斯特拉恩(Black,S.E. and Strahan,P.E.,2002)发现,对分支行和跨州银行业务放松管制会提高美国国内的并购率,这意味着放松管制使得融资更容易。类似地,科尔和南达(Kerr,W. and Nanda,R.,2007)证明,在美国放松管制后更易获得资金,有利于小型新兴企业的进入。也提高了整个公司规模分布的配置效率。存活下来的小的新兴企业通过"创造性破坏"代替现有的企业也会变得常见。

放松规制也产生了一些有趣的动态影响。如果放松规制导致了竞争性加强,那么我们能预期,"好的银行"能存活并且发展得更快,而"差的银行"会萎缩并最终退出。例如,斯提罗和斯特拉恩(Stiroh and Strahan,P.E.,2003)评估了在美国银行业放松规制之后以市场份额和行业退出来度量的竞争动态。运作良好的银行更有可能在放松管制之后增加

---

① 马格里、莫里和罗西(Magri,S.,Mori,A. and Rossi,P.,2005)证实,在1992年第二指令生效以后,监管壁垒的削弱导致了国外银行成功进入意大利银行市场。

② 这与所谓的僵尸借贷现象有关[卡巴勒罗、星岳雄和卡沙亚普(Caballero,Hoshi and Kashyap,A.),2008]。

市场份额。而且,他们还发现一个与放松规制的力量相符合的有趣的异质性:在实行单一银行制的州和具有更高集中度的市场上,绩效与市场份额之间的密切联系是最强的。放松分支行规制对小银行的影响是最大的,而跨州放松规制对大银行的影响最大。他们也发现,表现最差的银行在放松规制之后萎缩了;在放松跨州银行规制之后,退出率上升了3.6%;在放松规制之后,存活下来的银行利润上升了。最后,布赫(Buch,C.M.,2003b)探索了放松规制对银行的总金融资产的影响。她发现,欧盟单一市场项目和巴塞尔资本协议分别对欧盟内部持有的资产和借给 OECD 国家的资产有正的影响。

总之,尽管很多国家经历了几十年的放松规制,但是银行市场结构、行为、战略、稳定性和发展在很大程度上还是深受规制的影响。我们需要更多的研究来探索规制对宏观经济的最不利影响,例如收入分配[贝克、莱文和莱弗科夫(Beck,T.,Levine,R. and Levkov,2007)]。

10.结　论

任何试图在我们称之为"微观银行计量经济学"的大量文献中总结出大量方法论命题、应用和实证结论的尝试都是失败的，并且会忽略许多细节。不过，我们的目标是提供一个粗略的、简单的研究总结。[①] 几个明确的结论似乎已经出现，我们将会在下面列示。

更多的银行业的方法论和实证研究似乎是必要的。我们意识到"在这方面确定未来研究的方向是目光短浅的，并且高度个人化的列举当前的兴趣和未完成项目的名单注定会从起步阶段就方向错误或者得出已经过时的结论"[底格里斯和翁杰纳(Degryse，H. and Ongena，S.，2008)，p541]。

不过，我们的"圣诞礼物清单"明确地包含下面的方法：

• 在信贷市场(先应用后提供/支持)两阶段的"购买过程"对估计竞争性度量和贷款利率之间关系的影响。

• 在银行—企业关系的生命周期中贷款条件的发展与不同国家和时期内这种关系的差异。

• 存贷款市场、国内外市场中银行组织及其对竞争的影响。

• 与上一条相关的，银行金融的地理问题："距离失效了么?"或者"某一天会失效么?"(但是希望在这之前我们能够分析它的影响)。

• 科技对银行组织(信贷官员的动机等)、银行地理、银行活动，特别地，交易性银行产品关系的提供的影响。

• 银行在新兴经济体(如中国和印度)发展中扮演的角色(或未能扮演的角色)及提供的不同金融解决方法。

• 货币政策对银行行为，特别是冒险行为的影响。

• 规则和更广泛的制度框架(例如竞争政策)对竞争性和银行租金的影响。

• 社会资本、信任和金融市场功能的相互关系，特别是信任和贷款利率、抵押物和利率的其他特性的关系。

• 最后，银行危机是从 2007 年 8 月开始，银行产品和一般情况下的银行业发展与危机的因果关系(见第 11 章)。

根据最近收集到的银行业的实证分析证据的速度，我们或许在第一版出版后就要开始《微观银行计量经济学》的第二版的研究。希望我们有勇气这样做！

---

① 我们的研究部分基于底格里斯和翁杰纳(Degryse，H. and Ongena，S.，2008)。

11.后记:2007—2008 年的银行危机

信贷市场的主要问题在 2007 年夏天首次浮出水面。[①] 从那时起,流动资金几乎完全从银行间市场中蒸发,中央银行对全球市场的干预到了十分罕见的程度。大型知名银行,比如美国银行(UBS)和花旗银行,不得不使他们的贷款资产组合大幅度减值。许多银行的 CEO 被迫辞职。

市场人士认为在长期极低的利率和宽松的流动性期间[②]——从 2001 到 2005 年,银行放松了贷款标准并且承担了过多的信贷风险。[③] 结果是,市场参与者开始要求中央银行降低利率来缓解他们的财务困境。[④] 观察家也指出增加的金融复杂性和相互关联性也是一个因素,他们认为,金融改革、发起—分销式业务模式,特别是证券化,进一步改变了金融参与者的激励结构。

> 潜伏在信心恶化之下的(在危机期间)是三方面因素的集合,尽管在危机前,三个因素各自被市场参与者和政策制定者所了解,但以几乎无人预料到的方式加强了彼此的联系。这些因素包括为金融系统杠杆提供基础的丰富的流动性,日益相互交织和复杂化的金融系统(由金融创新支撑其成长),以及与审慎操作结合的一些金融代理人的激励机制[特里谢(Trichet,2008)]。

---

① 我们的研究部分基于希梅内斯等人(Jimenez,G. et al.,2007)和 2007 年 12 月欧洲中央银行的金融稳定性回顾(pp. 163—167)。

② 信贷修正的根本原因是美联储长期且轻松地持有货币的愿望。在最近两年(也就是 2003—2005 年间),联邦基金利率可能是负的。这导致了资本的错配……一次紧急降息——这正是市场预测和希望的——可能会引发金融系统中更严重的道德风险(《华尔街日报》,2007 年 8 月 11 日)。

③ 名义利率在几乎 40 年中都是最低的,而且许多国家的名义利率低于泰勒利率,同时实际利率也是负的[见《华尔街日报》、《金融时报》、《经济学人》和阿伦德、库尔内德和普莱斯(Ahrend,Cournede and Price,2008);泰勒(Taylor,2007)]。扩张性货币政策和信贷风险及随后的紧缩性货币政策很可能导致了 20 世纪 90 年代的日本金融危机[见艾伦和盖尔(Allen,F. and Gale,D.,2004a)]。

④ 美联储有一个新问题:使投资者相信它不需要降低利率……利率下降不止增加了现金的供给;它也直接影响人们的风险计算。更廉价的货币让其他资产看起来更有吸引力——经过多年信贷宽松,当风险被重新定价时,这不是一个令人满意的结果(《经济学人》,2007 年 8 月 23 日)。相比之下,联邦基金利率的下降,很难解决银行间问题。主要影响将会重新唤醒银行对风险的偏好(《金融时报》,2007 年 9 月 8 日)。但是央行知道,政治压力的干预是非对称的。在市场流动性降低并且资产价格下降时干预比在流动性过剩且资产价格上升时干预的政治压力更大,央行应当避免陷入这种境地。他们最好靠谨慎规范之风,当流动性超过历史水平时实施紧缩,而不是忽视繁荣,面对爆发后被迫收拾残局的仍然混乱的政治现实[拉扬(Rajan,R.G.),《金融时报》,2007 年 9 月 7 日]。

在这篇后记中,我们简要讨论了实证研究直接或间接地指出银行危机的根本原因之一,是丰富的流动性和低短期利率。由于事件刚发生,大多数研究都没有出版。

希梅内斯等人(Jimenez,G.et al.,2007)使用离散选择模型,以及借款者对照模型和持续时间分析,来研究是否短期利率优先于贷款来源影响银行信贷风险。他们分析了西班牙银行[Banco de Espana(CIR)]的信贷记录。CIR 记录了过去 23 年间西班牙所有信贷机构提供的详细月度信息——新的、显著的、商业的/工业的和金融贷款(>6 000 欧元)以及非金融公司——收集了几乎2 300万条银行贷款记录。西班牙的货币环境是完全外生的并且基本上取决于"法兰克福",其最初是采取与德国马克挂钩的固定汇率政策,随后在 1999 年 1 月 1 日加入了欧元体系。最终,他们能够使用德国马克(后来是欧元)的隔夜拆借利率作为货币政策立场的外生措施(或者,他们以德国的隔夜拆借利率作为西班牙货币政策的工具,我们后面的研究对这个强有力的工具进行了清楚说明)。

他们发现,更低的利率而不是贷款来源导致了向那些有不良信贷记录或没有信贷记录的借款者发放更多借款。更重要的是,银行也会发放更多有更高风险率的贷款(风险率是单位时间的违约概率,因为贷款期限也会受影响,所以这种标准化是可取的)。在强烈的对比中,一旦贷款是显著的低利率,在标准原理预测中意味着更低的风险。总之,当货币政策是宽松的,不止银行会对有不良的或者没有信用记录的借款者发放更多的贷款,新发放的贷款也会更有风险。

希梅内斯等人(Jimenez,G. et al.,2007)也发现了稳健性的证据证明了原理预测,即小银行的激励和风险承受能力相较于大银行来说更受货币政策立场的影响。货币政策立场对信贷风险的影响进一步依赖于银行流动性和所有者类型,以及银行业竞争水平和当地新的借款者准入。总之,他们的结果意味着货币政策立场,特别是短期利率水平影响银行对信贷风险的态度。

亚尼多等人(Ioannidou,V.P.et al.,2007)使用玻利维亚——银行系统几乎完全美元化——从 1999 年到 2003 年的信贷记录。他们发现,当联邦基金利率下降时,银行不但承受更多的风险,也降低贷款利差。尽管使用覆盖不同国家、地区、货币政策制度的信贷记录,但两篇文章发现了相似的结果。

戴尔·阿里西亚、伊甘和拉文(Dell'Ariccia,G.,Igan and Laeven,2008)为货币政策对银行风险承受的潜在影响"提供线索"。他们的结果与美国低利率可能直接和通过对房地产价格影响放松贷款标准的思路相一致。[见赛菲克罗、底格里斯和翁杰纳(Cerqueiro,G.,Degryse,H. and Ongena,S.,2007)]相似的,登·哈恩、萨姆那和山城(Den Haan,W.J.,Sumner and Yamashiro,2007)发现紧缩的货币政策减少了消费者贷款和房地产贷款,并且认为高的短期利率能够导致银行承担的风险的下降。布莱克和罗斯(Black,S.E. and Rosen,R.J.,2008)证明了一个更低的联邦基金利率延长了贷款期限,并且把贷款从大公司重新分配到小公司。在不同的背景下,伯南克和库特纳(Bernanke,B.S. and Kuttner,2005)发现更高的未预期的利率会降低股票价格。他们对此的一个解释是紧缩的货币也许能够降低股票投资者承受风险的意愿。瑞格本和萨克(Rigobon and Sack,2004)证明了更高的利率会降低股票价格,特别是在纳斯达克中,在那里有更多的创业公司。

对这些研究有许多自然的拓展。首先,研究目前聚焦在货币政策对个别银行贷款违约概率的影响,但是忽视了贷款违约和各银行投资组合或者所有银行投资组合和货币政策的系统影响之间的关系。银行间的羊群效应尤其可能发生在冒险期间(正如“在群体中更为安全”)。其次,银行所有权和控制权,特别是上市银行董事会的独立性和股权分散,以及国有银行的政治控制类型,也可能和激励冒险有关。最后,银行信贷风险也许被某种金融创新放大,比如贷款证券化。

可以肯定的是,2007—2008 年的银行业的重大事件将会是接下来多年内研究的沃土。

参考文献

Agarwal,R.,and J.A.Elston(2001)Bank-Firm Relationships,Financing and Firm Performance in Germany,Economics Letters 72,225—232.

Agarwal.S., and R. Hauswald (2006) Distance and Information Asymmetries in Lending Decisions,Mimeo,American University.

Agarwal.S.,and R.Hauswald(2007)The Choice between Arm's-Length and Relationship Debt:Evidence from eLoans, Mimeo, American University.

Aghion,P.(2006)Interaction Effects in the Relationship between Growth and Finance, Capitalism and Society 1,1—26.

Aghion,P., R. Bolton, and M.Dewatripont(2000)Contagious Bank Failures in a Free Banking System, European Economic Review 44, 713—718.

Aharony,J.,and I.Swary (1996) Additional Evidence on the Information, Based Contagion Efiects of Bank Failures, Journal of Banking and Finance 20, 57—69.

Ahrend,R.,B.Coumède,and R.Price (2008) Monetary Policy,Market Excesses and Financial Turmoil, Economics Department Working Paper,Organisation for Economic Co-operation and Development.

Aintablian,S.,and G.S.Roberts (2000)A Note on Market Response to Corporate Loan Announcements in Canada.Journal of Banking and Finance 24,381—1393.

Alegria,C.,and K.Schaeck(2008)On Measuring Concentration in Banking Systems, Finance Research Letters 5,59—67.

Alem,M.(2003)Insurance Motives in Lending Relationships:Evidence from Argentina, Mimeo, University of Chicago.

Allen,F.,and E.Carletti (2006)Credit Risk Transfer and Contagion,Journal of Monetary Economics 53, 89—111.

Allen,F.,and D.Gale (1997)Financial Markets,Intermediaries and Intertemporal Smoothing,Journal of Political Economy 105,523—546.

Allen,F.,and D.Gale (2000a) Comparing Financial Systems,MIT Press, Cambridge, MA.

Allen,F,and D.Gale (2000b) Financial Contagion,Journal of Political Economy 108,1—33.

Allen,F,and D.Gale (2004a) Asset Price Bubbles and Monetary Policy,in Meghnad Desai and Yahia Said(eds.),Gobal Governance and Financial Crises, Routledge, London, 19—42.

Allen,F,and D.Gale (2004b) Competition and Financial Stability, Journal of Money, Credit and Banking 36,453—480.

Allen,F,and D.Gale (2007) Understanding Financial Crises,Oxford University Press. New York, NY.

Allen,F,H.Gersbach,J.P. Krahnen,and A.M.Santomero (2001) Competition among Banks:Introduction and Conference Overview,European Finance Review 5,1—11.

Allen,E,J.Qian,and M.Q.Jan (2005) Law,Finance and Economic Growth in China. Journal of Financial Economics 77,57—116.

Allen,L.,J.Boudoukh,and A.Saunders (2004) Understanding Market,Credit and Operational Risk,Blackwell Publishing,Oxford.

Allen,L.,and A.Rai (1996) Operational Efficiency in Banking:An International Comparison,Journal of Banking and Finance 20,655—672.

Altman,E.I. (1968)Financial Ratios, Discriminant Analysis and the Prediction of Corporate Bankruptcy, Journal of Finance 23,589—610.

Amundsen,E., and H.Arnt (2005) Contagion Risk in the Danish Interbank Market. Working Paper,Danmark National Bank.

Anderson,S.P,A.de Palma,and J.F Thisse (1989) Demand for Differentiated Products, Discrete Choice Models,and the Characteristics Approach,Review of Economic Studies 56,21—35.

Andre,R,R.Mathieu,and P. Zhang (2001) A Note On:Capital Adequacy and the Information Content of Term Loans and Lines of Credit, Journal of Banking and Finance 25,431—444.

Angelini,P., and N.Cetorelli (2003) Bank Competition and Regulatory Reform: The Case of the Italian Banking Industry,Journal of Money, Credit, and Banking 35,663—684.

Angelini,R,R.Di Salvo,and G.Ferri (1998) Availability and Cost of Credit for Small Businesses:Customer Relationships and Credit Cooperatives, Journal of Banking and Finance 22,925—954.

Anvari,M.,and V.V. Gopal (1983) A Survey of Cash Management Practises of Small Canadian Firms. Journal of Small Business Management 83,53—58.

Arping,S.(2002)Banking,Commerce,and Antitrust,Mimeo,University of Amsterdam.

Ausubel,L.M.(1991) The Failure of Competition in the Credit Card Market, American Economic Review 81,50—76.

Ayyagari,M.,A.Demirgüç-Kunt,and V.Maksimovic (2007) Formal versus Informal Finance:Evidence from China,Mimeo,World Bank.

Azofra-Palenzuela,V,F.J.López Iturriaga,and F. Tejerina-Gaite (2009) Banks as Shareholders: The Spanish Model of Corporate Governance, in Frank J. Columbus(ed.), Corporate Governance: Issues and Challenges, Nova Science Publishers.

Bae, K.H., J.K.Kang, and C.W.Lim (2002) The Value of Durable Bank Relationships: Evidence from Korean Banking Shocks, Journal of Financial Economics 64, 181—214.

Bain, J.(1956) Barriers to New Competition, Harvard University Press, Cambridge, MA.

Barros, P.P.(1999) Multimarket Competition in Banking, with an Example from the Portuguese Market, International Journal of Industrial Organization 17, 335—352.

Barros, P.P., E.Berglof, P.Fulghieri, J.Gual, C.Mayer, and X.Vives (2005) Integration of European Banks: The Way Forward, Centre for Economic Policy Research, London.

Barth, J.R., G.Caprio, and R.Levine (2001) The Regulations and Supervision of Banks around the World: A New Database, Mimeo, World Bank.

Barth, J.R., G.Caprio, and R.Levine (2004) Bank Regulation and Supervision: What Works Best? Journal of Financial Intermediation 13, 205—248.

Basak, S., and A.Shapiro (2001) Value-at-Risk Based Risk Management: Optimal Policies and Asset Prices, Review of Financial Studies 14, 371—405.

Bebczuk, R.N. (2004) What Determines the Access to Credit by SMEs in Argentina? Working Paper, Universidad Nacional de la Plata.

Becher, D.A. (2000) The Valuation Effects of Bank Mergers, Journal of Corporate Finance 6, 189—214.

Beck, T, A.Demirgüç-Kunt, and R.Levine (2004) Bank Concentration and Crises, Mimeo. World Bank.

Beck, T, A.Demirgüç-Kunt, and R.Levine (2006a) Bank Concentration, Competition and Crises: First Results, Journal of Banking and Finance 30, 1581—1603.

Beck, T, A.Demirgüç-Kunt, and R.Levine (2006b) Bank Supervision and Corruption in Lending, Journal of Monetary Economics 53, 2131—2163.

Beck, T, R.Levine, and A.Levkov (2007) Big Bad Banks? The Impact of U.S. Branch Deregulation on Income Distribution, Policy Research Working Paper, World Bank.

Beggs, A., and P Klemperer (1992) Multi-period Competition with Switching Costs, Econometrica 60, 651—666.

Beitel, R, D.Schiereck, and M.Wahrenburg (2004) Explaining M&A Success in European Banks, European Financial Management 10, 109—140.

Bekaert, G., C.R.Harvey, C.Lundblad, and S.Siegel (2007) Global Growth Opportunities and Market Integration, Journal of Finance 62, 1081—1137.

Bencivenga, VR., and B. D. Smith (1991) Financial Intermediation and Endogenous Growth, Review of Economics Studies 58.195—209.

Benfratello, L., F.Schiantarelli, and A.Sembenelli (2008) Banks and Innovation: Microeconometric Evidence on Italian Firms, Journal of Financial Economics. 90, 197—217.

Berg, S.A., and M.Kim (1994) Oligopolistic Interdependence and the Structure of Production in Banking:An Empirical Evaluation,Journal of Money,Credit, and Banking 26,309—322.

Berg,S.A.,and M.Kim (1998) Banks as Multioutput Oligopolies:An Empirical Evaluation of the Retail and Corporate Banking Markets,Journal of Money, Credit,and Banking 30,135—153.

Berger.A.N. (1995) The Profit-Structure Relationship in Banking.Tests of Market Power and Efficient Structure Hypotheses,Journal of Money,Credit,and Banking 27.404—431.

Berger.A.N. (2003) The Efficiency Effects of a Single Market for Financial Services in Europe, European Journal of Operational Research 150,466—481.

Berger,A.N.(2007a) International Comparisons of Banking Efficiency,Financial Markets, Institutions and Instruments 16,119—144.

Berger.A.N.(2007b) Obstacles to a Global Banking System:"Old Europe"versus "New Europe,"Journal of Banking and Finance 31,1955—1973.

Berger,A.N.,Q.Dai,S.Ongena,and D.C.Smith (2003) To mlat Extent Will the Banking Industry Be Globalized? A Studv of Bank Nationality and Reach in 20 European Nations,Journal of Banking and Finance 27,383—415.

Berger,A.N.,A.Demirgüç-Kunt,R.Levine,and J.G.Haubrich(2004a) Bank Concentration and Competition:An Evolution in the Making,Journal of Money, Credit,and Banking 36,433—451.

Berger,A.N.,R.Demsetz,and P. Strahan (1999) The Consolidation of the Financial Services Industry:Causes,Consequences,and Implications for the Future, Journal of Banking and Finance 23,135—194.

Berger,A.N.,and R.DeYoung(2001)The Effects of Geographic Expansion on Bank Efficiency, Journal of Financial Services Research 19,163—184.

Berger,A.N.,R.DeYoung,H.Genay,and G.Udell (2000) Globalization of Financial Institutions:Evidence from Cross-Border Banking Performance. Brookings-Wharton Papers on Fancial Services 3,23—120.

Berger,A.N.,and A.Dick (2007) Entry into Banking Markets and the Early-Mover Advantage,Journal of Money,Credit,and Banking 39,775—807.

Berger,A.N.,M.Espinosa-Vega,W.S.Frame,and N.M.Miller (2005a) Debt Maturity, Risk,and Asymmetric Information,Journal of Finance 60, 2895—2924.

Berger,A.N.,and T.H. Hannan (1989) The Price-Concentration Relationship in Banking.Review of Economics and Statistics 71,291—299.

Berger,A.N.,I.Hasan,and L.F. Klapper (2004b) Further Evidence on the Link between Finance and Growth:An International Analysis of Community Banking and Economic Performance,Journal of Financial Services Research 25,169—202.

Berger,A,N.,and D.B.Humphrey(1997)Efficiency of Financial Institutions: International Survey and Directions for Future Research, European Journal of Operational Research 98, 175—212.

Berger, A.N., L.F. Klapper, M.S. Martinez Peria, and R. Zaida (2006) Bank Ownership Type and Banking Relationships, Mimeo, Board of Governors of the Federal Reserve System.

Berger, A.N., L.F. Klapper, and G.F. Udell (2001) The Ability of Banks to Lend to Informationally Opaque Small Businesses, Journal of Banking and Finance 25, 2127—2167.

Berger, A.N., N.M. Miller, M.A. Petersen, R.G. Rajan, and J.C. Stein (2005b) Does Function Follow Organizational Form? Evidence from the Lending Practices of Large and Small Banks, Journal of Financial Economics 76, 237—269.

Berger, A.N., R.J. Rosen, and G.F. Udell (2002) Does Market Size Structure Affect Competition? The Case of Small Business Lending. Mimeo, Board of Governors of the Federal Reserve System.

Berger, A.N., A.Saunders, J.M.Scalise, and G.F.Udell (1998) The Effects of Bank Mergers and Acquisitions on Small, Business Lending, Journal of Financial Economics 50, 187—230.

Berger, A.N., and D.C.Smith (2003) Global Integration in the Banking Industry, Federal Reserve Bulletin 90, 451—460.

Berger, A.N., and G.F.Udell (1992) Some Evidence on the Empirical Significance of Credit Rationing, Journal of Political Economy 100, 1047—1077.

Berger, A.N., and G.F.Udell (1995) Relationship Lending and Lines of Credit in Small Firm Finance, Journal of Business 68, 351—381.

Berger, A.N., and G.F.Udell (1998) The Economics of Small Business Finance: The Roles of Private Equity and Debt Markets in the Financial Growth Cycle, Journal of Banking and Finance 22, 613—673.

Berger, A.N., and G.F.Udell (2002) Small Business Credit Availability and Relationship Lending: The Importance of Bank Organisational Structure. Economic Journal 112, 32—53.

Berger, A.N., and G.F.Udell (2006) A More Complete Conceptual Framework for SME Finance. Journal of Banking and Finance 30, 2945—2966.

Berglö E., and H.Sjögren (1998) Combining Arm's Length and Control Oriented Finance—Evidence from Main Bank Relationships in Sweden. in K.J.Hopt. H.Kanda, M.J.Roe, E.Wymeersch, and S.Prigge (eds.), Comparative Corporate Governance: The State of the Art and Emerging Research, Clarendon Press, Oxford, 787—808.

Bergstresser, D. (2001a) Banking Market Concentration and Consumer Credit Constraints: Evidence from the Survey of Consumer Finances. Mimeo. MIT.

Bergstresser, D. (2001b) Market Concentration and Loan Portfolios in Commercial Banking, Mimeo, MIT.

Bergstdöm, R., L. Engwall, and E. Wallerstedt (1994) Organizational Foundations and Closures in a Regulated Environment: Swedish Commercial Banks 1831—1990, Scandinavian Journal of Management 10, 29—48.

Berkowitz, J., and J. O'Brien (2002) How Accurate are Value-at-Risk Models at Commercial Banks? Journal of Finance 57, 1093—1111.

Berlin, M. (1996) For Better and For Worse: Three Lending Relationships. Federal Reserve Bank of Philadelphia Business Review November, 3—12.

Berlin, M., and L.J. Mester (1999) Deposits and Relationship Lending, Review of Filmncial Studies 12, 579—607.

Bernanke.B.S. (1983) Nonmonetary Effects of the Financial Crisis in the Propagation of the Great Depression, American Economic Review 73, 257—276.

Bernanke, B.S. (1993) Credit in the Macroeconomy, Federal Reserve Bank of New York Duarterly Review 18, 50—70.

Bernanke, B.S., and K.N. Kuttner (2005) What Explains the Stock Market's Reaction to Federal Reserve Policy? Journal of Finance 60, 1221—1258.

Berry, S., J. Levinsohn, and A. Pakes (1995) Automobile Prices in Market Equilibrium. Econometrica 63, 841—890.

Bertrand, M.A. Schoar, and D. Thesmar (2007) Banking Deregulation and Industry Structure: Evidence from the French Banking Reforms of 1985. Journal of Finance. 62, 597—628

Best, R., and H. Zhang (1993) Alternative Information Sources and the Information Content of Bank Loans, Journal of Finance 48, 1507—1522.

Bharath, S., S. Dahiya, A. Saunders, and A. Srinivasan (2007) So What Do I Get? The Bank's View of Lending Relationships. Journal of Financial Economics 58, 368—419.

Bhattacharya, S., and G. Chiesa (1995) Proprietary Information, Financial Inter-mediation, and Research Incentives, Journal of Financial Intermediation 4, 328—357.

Bhattacharya, S., and A. VI Thakor (1993) Contemporary Banking Theory, Journal of Financial Intermediation 3, 2—50.

Biais, B., and C. Gollier (1997) Trade Credit and Credit Rationing, Review of Financial Studies 10, 903—937.

Bianco, M., T Jappelli, and M. Pagano (2005) Courts and Banks: Effects of Judicial Enforcement on Credit Markets, Journal of Money, Credit, and Banking 37, 223—244.

Biehl, A. R. (2002) The Extent of the Market for Retail Banking Deposits, Antitrust Bulletin, letin 47.91—106.

Bikker, J., L. Spierdijk, and R. Finnie (2006) Misspecification of the Panzar Rosse Model: Assessing Competition in the Banking Industry, Working Paper, De Nederlandsche Bank.

BikkeL J.A., and K. Haaf (2002) Competition, Concentration and Their Relationship: An

Empirical Analysis of the Banking Industry,Journal of Banking and Finance 26,2191 —2214.

Billett,M.T,M.J.Flannery,and J.A.Garfinkel (1995) The Effect of Lender Identity on a Borrowing Firm's Equity Return,Journal of Finance 50,699—718.

Binks,M.R.,and C.T Ennew (1997) The Relationship between U.K.Banks and Their Small Business Customers.Small Business Economics 9,16—178.

Black,L.K.,and R.J.Rosen (2008) The Effect of Monetary Policy on the Availability of Credit:How the Credit Channel Works,Mimeo,Board of Governors of the Federal Reserve System.

Black,S.E.,and P.E.Strahan (2002) Entrepreneurship and Bank Credit Availability, Journal of Finance 57,2807—2834.

Blackwell,D.W.,and D.B.Winters (1997) Banking Relationships and the Effect of Monitoring on Loan Pricing,Journal of Financial Research 20,275—289.

Blavarg,M.,and P. Nimander (2002) Inter-bank Exposures and Systemic Risk, Sveriges Riksbank Economic Review 2,19—45.

Bodenhom, H.(2003) Short. Term Loans and Long-Term Relationships: Relationship Lending in Early America,Journal of Money,Credit,and Banking 35,485—505.

Bodenhom,H.(2007) Usury Ceilings and Bank Lending Behavior: Evidence from Nineteenth Century New York.Explorations for Economic History 44,179—202.

Boldt Christmas,M.,FS.Jacobsen,and A.E.Tschoegl(2001) The International Expansion of the Norwegian Banks.Business History 43,79—104.

Bolton,P,and D.S.Scharfstein (1996) Optimal Debt Structure and the Number of Creditors.Journal of Political Economy 104,1—25.

Bonaccorsi di Patti. E., and G.Dell'Ariccia(2004) Bank Competition and Firm Creation, Journal of Money,Credit,and Banking 36,225—252.

Bonaccorsi di Patti,E.,and G.Gobbi (2007) Winners or Losers—The Effects of Banking Consolidation on Corporate Borrowers,Journal of Finance 62,669—695.

Bonin.J.P,and M.Imai(2007) Soft Related Lending:A Tale of Two Korean Banks, Journal of Banking and Finance 31,173—1729.

Boone,J.(2008) A New Way to Measure Competition, Economic Journal 118,1245—1261.

Boone,J.,J.C.van Ours, and H.van der Wiel (2007) How(Not)to Measure Competition. Discussion Paper,Centre for Economic Policy Research.

Boot,A.WA.(2000) Relationship Banking: What Do We Know? Journal of Financial Intermediation 9.3—25.

Boot,A.WA.,and A.V. Thakor (1994) Moral Hazard and Secured Lending in an Infinitely Repeated Credit Market Game, International Economic Review 35,899—920.

Boot,A.WA.,and A.V. Thakor(1997) Financial System Architecture,Review of Financial Studies 10.693—733.

Boot,A.WA.,and A.V. Thakor (2000)Can Relationship Banking Survive Competition? Journal of Finance 55,679—713.

Bomheim,S.R.,and T.H.Herbeck (1998) A Research Note on the Theory of SME-Bank Relationships.Small Business Economics 10,327—331.

Bos,J.WB.,and J.W.Kolari (2005) Large Bank Efficiency in Europe and the United States:Are There Economic Motivations for Geographic Expansion in Financial Services?,Journal of Business 78,1555—1592.

Boscaljon B.,and C.C.Ho(2005) Information Content of Bank Loan Announcements to Asian Corporations during Periods of Economic Uncertainty. Journal of Banking and Finance 29,369—389.

Boyd,J.,G.De Nicolo,and A.Jalal(2006)Bank Risk-Taking and Competition Revisited: New Theory and New Evidence.Working Paper International Monetary Fund.

Boyd,J.H..and G.De Nicolo(2005)The Theory of Bank Risk Taking and Competition Revisited,Journal of Finance 60,1329—1343.

Boyd,J.H., S.Kwak, and B.D.Smith(2005)The Real Output Losses Associated with Modern Banking Crises,Journal of Money Credit and Banking 37,977—999.

Boyd,J.H., and E.C.Prescott(1986)Financial Intermediary Coalitions,Journal of Economic Theory 38,211—232.

Boyreau-Debray,G.(2003)Financial Intermediation and Growth:Chinese Style,Working Paper,World Bank.

Braggion, F. (2004) Credit Market Constraints and Financial Networks in Late Victorian Britain,Mimeo, Northwestem University.

Braverman,A.,and J.E.Stiglitz(1989)Credit Rationing,Tenancy,Productivity, and the Dynamics of Inequality, in Pranab Bardhan(ed.),the Economic Theory of Agrarian Institutions,Oxford University Press,Oxford,185—203.

Brealey,R.A.,and E.C.Kaplanis(1996)The Determination of Foreign Banking Location, Journal of International Money and Finance 15,577—597.

Bresnahan,T. (1982)The Oligopoly Solution Is Identified,Economics Letters 10,87—92.

Bresnahan, T. (1989) Empirical Studies of Industries with Market Power, in R. Schmalensee and R.D.Willig(eds.),Handbook of Industrial Organization, Elsevier, Amsterdam,1011—1057.

Bresnahan,T.,and P. Reiss (1994) Measuring the Importance of Sunk Costs, Annales d'Economie et de Statistiqtie 34,181—217.

Bresnahan,T.E.,and P.C.Reiss (19911 Entry and Competition in Concentrated Markets, Journal of Political Economy 99,977—1009.

Brewer,E.,H.Genay,W.C.Hunter,and G.G.Kaufman(2003)The Value of Banking Relationships during a Financial Crisis:Evidence from Failures of Japanese Banks.Journal of Japanese and International Economies 17,233—262.

Brick,I.E.,and D.Palia(2007)Evidence of Jointness in the Terms of Relationship Lending.Journal of Financial Intermediation 16,452—476.

Bris,A.,and I.Wlelch (2005)The Optimal Concentration of Creditors,Journal of Finance 60,2193—2212.

Brito, P., and A.S.Mello(1995)Financial Constraints and Firm Post-entry Performance, International Journal of Industrial Organization 13,543—565.

Brurmer,A. and J.P. Krahnen(2008) Multiple Lenders and Corporate Distress: Evidence on Debt Restructuring,Review of Economic Studies.75,415—442.

Buch,C.M.(2000)Why Do Banks Go Abroad? Evidence from German Data, Financial Markets, Institutions and Instruments 9.33—67.

Buch,C.M.(2002) Financial Market Integration in the U.S.:Lessons for Europe, Comparative Economic Studies 44.46—71.

Buch.C.M.(2003a) Information or Regulation:What Is Driving the International Activities of Commercial Banks? Journal of Money,Credit,and Banking 35,851—869.

Buch.C. M. (2003b) What Determines Maturity? An Analysis of German Commercial Banks'Foreign Assets. Applied Financial Economics 13,337—351.

Buch,C.M.and G. L.DeLong (2004) Cross Border Bank Mergers:What Lures the Rare Animal? Journal of Banking and Finance 28,2077—2102.

Buch,C.M.,J.C.Driscoll,and C.Ostergaard (2003) International Diversification in Bank Asset Portfolios,Mimeo.Kiel Institute of World Economics.

Buch,C.M.,and S.M.Golder(2001)Foreign versus Domestic Banks in Germany and the U.S.:A Tale of Two Markets? Journal of Multinational Financial Management 11, 341—361.

Buch,C.M.,and S.M.Golder(2002)Domestic and Foreign Banks in Germany:Do They Differ? Kredit und Kapitul 19—53.

Buch,C.M.,and A.Lipponer(2005) Clustering or Competition? The Foreign Investment Behavior of German Banks,Mimeo.University of Tubingen.

Burka, M.,T.Ellingsen,and M.Giannetti (in press) What You Lend Is How You Lend? Explaining Trade Credit Contracts,Review of Financial Studies.

Byrd, D.T.and M.S.Mizruchi(2005)Bankers on the Board and the Debt Ratio of Firms, Journal of Corporate Finance 11,129—173.

Caballero,R.J.,T. Hoshi,and A.K.Kashyap (2008) Zombie Lending and Depressed Restructuring in Japan,American Economic Review,98,1943—1977.

Cabral,L.,and S.Greenstein(1990) Switching Costs and Bidding Parity in Government Procurement of Computer Systems,Journal of Law,Economics and Organization 6, 453—469.

Calem,P.S.,and G.A.Carlino (1991) The Concentration Conduct Relationship in Bank Deposit Markets,Review of Economics and Statistics 73,268—276.

Calem,P.S.,and L.I.Nakamura(1998) Branch Banking and the Geography of Bank Pricing,Review of Economics and Statistics 80,600—610.

Calem,P.S.,and J.A.Rizzo (1992) Banks as Information Specialists:The Case of Hospital Lending,Journal of Banking and Finance 16,1123—1141.

Calomiris,C.W,and C.M.Kahn (1991) The Role of Demandable Debt in Structuring Optimal Banking Arrangements,American Economic Review 81,497—513.

Calomiris,C.W,and J.R.Mason (2003) Consequences of Bank Distress during the Great Depression,American Economic Review 93,937—947.

Calvo,S.,and C.Reinhart (1996) Capital Flows to Latin America:Is There Evidence of Contagion Effect? in Guillerrno Calvo, Morris Goldstein, and Eduard Hochreiter (eds.),Private Capital Flows to Emerging Markets After the Mexican Crisis,Institute for Intemational Ecoriomics,Washington,DC.,151—171.

Cameron,A.,and R Trivedi (1990)Regression Based T-tests for Overdispersion in the Poisson Model,Journal of Econometrics 31,255—274.

Cameron, A.C.,and R.K.Trivedi (1986) Econometric Models Based on Count Data: Comparisons and Applications of Some Estimators,Journal of Applied Econometrics 1,1—16.

Cameron,A.C.,and R.K.Trivedi (2005)Microeconometrics:Methods and Applications. Cambridge University Press.New York.

Caminal,R.,and C.Matutes (1990) Endogenous Switching Costs in a Duopoly Model, International Journal of Industrial Organization 8,353—373.

Campa.J.M.,and I.Hemando(2004)Shareholder Value Creation in European M&As,European Financial Management 10,47—81.

Campbell,J.Y.,and R.J.Shiller (1987)Cointegration and Tests of Present Value Models. Journal of Political Economy 95,1062—1088.

Campbell,S.D.(2005) A Review of Backtesting and Backtesting Procedures, Finance and Economics Discussion Series,Board of Governors.

Campbell, T.S.(1979) Optimal Investment Financing Decisions and the Value of Confidentiality,Journal of Financial and Quantitative Analysis 14,232—257.

Cantillo,M.,and J.Wright (2000) How Do Firms Choose Their Lenders? An Empirical Investigation,Review of Financial Studies 13,155—189.

Caprio,J. (2003) Episodes of Systemic and Borderline Financial Crises,Data Set, World Bank.

Carbo,S.,D.Humphrey,J.Maudos,and R.Y.Molyneux(in press) Cross-Country Comparisons of Competition and Pricing Power in European Banking,Journal of International Money and Finance.

Carbó Valverde, S., D. B. Humphrey, and R. López del Paso(2007) Do Cross. Country Differences in Bank Efficiency Support a Policy of"National Champions"? Journal of Banking and Finance 31,2173—2188.

Carbó Valverde, S., R.López del Paso, and F.Rodríguez Fernandez(2007) Financial Innovations in Banking: Impact on Regional Growth, Regional Studies 41,311—326.

Carbó Valverde, S., F. Rodriguez Fernández, and G.F, Udell (2006)Bank Market Power and SME Financing Constraints.Proceedings of the 42nd Annual Conference on Bank Structure and Competition, Federal Reserve Bank of Chicago.

Carbó-Valverde, S., F. Rodriguez-Femfindez, and G.F. Udell(2005)Bank Market Power and SME Financing Constraints, Mimeo, University of Granada.

Carletti, E.(2004) The Structure of Bank Relationships, Endogenous Monitoring, and Loan Rates.Journal of Financial Intermediation 13,58—86.

Carletti, E. (2008) Competition and Regulation in Banking, in Anjan V. Thakor and Amoud W.A.Boot(eds.), Handbook of Financial Intermediation and Banking, North Holland.London.449—482.

Carletti, E., V. Cerasi, and S.Daltung(2007)Multiple-Bank Lending: Diversification and Free-Riding in Monitoring.Journal of Financial Intermediation 16,425—451.

Carletti, E., E. Hartmann, and S.Ongena (2006) The Economic Impact of Merger Control: What Is Special about Banking? Mimeo, Tilburg University.

Carling, K., and S.Lundberg(2005) Asymmetric Information and Distance: An Empirical Assessment of Geographical Credit Rationing, Journal of Economics and Business 57, 39—59.

Carmignani, A. and M.Omiccioli(2007)Costs and Benefits of Creditor Concentration: An Empirical Approach, Working Paper, Banca d'Italia.

Casolaro, L., and P. E. Mistrulli (2007) Distance, Organizational Structure and Loan Rates, Mimeo, Bank of Italy.

Castelar Pinheiro, O.A, and A.Moura(2003)Segmentation and the Use of Information in Brazilian Credit Markets, in M.J.Miller(ed.), Credit Reporting Systems and the International Economy, MIT Press, Cambridge, MA, 335—396.

Castelli, A., G.R. Dwyer, Jr., and I.Hasan(2006)Bank Relationships and Small Firms' Financial Performance. Working Paper, Federal Reserve Bank of Atlanta.

Cavallo, L., and S.Rossi(2001) Scale and Scope Economies in the European Banking Systems, Journal of Multinational Financial Management 11,515—531.

Cavalluzzo, K.S., L.C.Cavalluzzo, and J.D.Wolken(2002)Competition, Small Business Financing, and Discrimination: Evidence from a New Survey, Journal of Business 75,641—680.

Cerasi, V, B.Chizzolini, and M.Ivaldi(2002) Branching and Competition in the European Banking Industry, Applied Economics 34.2213—2225.

Cerqueiro, G., H. Degryse, and S. Ongena (2007) Rules versus Discretion in Loan Rate Sctting, Mimeo, Tilburg University.

Cesarini, F. (1994) The Relationship between Banks and Firms in Italy: A Banker'S View, Review of Economic Conditions in Italy 29—50.

Cetorelli, N. (2001) Does Bank Concentration Lead to Concentration in Industrial Sectors, Working Paper, Federal Reserve Bank of Chicago.

Cetorelli, N. (2003a) Bank Concentration and Competition in Europe, Mimeo, Federal Reserve Bank of Chicago.

Cetorelli, N. (2003b) Life-Cycle Dynamics in Industrial Sectors: The Role of Banking Market Structure, Review of the Federal Reserve Bank of St. Louis 85, 35—147.

Cetorelli, N., and M. Gambera (2001) Banking Market Structure, Financial Depen dence and Growth: International Evidence from Industry Data, Journal of Finance 56, 617—648.

Cetorelli, N., and R.E. Strahan (2006) Finance as a Barrier to Entry: Bank Com petition and Industry Structure in Local U.S. Markets. Journal of Finance 61, 867—892.

Chakraborty, A., and C.X. Hu (2006) Lending Relationships in Line-of-Credit and Non-line-of-Credit Loans: Evidence from Collateral Use in Small Business. Journal of Financial Intermediation 15, 86—107.

Chakravarty, S., and J.S. Scott (1999) Relationships and Rationing in Consumer Loans, Journal of Business 72, 523—544.

Chen, Y, and R.W. Rosenthal (1996) Dynamic Duopoly with Slowly Changing Customer Loyalties, International Journal of Industrial Organization 14, 269—296.

Cheng, X., and H. Degryse (2007) The Impact of Banks and Non-bank Financial Institutions on Local Economic Growth in China, Mimeo, Katholieke Universiteit Leuven.

Chiou. T. (1999) Daiwa Bank's Reputational Crisis: Valuation Effects on Bank-Firm Relationships. Mimeo, New York University Stem School of Business.

Christoffersell, R. and D. Pelletier (2004) Backtesting Value-at-Risk: A Duration Based Approach. Journal of Financial Econometrics 2, 84—108.

Ciamarra, E.S. (2006) Monitoring by Affiliated Bankers on Board of Directors: Evidence from Corporate Financing Outcomes. Mimeo. New York University.

Ciccone, A., and E. Papaioannou (2006) Adjustment to Target Capital, Finance, and Growth, Mimeo, Universitat Pompeu Fabra.

Claessens, S., and K.J. Forbes (2001) International Financial Contagion: An Overview of the Issues and the Book. in Stijin Claessens and Kristin J. Forbes (eds.), International Financial Contagion, Kluwer Academic Press, Boston, MA. 3—17.

Claessens, S., T Glaessner, and D. Klingebiel (2002) Electronic Finance: Reshaping the Financial Landscape around the world, Journal of Financial Services Research 22, 29—61.

Claessens,S.,and L.Laeven(2003)Financial Development,Property Rights and Growth. Journal of Finance 58,2401—2436.

Claessens, S., and L.Laeven (2004) What Drives Bank Competition? Some International Evidence,Journal of Money, Credit, and Banking 36,563—583.

Claessens,S.,and N-Van Horen (2007) Location Decisions of Foreign Banks and Competitive Advantage. Working Paper. Worldbank.

Claeys,S.,and R.Vander Vennet (2005) Determinants of Bank Interest Margins in Central and Eastern Europe:A Comparison with the West.Mimeo.Ghent University.

Cocco,J.F.,F.J.Gomes,and N.C.Martins (2003) Lending Relationships in the Interbank Market,Mimeo,London Business School.

Cohen,A.,and M.Mazzeo(2003)Market Structure and Competition among Retail Depository Institutions,Mimeo,Northwestern University.

Cohen,A.,and M.Mazzeo(2004)Competition,Product Differentiation and Quality Provision: An Empirical Equilibrium Analysis of Bank Branching Decisions, Mimeo, Northwestem University.

Cole,R.(1 998)The Importance of Relationships to the Availability of Credit, Journal of Banking and Finance 22.959—911.

Cole,R.A.,L.G.Goldberg,and L.J.White (2004) Cookie.Cutter versus Character: The Micro Structure of Small Business Lending by Large and Small Banks. Journal of Financial and Quantitative Analysis 39,227—252.

Coleman,A.D.F,N.Esho.and I.G.Sharpe (2004) Does Bank Monitoring Influence Loan Contract Terms? Mimeo.Australian Prudential Regulation Authority.

Conigliani,C.,G.Ferri,and A.Generale (1997) The Impact of Bank-Firm Relations on the Propagation of Monetary Policy Squeezes:An Empirical Assessment for Italy, Banca Nazionale del Lavoro 202,271—299.

Comer,M. M.,J. J. McNutt, and H. Tehranian (2005) Long-Term Performance of val Banks around Bank Failures,Journal of Economics and Business 57, 411—432.

Corts,K.S.(1999)Conduct Parameters and the Measurement of Market Power, Journal of Econometrics 88,227—250.

Corvoisier,S.,and R.Gropp (2001) Contestability,Technology,and Banking, Mimeo, European Central Bank.

Corvoisier,S., and R.Gropp (2002) Bank Concentration and Retail Interest Rates. Journal of Banking and Finance 26,2155—2189.

Cosci,S.,and V. Meliciani (2002) Multiple Banking Relationships:Evidence from the Italian Experience,Manchester School Supplement 37—54.

Cox,D.(1972) Regression Models and Life Tables,Journal of the Royal Statistical Society 24,187—201.

Craig,S.G.and P. Hardee(2007)The Impact of Bank Consolidation on Small Business

Credit Availability. Journal of Banking and Finance 3 1,1237—1263.

Crystal,J.S.,B.G.Dages,and L.S.Goldberg (2002) Has Foreign Bank Entry Led to Sounder Banks in Latin America? Current Issues on Economics and Finance 8,1—6.

Cull,R.,L.E.Davis,N.R.Lamoreaux,and J.,L.Rosenthal (2005) Historical Financing of Small and Medium-Sized Enterprises. Working Paper,National Bureau for Economic Research.

Cyrnak,A.W.,and H.Hannan (1999) Is the Cluster Still Valid in Defining Banking Markets? Evidence from a New Data Source,Antitrust Bulletin 44,313—331.

Dahiya,S.,A.Saunders,and A.Srinivasan (2003) Financial Distress and Bank Lending Relationships, Journal of Finance 58.375—399.

Dahlby,B.,and D.West (1986) Price Dispersion in an Automobile Insurance Market, Journal of Political Economy 94,418—438.

Danthine,J.R.,F.Giavazzi,X.Viyes,and E.L.von Thadden (1999) The Future of European Banking,Centre for Economic Policy Research,London.

Datta,S.,M.Iskandar-Datta,and A.Patel (1999) Bank Monitoring and the Pricing of Corporate Public Debt.Journal of Financial Economics 51,435—449.

D.Auria,C., A.Foglia,and R.M.Reedtz (1999) Bank Interest Rates and Credit Relationships in Italy, Journal of Banking and Finance 23,1067—1093.

Davidson,R.,and J.G.MacKinnon (1993) Estimation and Inference in Econometrtics. Cambridge University Press.New York.

Davis,E.R (1996) Banking,Corporate Finance,and Monetary Policy:An Empirical Perspective.Oxford Review of Economic Policy 10,49—67.

de Bodt,E.,F Lobez,and J.C.Statnik (2005) Credit Rationing,Customer Relationship. and the Number of Banks: An Empirical Analysis. European Financial Management 11,195—228.

De Haas.R., D.Ferreira,and A.Taci (2007) What Determines Banks' Custom Choice? Evidence from Transition Countries,Mimeo,European Bank for Reconstruction and Development.

De Juan,R.(2003) The Independent Submarkets Model:An Application to the Spanish Retail Banking Market. Inernational Journal of Industrial Organization 21, 1461—1487.

De Mello.J.M.R (2007) Can Lender Market Power Benefit Borrowers? Further Evidence from Small Firm Finance,Mimeo,Stanford.

DeGennaro,R.R.,FA.Elayan,and J.W. Wansley (1999) Information Content in Bank Lines of Credit,in A.H.Chen (ed.),Research in Finance,JAI Press, Stamford.CT,65—80.

Degryse,H.,and A.de Jong (2006) Investment and Internal Finance:Asymmetric Information or Managerial Discretion? International Journal of Industrial Organization

24,125—147.

Degryse, H., L. Laeven, and S. Ongena (2007) The Impact of Organizational Structure and Lending Technology on Banking Competition, Mimeo, Center Tilburg University.

Degryse, H., N. Masschelein, and J. Mitchell (2004) Belgian SMEs and Bank Lending Relationships, Financial Stability Review 3.121—134.

Degryse, H., N. Masschelein, and J. Mitchell (2006) SMEs and Bank Lending Relationships: The Impact of Mergers, Discussion Paper, Tilburg Law and Economics Center (TILEC), Tilburg University.

Degryse, H., and G. Nguyen (2007) Interbank Exposure: An Empirical Examination of Contagion Risk in the Belgian Banking System, International Journal of Central Banking 3,123—171.

Degryse, H., and S. Ongena (2001) Bank Relationships and Firm Performance, Financial Management 30,9—34.

Degryse, H., and S. Ongena (2002) Bank Relationships and International Banking Markets, International Journal of the Economics of Business 9, 401—417.

Degryse, H., and S. Ongena (2003) Distance, Lending Relationships, and Competition, Discussion Paper, Center for Economic Studies, KU Leuven, and Center Tilburg University.

Degryse, H., and S. Ongena (2004) The Impact of Technology and Regulation on the Geographical Scope of Banking, Oxford Review of Economic Policy 20,571—590.

Degryse, H., and S. Ongena (2005) Distance, Lending Relationships, and Competition, Journal of Finance 60,231—266.

Degryse, H., and S. Ongena (2007) The Impact of Competition on Bank Orientation, Journal of Financial Intermediation 16,399—424.

Degryse, H., and S. Ongena (2008) Competition and Regulation in the Banking Sector: A Review of the Empirical Evidence on the Sources of Bank Rents. in Anjan V. Thakor and Amoud W. A. Boot (eds.). Handbook of Financial Intermediation and Banking, Elsevier, Amsterdam. 483—542.

Degryse, H., S. Ongena, and G. Tfimer-Alkan (2007) Corporate Governance: A Review of the Role of Banks. Mimeo. Center-Tjlburg University.

Degryse, H., and P. van Cayseele (2000) Relationship Lending within a Bank-Based System: Evidence from European Small Business Data, Journal of Financial Intermediation 9,90—109.

Deidda, L., and B. Fattouh (2008) Banks, Financial Markets and Growth, Journal of Financial Intermediation. 17.6—36.

Delgado, J., V Salas, and J. Saurina (2007) Joint Size and Ownership Specialization in Bank Lending. Journal on Banking and Finance 31,3563—3583.

Dell'Ariccia,G.,D.Igan,and L.Laeven (2008) Credit Booms and Lending Standards:Evidence from the Subprime Mont gage Market,Mimeo,International Monetary Fund.

Dell'Ariccia,G.,E.Detragiache,and R.G.Rajan (2008) The Real Effect of Banking Crises,Journal of Financial Intermediation.17,89—112.

Dell'Ariccia,G.,and R.Marquez (2006) Lending Booms and Lending Standards, Journal of Finance 61,2511—2546.

DeLong,G.L. (2001) Stockholder Gains from Focusing versus Diversifying Mergers, Journal of Financial Economics 59,221—252.

Demirgüç-Kunt,A.(1989) Deposit Institution Failures: A Review of Empirical Literature.Federal Reserve Bank of Clever and Economic Review 25,2—18.

Demirgüç-Kunt,A.,and E.Detragiache (1997) The Determinants of Banking Crises:Evidence from Developed and Developing Countries,Working Paper, World Bank.

Demirgfig-Kunt,A.,and E.Detragiache (1998) The Determinants of Banking Crises in Developing and Developed Countries,Staff Paper,International Monetary Fund.

Demirgüç-Kunt,A.,and E.Detragiache (2002) Does Deposit Insurance Increase Banking System Stability: An Empirical Investigation, Journal of Monetary Economics 49, 1373—1406.

Demirgüç-Kunt,A.,E.Detragiache,and P.Gupta (2006) Inside the Crisis:An Empirical Analysis of Banking System in Distress,Journal of International Money and Finance 25,702—7l8.

Demirgüç-Kunt,A.,L.Laeven,and R.Levine (2004) Regulations,Market Structure,Institutions,and the Cost of Financial Intermediation,Journal of Money, Credit,and Banking 36,563—583.

Demirgüç-Kunt,A.,and R.Levine (2001) Financial Structure and Economic Growth: A Cross Country Comparison of Banks,Markets,and Development, MIT Press.Cambridge.MA.

Demirgüç-Kunt,A.,and V. Maksimovic (1998) Law, Finance,Firm Growth, Journal of Finance 53,2107—2137.

Demsetz,H. (1973) Industry Structure,Market Rivalry,and Public Policy, Journal of Law and Economics 16,1—9.

Den Haan,W.J.,G.Ramey,and J.Watson (2003) Liquidity Flows and Fragility of Business Enterprises,Journal of Monetary Economics 50,1215—1241.

Den Haan, W.J., S.Sumner,and G.Yamashiro (2007) Bank Loan Portfolios and the Monetary Transmission Mechanism.Journal of Monetary Economics 54, 904—924.

Dermine,J. (2003) European Banking:Past,Present,and Future,in V. Gaspar,R. Hartmann,and O.Sleupen (eds.), The Transformation of the European Financial System, European Central Bank (ECB), Frankfurt, 31—95.

Detragiache,E.,P.G.Garella,and L.Guiso (1997) Multiple versus Single Banking Relationships.Discussion Paper,Centre for Economic Policy Research.

Detragiache,E.,RG.Garella,and L.Guiso (2000) Multiple versus Single Banking Relationships:Theory and Evidence,Journal of Finance 55,1133—1161.

Dewatfipont,M.,and E.Maskin (1995) Credit and Efficiency in Centralized and Decentralized Economies,Review of Economic Studies 62,541—555.

Dewatripont,M.,and J.Tirole (1994) The Prudential Regulation of Banks,MIT, Cambridge,MA.

DeYoung,R.,and D.E.Nolle (1996) Foreign-Owned Banks in the United States: Earning Market Share or Buying It? Journal of Money, Credit, and Banking 28, 622—636.

DeYoung,R.,Frame,WS.,Glermon,D.,McMillen,D.R,Nigro,P.J. (2007) Commercial Lending Distance and Historically Underserved Areas.Working Paper No.2007—11a. Atlanta.GA:Federal Reserve Bank of Atlanta.

Diamond,D.W. (1984) Financial Intermediation and Delegated Monitoring, Review of Economic Studies 51,393—414.

Diamond,D.W. (1991) Monitoring and Reputation:The Choice between Bank Loans and Privately Placed Debt,Journal of Political Economy 99,689—721.

Diamond,D.W,and R.H.Dybvig (1983) Bank Runs,Deposit Insurance and Liquidity, Journal of Political Economy 91,401—419.

Dick.A. (2002) Demand Estimation and Consumer Welfare in the Banking Industry, Finance and Economics Discussion Series Paper,Board of Governors of the Federal Reserve System.

Dick,A. (2007) Market Size,Service Quality and Competition in Banking,Journal of Money,Credit,and Banking 39,49—81.

Dick,A. (2006) Nationwide Branching and Its Impact on Market Structure,Quality and Bank Performance,Journal of Business 79,567—592.

Dietsch,M. (2003) Financing Small Businesses in France,European Investment Bank Papers 8,93—119.

Dietsch,M.,and V. Golitin.Boubakari (2002) La Consolidation du Systeme Bancaire et le Financement des PME en France.Mimeo,Institut d'Etudes Politiques de Strasbourg.

Dietsch,M.,and J.Petey (2004) Should SME Exposures Be Treated as Retail or Cor porate Exposures? A Comparative Analysis of Default Probabilities and Assets Correlations in French and German SMEs,Journal of Banking and Finance 28,773—788.

Ding,I. (2000) Bank Reputation,Bank Commitment,and the Effects of Competition in Credit Markets,Review of Financial Studies 13,781—812.

Djankov,S.D.,J.Jindra,and L.Klapper (2005) Corporate Valuation and the Resolution of Bank Insolvency in East Asia.Journal of Banking and Finance 29.2095—2118.

Dornbusch,R., Y.C.Park, and S.Claessens (2000) Contagion: Understanding How It Spreads.World Bank Research Observer 15,177—197.

Drucker,S..and M.Puri (2005) On the Benefits of Concurrent Lending and Underwriting,Journal of Finance 60,2763—2800.

Du,J. (2003) Why Do Multinational Enterprises Borrow from Local Banks? Economics Letters 78,287—291.

Dullman,K.,and N.Masschelein (2006) A Tractable Model to Measure Sector Concentration Risk in Credit Portfolios.Mimeo.Deutsche Bundesbank/ National Bank of Belgium.

Eber.N. (1996) Relations de Credit de Long Terme et Structure des Marches Bancaires Locaux,Revue Economique 3,755—764.

Edwards,J.,and M.Nibler (2000) Corporate Governance in Germany:The Role of Banks and Ownership Concentration,Economic Policy 15,239—267.

Elsas,R. (2005) Empirical Determinants of Relationship Lending,Journal of Financial Intermediation 14,32—57.

Elsas,R.,F.Heinemann,and M.Tyrell (2004) Multiple but Asymmetric Bank Financing:The Case of Relationship Lending,Mimeo,University of Frankfurt.

Elsas,R.,and J.E. Krahnen (1998) Is Relationship Lending Special? Evidence from Credit.File Data in Germany, Journal of Banking and Finance 22,1283—1316.

Elsas,R.,and J.R. Krahnen (2002) Collateral,Relationship Lending,and Financial Distress:An Empirical Study on Financial Contracting, Mimeo,Center for Financial Studies.

Elsinger,H.,A.Lehar,and M.Summer (2006a) Risk Assessment for Banking Systems, Management Science 52,1301—1314.

Elsinger,H.,A.Lehar,and M.Summer (2006b) Using Market Information for Banking System Risk Assessment,International Journal of Central Banking 2,137—165.

Elston,J.A. (1995) Investment,Liquidity Constraints and Bank Relationships: Evidence from German Manufacturing Firms,Discussion Paper, Centre for Economic Policy Research.

Elyasiani,E.,and L.G.Goldberg (2004) Relationship Lending:A Survey of the Literature.Journal of Economics and Business 56,315—330.

Ergungor,O.E. (2005) The Profitability of Bank-Borrower Relationships,Journal of Financial Intermediation 14,485—512.

Ewert,R.,G.Schenk,and A.Szczesny (2000) Determinants of Bank Lending Performance in Germany,Schmalenbach Business Review 52,344—362.

Fabbri.D., and M.Padula (2004) Does Poor Legal Enforcement Make Households Credit Constrained? Journal of Banking and Finance 28,2369—2397.

Fama,E.F. (1985) What's Different about Banks? Journal of Monetary Economics 15,5

—29.

Farinha, L.A., and J.A.C.Santos (2002) Switching from Single to Multiple Bank Lending Relationships: Determinants and Implications. Journal of Financial Intermediation 11, 124—151.

Farinha, L.A., and J.A.C.Santos (2006) The Survival of Start-ups: Do their Funding Choices and Bank Relationships at Birth Matter? Mimeo.Bank of Portugal.

Felici, R., and M.Pagnini (2005) Distance, Bank Heterogeneity, and Entry in Local Banking Markets, Working Paper, Bank of Italy.

Ferri, G., T.S.Kang, and I.J.Kim (2002) The Value of Relationship Banking during Financial Crises: Evidence from the Republic of Korea, Working Paper, World Bank.

Ferri, G., and M.Messori (2000) Bank-Firm Relationships and Allocative Efficiency in Northeastern and Central Italy and in the South.Journal of Banking and Finance 24, 1067—1095.

Fery, J., D.Gasborro, D.R.Woodliff, and J.K.Zumwalt (2003) Market Reaction to Published and Non-published Corporate Loan Announcements, Quarterly Review of Economics and Finance 43, 1—10.

Fields, L.P, D.R. Fraser, T.L.Berry, and S.Byers (2006) Do Bank Loan Relationships Still Matter? Journal of Money, Credit, and Banking 38, 1195—1209.

Fischer, K. (1990) Hausbankbeziehungen als Instrument der Bindung zwischen Banken und Unternehmen-Eine Theoretische und Empirische Analyse.PhD Dissertation, Universitat Bonn.

Fischer, K.H, (2000) Acquisition of Information in Loan Markets and Bank Market Power: An Empirical Investigation, Mimeo, Johann Wolfgang Goethe University Frankfurt.

Fischer, K.H. (2001) Banken und unvollkommener Wettbewerb.Empirische Beitrage zu einer Industrieokonomik der Finanzmarkte, PhD Dissertation, Goethe University Frankfiart.

Fischer, K.H., and C.Pfeil (2004) Regulation and Competition in German Banking. in J. E. Krahnen and R.H.Schmidt (eds.), The German Financial System, Oxford University Press, Frankfurt, 291—349.

Fisman, R., and I.Love (2004a) Financial Development and Growth in the Short and Long Run, Working Paper, National Bureau for Economic Research.

Fisman, R., and I.Love (2004b) Financial Development and Intersectoral Allocation: A New Approach, Journal of Finance 54, 2785—2805.

Fluet, C., and P.G.Garella (2007) Relying on the Information of Others: Debt Rescheduling with Multiple Lenders, Working Paper, Universite du Quebec.

Focarelli, D., and F.Panetta (2003) Are Mergers Beneficial to Consumers? Evidence from the Market for Bank Deposits, American Economic Review 93, 1152—1171.

Focarelli,D.,and A.F. Pozzolo (2001) The Pattems of Cross-Border Bank Mergers and Shareholdings in OECD Countries,Journal of Banking and Finance 25,2305—2337.

Foglia,A.,S.Laviola,and P.Marullo Reedtz (1998) Multiple Banking Relationshi ps and the Fragility of Corporate Borrowers,Journal of Banking and Finance 22,1441—1456.

Fohlin,C. (1998) Relationship Banking,Liquidity,and Investment in the German Industrialization,Journal of Finance 53,1737—1758.

Fok,R.C.W,Y.C.Chang,and W.T. Lee (2004) Bank Relationships and Their Effects on Firm Performance around the Asian Financial Crisis:Evidence from Taiwan,Financial Management 33,89—112.

Forbes,K., and R. Rigobon (2002) No Contagion, Only Interdependence: Measuring Stock Market Co-movements,Journal of Finance 57,2223—2261.

Franks,J.,and C.Mayer (2001) Ownership and Control of German Corporations. Review of Financial Studies 14,943—977.

Freixas, X. (2005) Deconstructing Relationship Banking, Investigaciones Economicas 29,3—31.

Freixas,X.,and B.Parigi (1998) Contagion and Efficiency in Gross and Net Interbank Payment System,Journal of Financial Intermediation 7,3—31.

Freixas,X.,B.Parigi,and J.C.Rochet (2000) Systemic Risk,Interbank Relations and Liquidity Provision by the Central Bank,Journal of Money,Credit and Banking 32,611—638.

Freixas,X.,and J.C.Rochet (1997) Microeconomics of Banking, MIT Press. Cambridge, MA.

Furfine,C.H. (2003) Interbank Exposures:Quantifying the Risk of Contagion. Journal of Money,Credit and Banking 35,111—128.

Fuss,C.,and P. Vermeulen (2006) The Response of Firms' Investment and Financing to Adverse Cash Flow Shocks: The Role of Bank Relationships, Mimeo. European Central Bank.

Gan,J. (2007) The Real Effects of Asset Market Bubbles: Loan and Firm Level Evidence of a Lending Channel,Review of Financial Studies 20,1941—1973.

Gangopadhyay,S.,and B.Mukhopadhyay (2002) Multiple Bank Lending and Seniority in Claims,Journal of Economics and Business 54,7—30.

Garcia-Appendini.E. (2005) Soft Information in Bank Lending: The Use of of Trade Credit,Mimeo,Universitat Pompeu Fabra.

Garcia-Marco,T.,and C.Ocana (1999) The Effect of Bank Monitoring on the Investment Behavior of Spanish Firms,Journal of Banking and Finance 23, 1579—1603.

Garrett,T.A., G.A.Wagner, and D.C.Wheelock (2004) A Spatial Analysis of State Banking Regulation,Working Paper,Federal Reserve Bank of St.Louis.

Gatev,E.,T. Schuermann,and P.E.Strahan (in press) Managing Bank Liquidity Risk:

How Deposit-Loan Synergies Vary with Market Conditions.Review of Financial Studies.

Gatev,E.,and R.E.Strahan (2006) Banks' Advantage in Supplying Liquidity:The ory and Evidence from the Commercial Paper Market,Journal of Finance 61, 867—892.

Gehrig,T. (1998) Screening,Cross-Border Banking,and the Allocation of Credit, Research in Economics 52,387—407.

Gertler,M. (1988) Financial Structure and Aggregate Economic Activity,Journal of Money, Credit and Banking 20,559—588.

Giannetti,M.,and S.Ongena (2009) Financial Integration and Firm Performance: Evidence from Foreign Bank Entry in Emerging Markets,Review of Finance 13,181—223.

Giannetti, M., M.Burkart, and T.Ellingsen (2011) What you Sell Is What You Lend? Explaining Trade Credit Contracts, Review of Financial Studies 24,1261—1298.

Gibson,M.S. (1995) Can Bank Health Affect Investment? Evidence from Japan, Journal of Business 68,281—308.

Gibson.M.S. (1997) More Evidence on the Link between Bank Health and Investment in Japan.Journal of Japanese International Economics 11,29—49.

Gilbert.R. (1984) Bank Market Structure and Competition:A Survey,Journal of Money, Credit,and Banking 16,617—644.

Gilbert,R.A.,and A.M.Zaretsky (2003) Banking Antitrust:Are the Assumptions Still Valid? Review of the Federal Reserve Bank of St. Louis 29—52.

Gobbi.G., and F Lotti (2004) Entry Decisions and Adverse Selection:An Empirical Analysis of Local Credit Markets,Mimeo,Bank of Italy.

Goddard,J.,R Molyneux,J.O.S.Wilson,and M.Tavakoli (2007) European Banking:An Overview, Journal of Banking and Finance 31,1911—1935.

Goldberg,L.G.,and A.Saunders (1981) The Determinants of Foreign Banking Activity in the United States.Journal of Banking and Finance 5,17—32.

Goldstein,I.,and A.Panzner (2005) Demand.Deposit Contracts and the Probability of Bank Runs, Journal of Finance 60,1293—1328.

Gopalan,R.,G.F Udell,and V Yerramilli (2007) Why Do Firms Switch Banks? Mimeo. Washington University.

Gorion.G..and FA.Schmid (2000) Universal Banking and the Performance of German Firms,Journal of Financial Economics 58,29—80.

Gorton,G., and A. Winton (2003) Financial Intermediation,in G.Constantinides, M. Harris,and R.Stulz (eds.), Handbook of the Economics of Finance,North Holland, Amsterdam 431—552.

Greenbaum,S.I. (1996) Twenty-Five Years of Banking Research,Financial Management 25,86—92.

Greene,W.H. (1997) Econometric Analysis,3rd ed.,Prentice Hall,Upper Saddle Rivet, NJ.

Greene,W.H. (2003) Econometric Analysis,5th ed.,Prentice Hall,Upper Saddle Rivet. NJ.

Gropp,R.,and J.Vesala (2003) Bank Contagion in Europe, Mimeo, European Central Bank.

Grosse,R.,and L.G.Goldberg (1991) Foreign Bank Activity in the United States: An Analysis by Country of Origin,Journal of Banking and Finance 15,1093—1112.

Gual,J. (1999) Deregulation, Integration and Market Structure in European Banking. Journal of Japanese and International Economies 12,372—396.

Guiso.L. (2003) Small Business Finance in Italy, European Investment Bank Papers 8. 121—147.

Guiso,L.,and R.Minetti (2005) Multiple Creditors and Information Rights: Theory and Evidence from U.S.Firms,Mimeo,Ente Luigi Einaudi.

Guiso,L.,P.Sapienza,and L.Zingales (2004) Does Local Financial Development Matter? Quarterly Journal of Economics 119,929—970.

Gurley,J.,and E.Shaw (1960) Money in the Theory of Finance,Brookings Institution, Washington.DC.

Haber. S.H. (1991) Industrial Concentration and the Capital Markets: A Comparative Study of Brazil,Mexico,and the United States,1830—1930,Journal of Economic History 51,559—580.

Haber.S. H. (1997) Financial Markets and Industrial Development: A Compar ative Study of Governmental Regulation. Financial Innovation and Industrial Structure in Brazil and Mexico,1840—1940,in Stephen H.Haber (ed.), How Latin America Fell Behind? Stanford University Press,Stanford,CA, 146—178.

Habyarimana, J. (2006) The Benefits of Banking Relationships: Evidence from Uganda's Banking Crisis.Mimeo.Harvard University.

Hadlock,C.,and C.James (1997) Bank Lending and the Menu of Financing Options, Mimeo,University of Florida.

Hadlock,C.,and C.James (2002) Do Banks Provide Financial Slack? Journal of Finance 57.1383—1420.

Hainz,C. (2005) The Effects of Bank Insolvency on Corporate Incentives in Transition Economies.Economics of Transition 13,261—286.

Han,L.,D.J.Storey, and S.Fraser (2006) The Concentration of Creditors: Evidence from Small Businesses,Mimeo,University of Hull.

Hannan,T. (1997) Market Share Inequality,the Number of Competitors,and the HHI: An Examination of Bank Pricing,Review of Industrial Organization 12,23—35.

Hannan,T.H. (1991) Bank Commercial Loan Markets and the Role of Market Structure:Evidence from Surveys of Commercial Lending,Journal of Banking and Finance 15,133—149.

Harman,T.H.,and R.A.Prager (2004) The Competitive Implications of Multimarket Bank Branching,Journal of Banking and Finance 28,1889—1914.

Hao,L. (2003) Bank Effects and the Determinants of Loan Yield Spreads,Mimeo, York University.

Harhoff,D.,and T. Körting (1998a) How Many Creditors Does It Take to Tango? Mimeo,Wissenschaftszentrum Berlin.

Harhoff,D.,and T. Körting (1998b) Lending Relationships in Germany-Empirical Evidence from Survey Data,Journal of Banking and Finance 22, 1317—1353.

Harm,C. (2001) European Financial Market Integration: The Case of Private Sector Bonds and Syndicate Loans,Journal of International Financial Markets, Institutions, and Money 11,245—263.

Hart,O.D. (1995) Firms,Contracts,and Financial Structure,Oxford University Press, Oxford.

Harvey,A. (1976) Estimating Regression Models with Multiplicative Heteroscedas-ticity,Econometrica 44,461—465.

Hasan,I.,P.Wachtel,and M.Zhou (2006) Institutional Development,Financial Deepening and Economic Growth:Evidence from China,Discussion Paper, BOFIT

Haubrich,J.H. (1989) Financial Intermediation: Delegated Monitoring and Long-term Relationships,Journal of Banking and Finance 13,9—20.

Hauswald,R.,and R.Marquez (2006) Competition and Strategic Information Acquisition in Credit Markets.Review of Financial Studies 19,967—1000.

Heckman,J.,and B.Singer (1984a) A Method for Minimizing the Impact of Distri-butional Assumptions in Econometric Models for Duration Data,Econometrica 52,279—321.

Heckman,J.J.,and B.Singer (1984b) Econometric Duration Analysis,Journal of Econometrics 24,63—132.

Heitfield,E.A. (1999) What Do Interest Rate Data Say about the Geography of Retail Banking Markets,Antitrust Bulletin 44,333—347.

Heitfield,E.A.,and R.A.Prager (2004) The Geographic Scope of Retail Deposit Markets.Journal of Financial Services Research 25.37—55.

Hellwig,M. (1991) Banking,Financial Intermediation and Corporate Finance, in A.Giovannini and C.R Mayer (eds.), European Financial Integration, Cambridge University Press,Cambridge,MA,35—63.

Helwege,J.,and F Packer (2003) Determinants of the Choice of Bankruptcy Procedure in Japan,Journal of Financial Intermediation 12,96—120.

Hemandez-Canovas,G.,and P Martinez-Solano (2006) Banking Relationships: Effects on the Debt Terms of the Small Spanish Firms.Journal of Small Business Management 44,315—333.

Herrera,A.M.,and R.Minetti (2007) Informed Finance and Technological Change: Evidence from Credit Relationships,Journal of Financial Economics 83, 223—269.

Hiraki,T.,A.Ito,and F.Kuroki (2003) Single versus Multiple Main Bank Relationships: Evidence from Japan,Mimeo,International University of Japan.

Ho,T.S.Y,and A.Saunders (1981) The Determinants of Bank Interest Margins: Theory and Empirical Evidence,Journal of Financial and Quantitative Analysis 16,581—600.

Hodgman,D.R. (1960) Credit Risk and Credit Rationing,Quarterly Journal of Economics 74,258—278.

Holland,J. (1994) Bank Lending Relationships and the Complex Nature of Bank-Corporate Relations,Journal of Business Finance and Accounting 21,367—391.

Hommel,U.,and H.Schneider (2003) Financing the German Mittelstand,European Investment Bank Papers 8,53—90.

Hori.M. (2005) Does Bank Liquidation Affect Client Firm Performance? Evidence from a Main Bank Failure in Japan.Economics Letters 88,415—420.

Horiuchi,T. (1993) An Empirical Overview of the Japanese Main Bank Relation ship in Relation to Firm Size. Rivista Internationale Di Scienze Economiche e Commerciale 40,997—1018.

Horiuchi,T. (1994) The Effect of Firm Status on Banking Relationships and Loan Syndication,in M.Aoki and H.Patrick (eds.), The Japanese Main Bank System, Oxford University Press,Oxford,258—294.

Horiuchi,T,F. Packer,and S.Fukuda (1988) What Role Has the "Main Bank" Played in Japan? Journal of Japanese and International Economies 2,159—180.

Hoshi,T.,A.Kashyap,and D.Scharfstein (1991) Corporate Structure,Liquidity and Investment:Evidence from Japanese Industrial Groups,Quarterly Journal of Economics 106,33—60.

Houston,J.,and C.James (1996) Bank Information Monopolies and the Mix of Private and Public Debt Claims.Journal of Finance 51,1863—1889.

Houston,J.,and C.James (2001) Do Relationships Have Limits? Banking Relationships, Financial Constraints and Investment,Journal of Business 74, 347—374.

Howorth,C.,M.J.Peel,and N.Wilson (2003) An Examination of the Factors Associated with Bank Switching in the UK Small Firm Sector,Small Business Economics 20,305—317.

Huang,R. (2008) The Real Effects of Bank Branching Deregulation:Comparing Contiguous Counties across U.S. State Borders,Journal of Financial Economics 87,678—705.

Huang,W,and S.Zhao (2006) When Debt Is Bad News:Market Reaction to Debt Announcements under Poor Governance,Mimeo,GREMAO.

Hubert.F.,and D.Schafer (2002) Coordination Failure with Multiple Source Lending—the Cost of Protection against a Powerful Lending Journal of Institutional and Theoretical Economics 158,256—275.

Hwan Shin,G.,D.R.FraseL and J.W. Kolari (2003) How Does Banking Industry Consolidation Affect Bank-Firm Relationships? Evidence from a Large Japanese Bank Merger,Pacific-Basin Finance Journal 11,285—304.

Ioannidou,V.R.,and S.Ongena (2007)"Time for a Change":Loan Conditions and Bank Behavior When Firms Switch.Mimeo.CentER-Tilburg University.

Ioannidou,V.P., S. Ongena, and J. L. Peydró (2007) Monetary Policy and Sub-prime Lending:"A Tall Tale Of Low Federal Funds Rates.Hazardous Loans. and Reduced Loan Spreads,"Mimeo,CentER-Tilburg University/ European Central Bank.

Iwata,G. (1974) Measurement of Conjectural Variations in Oligopoly,Economet rica 42,947—966.

Jaffee,D.,and J.E. Stiglitz (1990) Credit Rationing,in B.M.Friedman and F.H. Hahn (eds.), Handbook of Monetary Economics,Elsevier, Amsterdam, 837—888.

James, C. (1987) Some Evidence on the Uniqueness of Bank Loans,Journal of Financial Economics 19,217—235.

James,C.,and D.C.Smith (2000) Are Banks Still Special? New Evidence on Their Role in the Corporate Capital Raising Process, Journal of Applied Corporate Finance 13.52—63.

James,C.,and P. Wier (1990) Borrowing Relationships,Intermediation and the Cost of Issuing Public Securities, Journal of Financial Economics 28,149—171.

Jaumandreu, J.,and J. Lorences (2002) Modelling Price Competition across Many Markets:An Application to the Spanish Loans Market,European Economic Review 46.93—115.

Jayaratne,J.,and P.E.Strahan (1996) The Finance-Growth Nexus:Evidence from Bank Branch Deregulation,Quarterly Journal of Economics 111,639—670.

Jayaratne,J.,and P.E. Strahan (1998) Entry Restrictions,Industry Evolution,and Dynamic Efficiency:Evidence from Commercial Banking,Journal of Law and Economics 41,239—274.

Jiangli,W.,H.Unal,and C.Yom (2008) Relationship Lending,Accounting Dis closure, and Credit Availability during the Asian Financial Crisis,Journal of Money, Credit and Banking 40,25—55.

Jimrnez,G.,S.Ongena,J.L.Peydró,and J.Saurina (2007) Hazardous Times for Monetary Policy:What Do Twenty.Three Million Bank Loans Say about the Effects of Monetary Policy on Credit Risk? Discussion Paper,Centre for Economic Policy Research.

Jimrnez,G.,V Salas,and J.Saurina (2006) Determinants of Collateral,Journal of Financial Economics 81,255—281.

Joeveer,K. (2007) Does Bank Failure Affect Client Firms? Micro Evidence from Estonia.Mimeo, CERGE—EI.

Johnson.S.A. (1997) The Effect of Bank Reputation on the Value of Bank Loan Agreements,Journal of Accounting,Auditing and Finance 12,83—100.

Jorion.P. (2002) How Informative Are Value-at-Risk Disclosures? Accounting Review 77,911—931.

Kalbfleisch,J.D.,and R.L.Prentice (1980) The Statistical Analysis of Failure Time Data.John Wiley and Sons,New York,NY.

Kaminsky,G.L.,andC.M.Reinhart (1999) The Twin Crises:The Causes of Banking and Balance-of-Payments Problems,American Economic Review 89,473—500.

Kane,E.J and B.G.Malkiel (1965) Bank Portfolio Allocation,Deposit Variability,and the Availability Doctrine,Quarterly Journal of Economics 79, 257—261.

Kang,J.K.,A.Shivdasani,and T. Yamada (2000) The Effect of Bank Relations on Investment Decisions:An Investigation of Japanese Takeover Bids,Journal of Finance 55.2197—2218.

Kang,J.K.,and R.M.Stulz (2000) Do Banking Shocks Affect Borrowing Firm Performance? An Analysis of the Japanese Experience,Journal of Business 73,1—24.

Kano, M. H. Uchida, G.F. Udell, and W. Watanabe (2006) Information Verifiability, Bank Organization, Bank Competition and Bank-Borrower Relationships, Mimeo, Wakayama University.

Kaplan,E.L.,and P Meier (1958) Nonparametric Estimation from Incomplete Observations.Journal of the American Statistical Association 53,457—481.

Kaplan,S.N.,and B.A.Minton (1994) Appointments of Outsiders to Japanese Boards: Determinants and Implications for Managers,Journal of Financial Economics 36.225—258.

Karceski,J.,S.Ongena,and D.C.Smith (2005) The Impact of Bank Consolidation on Commercial Borrower Welfare,Journal of Finance 60,2043—2082.

Kashyap,A.,R.G.Rajan,and J.C.Stein (2002) Banks as Liquidity Providers:An Explanation for the Co-existence of Lending and Deposit-Taking,Journal of Finance 57,33—73.

Kashyap,A.K.,J.C.Stein,and D.W.Wilcox (1993) Monetary Policy and Credit Conditions:Evidence from the Composition of External Finance,American Economic Review 83,78—98.

Keeley,M.C. (1990) Deposit Insurance Risk and Market Power in Banking, American Economic Review 80,1183—1200.

Kerr, W.,and R.Nanda (2007) Democratizing Entry:Banking Deregulations, Financing Constraints,and Entrepreneurship,Working Paper,Harvard Business School.

Kiefer,N.M. (1988) Economic Duration Data and Hazard Functions,Journal of Economic Literature 26,646—679.

Kim,M. (1986) Banking Technology and the Existence of a Consistent Output Aggregate,Journal of Monetmy Economics 18,181—195.

Kim,M.,D.Kliger,and B.Vale (2003) Estimating Switching Costs:The Case of Banking,Journal of Financial Intermediation 12,25—56.

Kim,M.,E.G. Kristiansen,and B. Vale (2005) Endogenous Product Differentiation in Credit Markets:What Do Borrowers Pay For? Journal of Banking and Finance 29,681—699.

Kim,M.,E.G. Kristiansen.and B.Vale (2007) Life-Cycle Patterns of Interest Rate Markups in Small Firm Finance,Working Paper,Norges Bank.

Kim,M., and B.Vale (2001) Non-price Strategic Behavior:The Case of Bank Branches, International Journal of Industrial Organization 19,1583—1602.

Kindleberger,C.E (1983) International Banks as Leaders or Followers of International Business,Journal of Banking and Finance 7,583—595.

King,R.G., and R. Levine (1993) Finance and Growth: Schumpeter May Be Right, Quarterly Journal of Economics 108,713—737.

Kiser,E.K. (2002) Predicting Household Switching Behavior and Switching Costs at Depository Institutions,Review of Industrial Organization 20,349—365.

Klein,M. (1971) A Theory of the Banking Firm,Journal of Money,Credit, and Banking 3,205—218.

Klemperer,R. (1985) Markets with Consumer Switching Costs,Quarterly Journal of Economics 102,375—394.

Klemperer,P. (1995) Competition When Consumers Have Switching Costs:An Overview with Applications to Industrial Organization.Macroeconomics.and International Trade.Review of Economic Studies 62,515—539.

Klemperer,R.D. (1987) Markets with Consumer Switching Costs,Quarterly Journal of Economics 102,375—394.

Knittel,C., and V. Stango (2004) Compatibility and Pricing with Indirect Network Effects:Evidence from ATMs.Discussion Paper,National Bureau for Economic Research.

Korkeamaki,T.R,and M.W. Rutherford (2006) Industry Effects and Banking Rela tionship as Determinants of Small Firm Capital Structure Decisions.Journal of Entrepreneurial Finance and Business Ventures 11,7—23.

Kracaw,W.A.,and M.Zermer (1998) Bankers in the Boardroom:Good News or Bad News.Mimeo.University of North Carolina—Chapel Hill.

Kratmen,J.R,and R. (2004) Universal Banks and Relationships with Firms, in J.E Kratmen and R.H.Schmidt (eds.), The German Financial System,Oxford University

Press,Oxford,197—233.

Kroszner, R.S.,L. Laeven,and D.Klingebiel (2007) Banking Crises,Financial Dependence,and Growth,Journal of Financial Economics 84,187—228.

Kroszner,R.S and P.E. Strahan (1999) What Drives Deregulation? Economics and Politics of the Relaxation of Bank Branching Restrictions.Quarterly Journal of Economics 124,1437—1467.

Kroszner,R.S.,and E.E.Strahan (2001) Bankers on Boards:Monitoring, Conflicts of Interest,and Lender Liability, Journal of Financial Economics 62, 415—452.

Kutsuna,K.,J.K.Smith,and R.L.Smith (2003) Banking Relationships and Access to Equity Capital Markets:Evidence from Japan's Main Bank System,Mimeo, Kobe University.

La Porta, R., F. Lopez-de-Silanes, and A. Shleifer (2002) Government Ownership of Banks.Journal of Finance 57,265—301.

La Porta,R.,F.Lopez-de-Silanes,A.Shleifer,and R.W. Vishny (1998) Law and Finance, Journal of Political Economy 106,1113—1155.

La Porta,R.,E Lopez-de-Silanes,and G.Zamarripa (2003) Related Lending., Quarterly Journal of Economics 128,231—268.

Laeven, L. (2001) Insider Lending and Bank Ownership:The Case of Russia, Journal of Comparative Economics 29,207—229.

Lau, L.J. (1982) On Identifying the Degree of Competitiveness from Industry Price and Output Data,Economic Letters 10,93—99.

Lederer,P.,and A.P. Hurter (1986) Competition of Firms:Discriminatory Pricing and Location,Econometrica 54,623—640.

LefiHiatre,D. (2002) La Multibancarite. Cahiers Etudes et Recherches de l'Observatoire des Entreprises.Banque de France.

Lehar, A. (2005) Measuring Systemic Risk:A Risk Management Approach,Journal of Banking and Finance 29,2577—2603.

Lehmann,E.,and D.Neuberger (2001) Do Lending Relationships Matter? Evidence from Bank Survey Data in Germany, Journal of Economic Behavior and Organization 45, 339—359.

Lehmann,E.,D.Neuberger,and S.Rathke (2004) Lending to Small and Medium-Sized Firms:Is There An East-West Gap in Germany,Sn,roll Business Economics 23,23—39.

Lehmann,E.,and J.Weigand (2000) Does the Governed Corporation Perform Better? Governance Structures and Corporate Performance in Germany, European Finance Review 4,157—195.

Leland,H.E.,and D.H.Pyle (1977) Infomation Asymmetries,Financial Structure,and Financial Intermediation,Journal of Finance 32,371—387.

Levine.,R. (1999) Law,Finance,and Economic Growth,Journal of Financial Intermediation 8,8—35.

Levine, R. (2003) Denying Foreign Bank Entry:Implications for Bank Interest Margins. Mimeo.University of Minnesota.

Levine, R. (2005) Finance and Growth:Theory and Evidence,in Philippe Aghion and Steven N.Durlauf (eds), Handbook of Economic Growth,North Holland, Amsterdam,865—934.

Levine,R.,N.Loayza,and T. Beck (2000) Financial Intermediation and Growth: Causality and Causes, Journal of Monetary Economics 46,31—77.

Levine, R.,and S. Zervos (1998) Stock Markets,Banks and Economic Growth, American Economic Review 88,537—558.

Li,K.W., and T. Liu (2001) Impact of Liberalization of Financial Resources in China's Economic Growth:Evidences from Provinces.Journal of Asian Economics 12,245—262.

Liberti,J.M. (2004) Initiative,Incentives and Soft Information: How Does Delegation Impact the Role of Bank Relationship Managers? Mimeo,Kellogg School Of Management Northwestern.

Limpaphayom.P., and S. Polwitoon (2004) Bank Relationship and Firm Performance: Evidence from Thailand before the Asian Financial Crisis.Journal of Business Finance and Accounting 31,1577—1600.

Lublóy,A. (2005) The Domino Effect on the Hungarian Interbank Market, Magyar Nemzeti Bank Economic Review 42,377—401.

Lucas,R.E. (1988) On the Mechanics of Economic Development,Journal of Monetary Economics 22,3—42.

Lummer,S. L., and J. J. McCormell (1989) Further Evidence on the Bank Lending Process and the Capital Market Response to Bank Loan Agreements,Journal of Financial Economics 25,99—122.

Machauer, A., and M.Weber (1998) Bank Behavior Based on Internal Credit Ratings of Borrowers.Journal of Banking and Finance 22,1355—1383.

Machauer, A.,and M. Weber (2000) Number of Bank Relationships: An Indicator of Competition,Borrower Quality, or Just Size,Discussion Paper,Center for Financial Studies.

Maddala,G.S. (1983) Limited Dependent Variables and Qualitative Variables in Econometrics,Cambridge University Press,New York,NY Magri,S.,A.Moil,and E Rossi (2005) The Entry and the Activity Level of Foreign Banks in Italy:An Analysis of the Determinants.Journal of Banking and Finance 29,1295—1310.

Mahrt-Smith,J. (2006) Should Banks own Equity Stakes in their Borrowers? A Contractual Solution to Hold-up Problems,Journal of Banking and Finance 30, 2911—

2929.

Mallett, T., and A.Sen (2001) Does Local Competition Impact Interest Rates Charged on Small Business Loans? Empirical Evidence from Canada.Review of Industrial Organization 19, 437—452.

Martinez Peria, M., and S.Schmukler (2001) Do Depositors Punish Banks for Bad Behavior? Market Discipline, Deposit Insurance, and Banking Crisis, Journal of Finance 56, 1029—1051.

Martinez Miera, D., and R.Repullo (2008) Does Competition Reduce the Risk of Bank Failure? Center for Economics Policy Research (CEPR) Discussion Paper No. DP6669.

Mathieu, R., S.Robb, and P. Zhang (2002) The Impact of Capitalization Level on Lending Commitment after the Introduction of the Basle Accord, Mimeo, Joseph L.Rotman School of Management. University of Toronto.

Matutes, C., and X. Vives (1996) Competition for Deposits, Fragility, and Insurance, Journal of Financial Intermediation 5, 184—216.

Maurer, N., and S.Haber (2004) Related Lending and Economic Performance, Mimeo. Stanford University.

Mayer, C. (1988) New Issues in Corporate Finance, European Economic Review 32, 1167—1189.

Mayer, C. (1996) The Assessment: Money and Banking, Theory and Evidence, Oxford Review of Economic Policy 10, 1—13.

McFadden, D. (1978) Modelling the Choice of Residential Location, in Karlquist A. (ed.), Spatial Interaction Theory and Residential Location, North-Holland, Amsterdam, 75—96.

McWilliams, A., and D.Siegel (1997) Event Studies in Management Research: Theoretical and Empirical Issues, Academy of Management Journal 40, 626—657.

Menkhoif, L., D. Neuberger, and C. Suwanapom (2006) Collateral-based Lending in Emerging Markets: Evidence from Thailand, Journal of Banking and Finance 30, 1—21.

Menkhoff, L., and C. Suwanaporn (2007) The Rationale of Bank Lending in Pre-crisis Thailand, Applied Economics 39, 1077—1089.

Mercieca, S., K.Schaeck, and S.Wolfe (2008) Bank Market Structure, Competition, and SME Financing Relationships in European Regions, Mimeo, Cass Business School.

Merrett, D.T., and A.E.Tschoegl (2004) The Geography of Australian Banking 1942, Mimeo, University of Melbourne.

Merton, R.C.C. (1974) On the Pricing of Corporate Debt: The Risk Structure of Interest Rates, Journal of Finance 29, 449—470.

Mester, L.J. (1993) Efficiency in the Savings and Loan Industry, Journal of Banking and Finance 17, 267—286.

Mester,L.J.,L.Nakamura,and M.Renault (2007) Transactions Accounts and Loan Monitoring,Review of Financial Studies 20,529—556.

Meyer,S.,and R.Prilmeier (2006) The Market VS.Banks-an Event Study Perspective on the Value Creation of Banks as Blockholders in Germany,Mimeo, European Business School.

Mian,A. (2006) Foreign,Private Domestic,and Government Banks:New Evidence from Emerging Markets.Mimeo.Chicago Graduate School of Business.

Miarka,T. (1999) The Recent Economic Role of Bank-Firm Relationships in Japan, Discussion Paper, Social Science Research Center Berlin (WZB) .

Mikkelson,W.H.,and M.M. Partch (1986) Valuation Effects of Security Offerings and the Issuance Process, Journal of Financial Economics 15,31—60.

Miron,J. (1986) Financial Panics,the Seasonality of the Nominal Inter est Rate,and the Founding of the Fed,American Economic Review 76, 125—140.

Mishkin,F.S. (2008) On"Leveraged Losses:Lessons from the Mortgage Melt-down." Speech Presented at U.S. Monetary Policy Forum in New York.Board of Governors of the Federal Reselrve System.

Mistrulli,P.E. (2005) Interbank Lending Patterns and Financial Contagion,Mimeo, Banca d'Italia.

Mistrulli,P.E. (2007) Assessing Financial Contagion in the Interbank Market:Max imum Entropy versus Observed Interbank Lending Patterns,Working Paper, Bank of Italy.

Miyajima,H.,and Y. Yafeh (2007) Japan's Banking Crisis:An Event-Study Perspective,Journal of Banking and Finance 31,2866—2885.

Moe,T.,J.A. Solheim,and B.Vale (2004) The Norwegian Banking Crisis, Occasional Paper Norges Bank.

Molnár,J. (2007) Market Power and Merger Simulation in Retail Banking,Mimeo, Bank of Finland.

Molnár,J.,M.Nagy,and C.Horvath (2007) A Structural Empirical Analysis of Retail Banking Competition:The Case of Hungary,Working Paper,Hungarian National Bank.

Molyneux,P.Y.,Y Altunbas,and E.PM.Gardener (1996) Efficiency in European Banking,John Wiley and Sons,London.

Monti,M. (1972) Deposit,Credit,and Interest Rate Determination under Alternative Bank Objectives,in G.R. Szego and K.Shell (eds.), Mathematical Methods in Investment and Finance,North-Holland,Amsterdam,431—454.

Montoriol Garriga,J. (2006a) The Effect of Relationship Lending on Firm Performance, Mimeo,Universitat Pompeu Fabra.

Montoriol Garriga,J. (2006b) Relationship Lending and Banking Competition:Are They

Compatible? Mimeo,Universitat Pompeu Fabra.

Montoriol Garriga,J. (2006c) Relationship Lending in Spain:An Empirical Examination of Cost of Capital and Credit Rationing.Mimeo.Universitat Pompeu Fabra.

Morck,R.,and M.Nakamura (1999) Banks and Corporate Control in Japan,Journal of Finance 54,319—339.

Morck, R.,M. Nakamura,and A. Shivdasani (2000) Banks,Ownership Structure, and Firm Value in Japan,Journal of Business 73,539—567.

Morgan,D. (2002) How Big are Bank Markets:Evidence Using Branch Sale Premia. Mimeo.Federal Reserve Bank of New York.

Morgan,D.R (2000) Bank Commitment Relationships,Cash Flow Constraints,and Liquidity Management,Staff Report. Federal Reserve Bank of New York.

Müller,J. (2006) Interbank Credit Lines as a Charmel of Contagion,Journal of Financial Services Research 29,37—60.

Nakamura.L.I. (1993a) Commercial Bank Information:Implications for the Structure of Banking,in M.Klausner and L.J.White (eds.), Structural Change in Banking,New York University Salomon Center,New York,NY. 131—160.

Nakamura,L.I. (1993b) Monitoring Loan Quality via Checking Account Analysis, Journal of Retail Banking 14,16—34.

Nathan, A., and H.Neave (1989) Competition and Contestability in Canada's Financial System:Empirical Results,Canadian Journal of Economics 22, 567—594.

Neuberger,D. (1998) Industrial Organization of Banking:A Review, International Journal of the Economics of Business 5,97—118.

Neuberger, D.,M.Pedergnana,and S.Räthke-Döppner (2008) Concentration of Banking Relationships in Switzerland:The Result of Firm Structure or Banking Market Structure, Journal of Financial Services Research 33,101—126.

Neuberger, D.,S.Räthke,and C.Schacht (2006) The Number of Bank Relationships of SMEs:A Disaggregated Analysis for the Swiss Loan Market.Economic Notes 35,1—36.

Neuberger,J,A.,and G.C.Zimmerman (1990) Bank Pricing of Retail Deposit Accounts and "the California Rate Mystery,"Economic Review Federal Reserve Bank of San Francisco 3—16.

Neumark,D.,and S.A.Sharpe (1992) Market Structure and the Nature of Price Rigidity: Evidence from the Market for Consumer Deposits,Quarterly Journal of Economics 107,657—680.

Norden,L., and M. Weber (2007) Checking Account Information and Credit Risk of Bank Customers,Mimeo,University of Mannheim.

O'Brien,J.,and J.Berkowitz (2006) Estimating Bank Trading Risk:A Factor Model Approach,in Rene M.Stulz and Mark S.Carey (eds.), Risks of Financial Institutions,University of Chicago Press,Chicago,59—91.

Ogura,Y. (2006) Endogenous Relationship Banking to Alleviate Excessive Screening in Transaction Banking,Discussion Paper,Institute of Economic Research Hitotsubashi University.

Ongena,S. (1999) Lending Relationships,Bank Default,and Economic Activity, International Journal of the Economics of Business 6,257—280.

Ongena,S., V. Roscovan, and B.Werker (2007a) "Banks and Bonds": The Impact of Baak Loan Announcements on Bond and Equity prices,Mimeo,Tilburg University.

Ongena,S.,and D.C. Smith (1998) Quality and Duration of Bank Relationships, in D.F. Birks (eds.), Global Cash Management in Europe,Macmillan Press, London.224—235.

Ongena,S.,and D.C.Smith (2000a) Bank Relationships:A Survey, in P. Harker and S. A.Zenios (eds.), The Performance of Financial Institutions,Cambridge University Press,London,221—258.

Ongena.S..and D.C.Smith (2000b) What Determines the Number of Bank Rela-tionships? Cross Country Evidence,Journal of Financial Intermediation 9, 26—56.

Ongena,S.,and D.C.Smith (2001) The Duration of Bank Relationships,Journal of Financial Economics 61,449—475.

Ongena,S.,D.C.Smith,and D.Michalsen (2003) Firms and their Distressed Banks: Lessons from the Norwegian Banking Crisis (1988—1991), Journal of Financial Economics 67,81—112.

Ongena,S.,G.Tümer-Alkan,and N. Von Westernhagen (2007b) Creditor Concentration:An Empirical Investigation,Mimeo,CentER Tilburg University.

Ortiz-Molina,H.,and M.F. Penas (2008) Lending to Small Businesses: The Role of Loan Maturity in Addressing Information Problems,Small Business Economics 30, 361—383.

Padilla,A.J. (1992) Mixed Pricing in Oligopoly with Consumer Switching Costs, International Journal of Industrial Organization 10,393—411.

Padilla,A.J. (1995) Revisiting Dynamic Duopoly with Consumer Switching Costs, Journal of Economic Theory 67,520—530.

Pagano,M.,F.Panetta,and L.Zingales (1998) Why Do Companies go Public? An Empirical Analysis,Journal of Finance 53,27—64.

Panetta,F.,F. Schivardi,and M.Shum (2004) Do Mergers Improve Information? Evidence from the Loan Market,Mimeo,Bank of Italy.

Panzar, J.C.,and J.N.Rosse (1987) Testing for Monopoly Equilibrium,Journal of Industrial Economics 35,443—456.

Papaioannou, E. (2008) Finance and Growth:A Macroeconomic Assessment of the Evidence from a European Angle,in Xavier Freixas,Philipp Hartmarm,and Colin Mayer (eds.), Handbook of European Financial Markets and Institutions, oxford University Press,Oxford,68—98.

Park,K.,and G.Pennacchi (2003) Why Does Institution Size Matter for Banking Market Competition? Mimeo,University of Illinois.

Pawlina,G.,and L.Renneboog (2005) Is Investment-Cash Flow Sensitivity Caused by Agency Costs or Asymmetric Information? Evidence from the UK-European Financial Management 11,483—513.

Peek,J.,and E.S. Rosengren (2000) Collateral Damage:Effects of the Japanese Bank Crisis on Real Activity in the United States.American Economic Review 90,30—45.

Peltoniemi,J. (2004) The Value of Relationship Banking:Empirical Evidence on Small Business Financing in Finnish Credit Markets.Academic Dissertation. University of Oulu.

Peltoniemi,J. (2007) The Benefits of Relationship Banking:Evidence for Small Business Financing in Finland,Journal of Financial Services Research 31, 153—171.

Peltzmann,S. (1977) The Gains and Losses from Industrial Concentration,Journal of Law and Economics 20,229—263.

Perignon,C.,Z.Y. Deng,and Z.J.Wang (2008) Do Banks Overstate Their Value-at-Risk, Journal of Banking and Fiance.32,783—794.

Petersen,M.A.,and R.G.Rajan (1994) The Benefits of Lending Relationships: Evidence from Small Business Data,Journal of Finance 49,3—37.

Petersen,M.A., and R.G.Rajan (1995) The Effect of Credit Market Competition on Lending Relationships,Quarterly Journal of Economics 110, 406—443.

Petersen,M.A., and R.G.Rajan (2002) Does Distance Still Matter? The Information Revolution in Small Business Lending, Journal of Finance 57,2533—2570.

Povel, P (2004) Multiple Banking as a Commitment Not to Rescue,Research in Finance 21,175—199.

Pozzolo,A.F. (2004) The Role of Guarantees in Bank Lending,Mimeo,Ente Luigi Einaudi.

Pozzolo, A.F., and D.Focarelli (2005) Where Do Banks Expand Abroad? An Empirical Analysis,Journal of Business 78,2435—2464.

Preece,D.,and D.Mullineaux (1996) Monitoring,Loan Renegotiability,and Firm Value: The Role of Lending Syndicates,Journal of Banking and Finance 20, 577—593.

Proust,Y,and D.Cadillat f1996) La Multibancarisation de 1992 a 1995,Bulletin de la Banque de France Supplement Etudes 3éme trimestre.39—51.

Qian,J., and P.E.Strahan (2007) How Law and Institutions Shape Financial Contracts: The Case of Bank Loans.Journal of Finance 62,2803—2834.

Radecki,L.J. (1998) The Expanding Geographic Reach of Retail Banking Markets, FRBNY Economic Policy Review 4, (2), 15—34.

Rajan,R.G. (1992) Insiders and Outsiders: The Choice between Informed and Arm's-Length Debt, Journal of Finance 47,1367—1400.

Rajan,R.G.,and L. Zingales (1998) Financial Dependence and Growth,American Economic Review 559—586.

Ramakrishnan, R.T.S., and A.V. Thakor (1984) Information Reliability and a Theory of Financial Intermediation.Review of Economic Studies 51,415—432.

Rauterkus,A. (2003) Are Bank Lending Relationships Always Beneficial? The Case of Germany, Mimeo.Louisiana State University.

Refait.C. (2002) Les Asymetries d'Information Influencent—Elles le Choix de la Banque entre Soutien et Mise en Failite de l'Entreprise? Une Verification Empirique par un Modele Probit,Banque et Marche 59,6—17.

Refait.C. (2003) La Multibancaritc dcs Entrcpriscs:Choix du Nombre de Banques vs Choix du Nombre de Banques Principales,Reyue Economique 54,649—661.

Repetto, A.,S.Rodriguez,and R.O.Valdes (2002) Bank Lending and Relationship Banking:Evidence from Chilean Finns,Mimeo,Universidad de Chile.

Rigobon,R. (2002) Contagion:How to Measure It? in Sebastian Edwards and Jeffrey A. Frankel (eds.), Currency Crises Prevention,University of Chicago Press,Chicago.

Rigobon,R.,and B.Sack (2004) The Impact of Monetary Policy on Asset Prices, Journal of Monetary Economics 51,1553—1575.

Rivaud-Danset, D. (1996) Les Contrats de Credit dans une Relation de Long Tenme: De la Main Invisible a la Poignee de Main.Revue Economiorue 4,937—962.

Roberts,G.S.,and N.A.Siddiqi (2004) Collaterilization and the Number of Lenders in Private Debt Contracts:An Empirical Analysis.Research in Finance 21, 229—252.

Rochet,J.C.,and J.Tirole (1996) Interbank Lending and Systemic Risk,Journal of Money, Credit and Banking 28,733—762.

Romer,R. (1986) Increasing Retums to Scale and Long-Run Growth,Journal of Political Economy 154,1002—1037.

Rosen,R.J. (2003) Banking Market Conditions and Deposit Interest Rates,Working Paper, Federal Reserve Bank of Chicago.

Rosen,R.J. (2007) Banking Market Conditions and Deposit Interest Rates,Journal of Banking and Finance 31,3862—3884.

Rosenfeld,C.M. (2007) The Effect of Banking Relationships on the Future of Financially Distressed Firms.Mimeo.University of Minnesota.

Ross,D.G. (2007) The"Dominant Bank Effect":How High Lender Reputation Affects the Information Content and Terms of Bank Loans,Mimeo, New York University.

Rossignoli,B., and G.Chesini (1995) Multi-banking and Customer Relationships in the Italian Banking System,Research Papers in Banking and Finance,Institute of European Finance.

Roten,I.C.,and D.J.Mullineaux (2002) Debt Underwriting by Commercial Bank-Affiliated Firms and Investment Banks:More Evidence.Journal Of Banking and Finance 26, 689—718.

Rousseau,R.L.,and R. Wachtel (1998) Financial Intermediation and Economic Performance: Historical Evidence from Five Industrialized Countries, Journal of Money, Credit, and Banking 30,657—678.

Rousseau,R.L.,and P.Wachtel (2000) Equity Markets and Growth:Cross-Country Evidence on Timing and Outcomes,1980—1995,Journal of Banking and Finance 24,1933—1957.

Salop,S.C. (1987) Symposium on Mergers and Antitrust,Journal of Economic Perspectives 1,3—12.

Samolyk,K. (1997) Small Business Credit Markets:Why Do We Know So Little about Them? FDIC Banking Review 10,14—32.

Santos.J., and A.Rumble (2006) The American Keiretsu and Universal Banks: Investing,Voting and Sitting on Nonfinancials Corporate Boards,Journal of Financial Economics 80,419—454.

Saparito,R.A.,C.C.Chen, and H.J.Sapienza (2004) The Role of Relational Trust in Bank.Small Firm Relationships.Academy of Management Journal 47, 400—410.

Sapienza,R. (2002) The Effects of Banking Mergers on Loan Contracts,Journal of Finance 329—368.

Sapienza,P. (2004) The Effects of Government Ownership on Bank Lending, Journal of Financial Economics 72,357—384.

Saunders,A.,and L.Allen (2002) Credit Risk Measurement,Wiley, New York,NY.

Saunders,A., and M.M.Cornett (2002) Financial Institutions Management: A Risk Management Approach,McGraw.Hill Irwin,New York,NY.

Schenone,C. (2005) The Effect of Banking Relationships on the Firm's IPO Underpricing,Journal of Finance 60,2903—2958.

Scholes,M.,and J.T. Williams (1977) Estimating Betas from Nonsynchronous Data, Journal of Financial Economics 5,309—327.

Scholtens.L.J.R. (1993) On the Foundations of Financial Intermediation:A Review of the Literature.Kredit und Kapital 26,112—141.

Scott,J.A. (2003) Soft Information,Loan officers,and Small Firm Credit Availability. Mimeo,Temple University.

Scott.J.A. (2004) Small Business and the Value of Community Financial Institutions. Journal of Financial Services Research 25,207—230.

Scott,J.A., and W.C.Dunkelberg (2001) Competition and Credit Market Outcomes: A Small Firm Perspective,Mimeo,Temple University.

Scott,J.A.,and WC.Dunkelberg (2003) A Note on Loan Search and Banking Relationships, Mimeo, Temple University.

Segeg F. (1997) Banken, Erfolg und Finanzierung, Deutscher Universitatsverlag, Wiesbaden.

Selten, R. (1965) Spieltheoretische Behandlung eines Oligopolmodelles mit Nachfragetr äigheit, Zeitschrift fr die gesamte Staatswissenschaft 121, 301—1324.

Seth, R., D. E. Nolle, and S. K. Mohanty (1998) Do Banks Follow Their Customers Abroad? Financial Markets, Institutions, and Instruments 7, 1—25.

Shaffer, S. (1989) Competition in the U.S. Banking Industry, Economics Letters 29.321—323.

Shaffer, S. (1993) A Test of Competition in Canadian Banking, Journal of Money, Credit and Banking 25, 49—61.

Shaffer, S. (1998) The Winner's Curse in Banking, Journal of Financial Intermediation 7, 359—392.

Shaffer, S. (2004) Patterns of Competition in Banking, Journal of Economics and Business 56, 287—313.

Shapiro, C., and H. Varian (1998) Information Rules: A Strategic Guide to Network Economy, Harvard Business School Press. Cambridge, MA.

Sharpe, S.A. (1990) Asymmetric Information, Bank Lending and Implicit Contracts: A Stylized Model of Customer Relationships, Journal of Finance 45, 1069—1087.

SHarpe, S.A. (1997) The Effect of Consumer Switching Costs on Prices: A The ory and Its Applications to the Bank Deposit Market, Review of Industrial Organization 12, 79—94.

Sheldon, G., and M. Maurer (1998) Interbank Lending and Systemic Risk: An Empirical Analysis for Switzerland, Swiss Journal of Economics and Statistics 134, 685—704.

Shen, C.H., and A.H. Huang (2003) Are Performances of Banks and Firms Linked? And If So, Why? Journal of Policy Modeling 25, 397—414.

Shen, C.H., and C.A. Wang (2003) Does Banking Relationship Matter to Firm's Investment and Financial Constraints? Evidence from the Taiwan's Case. Mimeo National Chengchi University.

Shepherd, W. (1982) Causes of Increased Competition in the U.S. Economy 1939—1980. Review of Economics and Statistics 64, 613—626.

Shikimi, M. (2005) Do Firms Benefit from Multiple Banking Relationships? Evidence from Small and Medium-Sized Firms in Japan, Discussion Paper, Hitotsubashi University.

Shin, G.H., and J.W Kolari (2004) Do Some Lenders Have Information Advantages? Evidence from Japanese Credit Market Data, Journal of Banking and Finance 28, 2331—2351.

Shockley, R., and A.V Thakor (1998) Bank Loan Commitment Contracts: Data, Theory, and Tests,Journal of Money,Credit, and Banking 29,517—534.

Shy,O. (2002) A Quick-and-Easy Method for Estimating Switching Costs, International Journal of Industrial Organization 20,71—87.

Sjögren,H. (1994) Long-Term Financial Contracts in the Bank-Orientated Financial System.Scandinavian Journal of Management 10,315—330.

Slovin,M.B.,S.A.Johnson,and J.L.Glascock (1992) Firm Size and the Information Content of Bank Loan Announcements,Journal of Banking and Finance 16, 35—49.

Slovin,M.B.,M.E.Sushka,and C.D.Hudson (1 988) Corporate Commercial Paper, Note Issuance Facilities,and Shareholder Wealth,Journal of International Money and Finance 7,289—302.

Slovin,M.B.,M.E.Sushka,and J.A.Polonchek (1993) The Value of Bank Durability: Borrowers as Bank Stakeholders, Journal of Finance 48, 289—302.

Slovin,M.B.,and J.E.Young (1990) Bank Lending and Initial Public Offerings, Journal of Banking and Finance 14,729—740.

Soenen,L.A.,and R.Aggarwal (1989) Cash and Foreign Exchange Management: Theory and Corporate Practice in Three Countries.Journaf of Business Finance and Accounting 16,599—617.

Sohn, W. (2002) Banking Relationships and Conflicts of Interest:Market Reactions to Lending Decisions by Korean Banks,Mimeo,Columbia University.

Spiegel,M.M.,and N.Yamori (2003) Financial Turbulence and the Japanese Main Bank Relationship, Journal of Financial Services Research 23, 205—223.

Spiller, P.T.,and E.Favaro (1984) The Effects of Entry Regulation on Oligopolistic Interaction:The Uruguayan Banking Sector,RAND Journal of Economics 15,244—254.

Stango,V. (1998) Price Dispersion and Switching Costs:Evidence from the Credit Card Market. Mimeo.University of Tennessee.

Stanley,TO.,C.Roger,and B.McManis (1993) The Effects of Foreign Ownership of U. S.Bankson the Availability of Loanable Funds to Small Businesses.Journal of Small Business Management 31.

Stein.J. (2002) Information Production and Capital Allocation:Decentralized versus Hierarchical Firms, Journal of Finance 57,1891—1922.

Steinherr,A., and C.Huveneers (1994) On the Performance of Differently Regulated Financial Institutions:Some Empirical Evidence.Journal of Banking and Finance 18,271—306.

Sterken, E.,and I.Tokutsu (2003) What Are the Determinants of the Number of Bank Relations of Japanese Firms? Mimeo.CSOS Centre for Economic Research.

Stiglitz,J.E.,and A.Weiss (1981) Credit Rationing in Markets with Imperfect Information.American Economic Review 71,393—410.

Stiroh,K.,and P Strahan (2003) Competitive Dynamics of Deregulation:Evidence from

U.S.Banking,Journal of Money,Credit,and Banking 35, 801—828.

Strahan,P. (2008) Bank Structure and Lending:What We Do and Do Not Know, in A. V. Thakor and A.W.A.Boot (eds.), Handbook of Corporate Finance:Financial Intermediation and Banking,North Holland,London. 107—131.

Streb,J.M.,J.Bolzico,R Dtuck,A.Henke,J.Rutman,and W.S.Escudero (2002) Bank Relationships:Efrect on the Availability and Marginal Cost of Credit for Firms in Argentina,Working Paper,UCEMA,Buenos Aires.

Sussman,O.,and J.Zeira (1 995) Banking and Development,Discussion Paper, Center for Economic Policy Research (CEPR) .Sutton,J. (1991) Sunk Cost and Market Structure: Price Competition,Advertising, and the Evolution of Concentration,MIT Press,Cambridge,MA.

Suzuki,S.,and R.W.Wright (1985) Financial Structure and Bankruptcy Risk in Japanese Companies, Journal of International Business Studies 16,97—110.

Swank,J. (1996) Theories of the Banking Firm:A Review of the Literature,Bulletin of Economic Research 48,173—207.

Taylor,J.(2007) Housing and Monetary Policy,Paper Presented at a Symposium Sponsored by the Federal Reserve Bank of Kansas City at Jackson Hole.WY.

Ter Wengel,J. (1995) International Trade in Banking Services,Journal of International Money and Finance 14,47—64.

Thakor,A.V. (1995) Financial Intermediation and the Market for Credit,in R.Jarrow (ed.), Handbooks fn OR and MS,North.Holland,Amsterdam,1069—1087.

Thakor,A.V. (1996) The Design of Financial Systems:An Overview,Journal of Banking and Finance 20,917—948.

Thisse,J.F,and X.Vives (1988) On the Strategic Choice of Spatial Price Policy, American Economic Review 78.122—137.

Thompson,R. (1985) Conditioning the Return-Generating Process on Firm-Specific Events:A Discussion of Event Study Methods.Journal of Financial and Quantitative Analysis 20,151—168.

Thomsen,S. (1999) The Duration of Business Relationships:Banking Relationships of Danish Manufacturers 1900—1995.Mimeo.Copenhagen Business School.

Tirri.V. (2007) Multiple Banking Relationships and Credit Market Competition: What Benefits the Firm? Mimeo,Intesasanpaolo.

Tobin,J. (1963) Commnercial Banks as Creators of Money,in Dean Carson (ed.), Banking and Monetery Studies for the Comptroller of the Currency,U.S. Treasury, Washington,DC,408—419.

Treacy,W.F.,and M.S.Carey (2000) Credit Risk Rating Systems at Large U.S. Banks. Journal of Banking and Finance 24,167—201.

Trichet.J. C. (2008) Remarks on the Recent Turbulences in Global Financial Markets.

Keynote Address at the Policy Discussion"Global Economic Policy Forum 2008". New York University.

Tschoegl, A.E. (2001) Entry and Survival: The Case of Foreign Banks in Norway, Scandinavian Journal of Management 18,131—153.

Tsuru, K. (2001) Bank Relationships and Firm Performance: Evidence from Selected Japanese Firms in the Electrical Machinery Industry. Mimeo. Research Institute of Economy, Trade and Industry.

Tsuruta, D. (2003) Bank Information Monopoly and Trade Credit, Mimeo, University of Tokyo.

Turati, G. (2001) Cost Emciency and Profitability in European Commercial Banking, Mimeo, Università Cattolica del S. Cuore, Milano.

Uchida, H., G.F. Udell, and W. Watanabe (2006a) Bank Size and Lending Relationships in Japan, Mimeo, Wakayama University.

Uchida, H., G.F. Udell.and N.Yamoil (2006b) Loan Officers and Relationship Lending, Mimeo, Wakayama University.

Upper, C. (2006) Contagion Due to Interbank Credit Exposures: What Do We Know, Why Do We Know It.and What Should We Know? Mimeo. Bank for International Settlements.

Upper, C., and A.Worms (2004) Estimating Bilateral Exposures in the German Interbank Market: Is There a Danger of Contagion? European Economic Review 48,827—849.

Uzzi, B. (1999) Embeddedness in the Making of Financial Capital: How Social Relations and Networks Benefit Firms Seeking Financing, American Sociological Review 64, 481—505.

Vale, B. (993) The Dual Role of Demand Deposits under Asymmetric Information, Scandinavian Journal of Economics 95,77—95.

Van Damme, E. (1994) Banking: A Survey of Recent Microeconomic Theory, Oxford Review of Economic Policy 10,14—33.

Van Ees, H., and H.Garretsen (1994) Liquidity and Business Investment: Evidence from Dutch Panel Data.Journal of Macroeconomics 16,613—627.

Van Lelyveld, I., and E. Liedorp (2006) Interbank Contagion in the Dutch Banking Sector: A Sensitivity Analysis, International Journal of Central Banking 2,99—133.

Van Leuvensteijn, M., J.A.Bikker, A.A.R.J.M.van Rixtel, and C.K.Sorensen (2007) A New Approach to Measuring Competition in the Loan Markets of the Euro Area. Mimeo, De Nederlandsche Bank.

Van Overfelt。W., J. Annaert, M.De Ceuster, and M.Deloof (2006) Do Universal Banks Create Value? Universal Bank Affiliation and Company Performance in Belgium, 1905—1909, Mimeo, University of Antwerp.

Vander Vennet, R. (2002) Cost and Profit Efficiency of Financial Conglomerates and Universal Banks in Europe,Journal of Money,Credit,and Banking 34, 254—282.

Vesala,T. (2007) Switching Costs and Relationship Profits in Bank Lending, Journal of Banking and Finance 31,477—493.

Vives,X. (1991) Regulatory Reform in Europe,European Economic Review 35, 505—515.

Vives,X. (1999) Oligopoly Pricing:Old Ideas and New Tools,MIT Press, Cambridge, MA.

Vives,X. (2000) Lessons from European Banking Liberalization and Integration, in S. Claessens and M.Jansen (eds.), The Internationalization of Financial Services,Kluwcr Law International,London,177—198.

Vives,X. (2001) Competition in the Changing World of Banking,Oxford Review of Economic Policy 1 7,535—547.

Vives,X. (2005) Europe Banks Future on the Urge to Merge,Wall Street Journal Europe May,A6.

Volpin,RF. (2001) Ownership Structure,Banks,and Private Benefits of Control, Mimeo,London Business School.

von Rheinbaben.J., and M.Ruckes (2004) The Number and the Closeness of Bank Relationships,Journal of Banking and Finance 28,1597—1615.

von Thadden,E.L. (1992) The Commitment of Finance,Duplicated Monitoring and the Investment Horizon.Working Paper in Financial Markets.ESF—Center for Economic Policy Research (CEPR) .

von Thadden,E.L. (2004) Asymmetric Information,Bank Lending,and Implicit Contracts:The Winner's Curse.Finance Research Letters 1,11—23.

von Weizsgcker, C. (1984) The Cost of Substitution,Econometrica 52, 1085—1116.

Wachtel, P. (2001) Growth and Finance:What Do We Know and How Do We Know It? International Finance 4,335—362.

Waheed,A.,and I.Mathur (1993) The Effects of Announcements of Bank Lending Agreements Oil the Market Values of U.S.Banks Financial Management 22, 119—127.

Weill, L. (2004) On the Relationship between Competition and Efficiency in the EU Banking Sectors, Kredit und Kapital 37,329—352.

Weinstein,D.E.,and Y. Yafeh (1998) On the Costs of a Bank Centered Financial System:Evidence from the Changing Main Bank Relations in Japan,Journal of Finance 53.635—672.

Wells.S. (2004) Financial Interlinkages in the United Kingdom's Interbank Market and the Risk of Contagion,Working Paper,Bank of England.

Wrighton,J. (2003) Why Unity in Europe Hasn't Yet Extended to the Banking System. Wall Street Journal Europe.February 18.

Yafeh,Y,and O.Yosha (2001) Industrial Organization of Financial Systems and Strategic Use of Relationship Banking,European Finance Review 5, 63—78.

Yao,J.,and H.Ouyang (2007) Dark-Side Evidence on Bank—Firm Relationship in Japan.Japan and the World Economy 19,198—213.

Yosha,O. (1995) Information Disclosure Costs and the Choice of Financing Source. Journal of Financial Intermediation 4,3—20.

Yu,H. C.,A.K.Pennathur, and D. T.Hsieh (2007) How Does Public Debt Compliment the Interrelationships between Banking Relationships and Firm Profitability, International Research Journal of Finance and Economics 12, 36—55.

Zarutskie,R. (2004) New Evidence Oil Bank Competition,Firm Borrowing and Firm Performance,Mimeo,Duke University.

Zarutskie,R. (2006) Evidence on the Effects of Bank Competition on Firm Borrowing and Investment,Journal of Financial Economics 81,503—537.

Ziane,Y. (2003) Number of Banks and Credit Relationships: Empirical Results from French Small Business Data,European Review of Economics and Finance 2,30—46.

Zineldin,M. (1 995) Bank-Company Interactions and Relationships:Some Empirical Evidence,International Journal of Bank Marketing 13,30—40.

索 引[①]

① 页码为原书对应页码。

致　谢

本书的完成，得益于哈维尔·弗雷塔斯(Xavier Freixas)对我们的热情鼓励和写作过程中向我们提出的宝贵意见，对此我们表示感谢。我们还要感谢特里·沃恩(Terry Vaughn)，他是弗雷塔斯和罗切特(Freixas, X. and Rochet, J.C.)的教材《微观银行经济学》的编辑，也担任了本书的编辑。我们清楚地知道，本书无论从语言的优美和内容的深度上都难以企及《微观银行经济学》。但是，我们依然希望本书可以对该教材进行恰当的补充，以便使这两本书相辅相成，通过一些精彩的观点，帮助学者接触到银行业从理论到实践的最前沿研究。

同时，我们要感谢圣地亚哥·卡博·巴尔韦德(Carbó Valverde, S.)为我们整套手稿提供的完整意见。我们还要感谢柏格(Sigbjørn Atle Berg)、安东尼奥·奇康妮(Antonio Chiccone)、哈维尔·弗雷塔斯(Xavier Freixas)、大卫·汉弗莱(David Humphrey)、约瑟夫·莫尔纳尔(József Molnár)、卢克·拉文(Laeven, L.)、阿方索·诺瓦莱斯(Alfonso Novales)、玛丽亚·菲比安娜·佩纳斯(Penas, M.F.)和冈扎利·蒂默—阿尔坎(Günseli Tümer-Alkan)，他们分别为不同章节提供了宝贵意见。我们也要感谢冈扎利·蒂默—阿尔坎为书中部分图表制作提供了支持。

底格里斯感谢基尔世界经济研究院高等研究项目的学生们，底格里斯和翁杰纳感谢荷兰蒂尔堡大学中心研究生院的学生们，金姆(Kim, M.)感谢布罗夫尼克银行与金融讲坛的学生们，金姆和翁杰纳感谢庞培法布拉大学夏季银行研究所的学生们，金姆也要感谢赫尔辛基瑞典经济研究院的学生们。同学们分别学习了各章的早期版本，在课堂上给出了语言上的(及视觉上的)反馈。

底格里斯非常感谢荷兰蒂尔堡大学中心研究生院和鲁汶大学给予的支持及其浓厚的学术环境。感谢我的合著者们，他们应该已在“我正写书”这句话上倾尽耐心。同时要感谢FWO(佛兰德国家基金)、鲁汶大学研究委员会和TILEC-AFM金融市场规制网提供的资金支持。

金姆非常感谢庞培法布拉大学研究所的同事和朋友们对他的支持和热情帮助，以及提供的学术氛围。本书正是在那里起稿。尤其要感谢同事及朋友哈维尔·弗雷塔斯，他从学术和生活上都给予了金姆很多鼓励及建议。还要感谢赫尔辛基瑞典经济学院商业(Näringslivets)基金会和芬兰银行研究部的支持。

翁杰纳非常感谢荷兰蒂尔堡大学中心研究生院的同事(和合著者)的善良和耐心，也感谢欧洲中央银行及瑞士国家银行在写作过程中提供的热情帮助。